Kay Hoff

Gesammelte Werke in Einzelausgaben

Herausgegeben von Jürgen H. Petersen

Band 3

Kay Hoff

Drei

Kay Hoff

Drei
Anatomie einer Liebesgeschichte

Roman

Mit einem Nachwort des Herausgebers

Gesammelte Werke in Einzelausgaben
Band 3

Carl Böschen Verlag

Hoff, Kay:
Werke: In zehn Bänden. Hrsg. von Jürgen H. Petersen.
Band 3: Drei. Anatomie einer Liebesgeschichte : Roman / Kay Hoff.
Mit einem Nachwort von Jürgen H. Petersen
1. Aufl. - Siegen : Böschen Verl., 2003
ISBN 3-932212-46-0

ISBN 3-932212-46-0

Birlenbacher Str. 199, 57078 Siegen
Tel. : 0271 / 8909485
Fax.: 0271 / 8909486
Internet: http://www.carl-boeschen-verlag.de
Textverarbeitung: Jonathan Imme, Siegen
Gesamtherstellung: BoD™ – Books on Demand GmbH, Norderstedt

Inhalt

Eine alltägliche Geschichte, nicht mehr: Am 7. März 1968, vormittags gegen 10, verließ Frau Karin Schmella ihre Wohnung; am 14. März 1968, zwischen 5 und 6 Uhr morgens, kam sie zurück.

ANATOMIE HEISST WÖRTLICH ZERGLIEDERUNGSKUNDE.

Da war etwas, zwei Menschen, drei Menschen, und die Beteiligten nannten es Liebe, wie immer, Leidenschaft, sagten nie wieder, nie vorher so, niemals, was man so sagt, Traditionszwänge, Banalitäten, an die man glaubt, obwohl man es besser wissen sollte. Die höret nimmer auf, so etwas lernt man früh, ist langmütig und freundlich, Hausschatz und Blütenlese von Eltern, Omas, Tanten, ich bete an die Macht der Liebe, gereimt und scheinbar schlüssig, ewig, bringt groß Freud. Was man so sagt, das Gewohnte, von Herzen mit Schmerzen, Poesie.

DAS ZIEL DER ANATOMIE IST, DIE FORM UND DAS GEFÜGE DES LEBENDEN KÖRPERS SINNVOLL ZU BEGREIFEN. EIN MÖGLICHER WEG, SEINE ZUSAMMENHÄNGE ZU ERFORSCHEN, IST DIE ZERGLIEDERUNG DER LEICHE.

Aber wir leben. Wir leben weiter, danach. Das möchte ich begreifen. Ich möchte wissen, was tot ist, was lebt, was gewesen ist, wirklich, was ist.

DA DAS ERSTREBENSWERTE ZIEL DER ANATOMIE EINE MÖGLICHST INTENSIVE KENNTNIS DES LEBENDEN MENSCHEN SEIN SOLL, SOLLTE MAN SICH STÄNDIG BEMÜHEN, DIE AN DER LEICHE GEWONNENEN ERKENNTNISSE AUF DIE LEBENDEN ZU ÜBERTRAGEN.

Das Gewohnte, Gelernte, der Alltag: Wir lieben uns wieder und immer noch, was man so Lieben nennt, eheliche Liebe, Verstehen, Verzeihen, allzumal Sünder, keiner ist ohne Schuld. Also. Mein Schwiegervater nahm sich ein Wochenende für ein Gespräch unter Männern, mein Junge, eigentlich habe ich gar keine Zeit, aber so ist das Leben nun mal, Schulterschlag, nimm's bloß nicht tragisch, du mußt sie ein bißchen stramm im Geschirr halten, ich kenne doch meine Tochter, mach dir nichts draus, wo er jetzt sowieso tot ist, das wird schon wieder, und er lachte gemütlich, zufrieden, stolz: Sie ist eben meine Tochter! Nicht mal an meinen langen Haaren nahm er Anstoß an diesem Wochenende.

WENN WIR DAS DURCH DIE ZERGLIEDERUNG GEWONNENE SAMMELN, ORDNEN UND BESCHREIBEN, SO KOMMEN WIR ZU EINER BESCHREIBENDEN ANATOMIE. MIT DIESER REIN BESCHREIBENDEN BETRACHTUNG IST ABER DIE SINNBEZOGENHEIT DES EINZELTEILS NICHT OHNE WEITERES GEGEBEN. WENN WIR DIE TEILE SINNVOLL BEGREIFEN WOLLEN, SO MÜSSEN WIR FÜR IHRE BEURTEILUNG NACH EINEM MASSSTAB SUCHEN, DA KEIN LEBENDES GLIED VON SICH AUS ZU BEGREIFEN IST, SONDERN NUR AUS SEINEN BEZIEHUNGEN HERAUS.

Seit elf Jahren ist meine Frau meine Frau. Später haben wir dann geheiratet. Damals hatte sie schon die Stelle im Verlag, Vorzimmer des Chefs, der Name tut nichts zur Sache: ein mittlerer Verlag mit gemischtem Programm und leidlichem Ruf, ein Erfolgstitel trägt fünf andere, bescheiden, angestrengt schöngeistig und immer die Hoffnung auf den ganz großen Erfolg, den Bestseller Longseller, damit dann endlich die literarische Reihe X mit angemessenem Werbeaufwand gestartet, vielleicht auch die Personaltoilette gekachelt werden kann. Kultur, gutgemeint, irgendwo in der breiten, belanglosen Mitte, kleine Gehälter natürlich, aber es langt für uns beide, ab und zu verkaufe ich ein Stück Schreibe an den Funk, und meiner Frau macht die Arbeit Freude, soweit. Sie hat das auch vermittelt, im vergangenen Herbst auf der Buchmesse, es ergab sich ganz zufällig, gesprächsweise, es sah jedenfalls zufällig aus, obwohl mir von Anfang an nicht wohl war dabei: Wie er da hellgrau gestreift vor seinen buntlackigen Buchumschlägen stand, 2. Auflage 8000!, der Anzug ein bißchen zu sportlich geschnitten, das Lachen etwas zu jugendlich, rosige deutsche Kulturtradition, aber das Bleibende – ich hätte sofort nein sagen sollen. Er lud mich zu einem Espresso ein, Natürlich habe ich Zeit für Sie!, und meine Frau sagte: Findest du nicht, das wäre doch was für dich, das ist doch ein Thema, dein Thema, also ich finde, und wenn Sie das wirklich bringen wollen – sie sah ihn an, er schien den Einfall als seinen eigenen anzunehmen, nickte sich aufmunternd zu: Das könnte, wirklich, wenn Sie das richtig angehen, anfassen, ich sehe da eine gewisse Linie vom frühen Döblin her, nicht der Alexanderplatz-Döblin, sondern der frühe, aber auch zu Altmeister Raabe hin, schreiben können Sie ja, ich habe da neulich irgendwo Ihren Namen gelesen, gar nicht schlecht, und gerade im Sinne der wünschenswerten Verbreitung unseres kulturellen Erbes, natürlich nicht 19. Jahrhundert, keineswegs, aber doch lesbar, man muß da heute ganz neue Wege suchen und finden, ohne das Bewährte aus dem Auge zu verlieren, nicht wahr, wir verstehen uns?

Ich hätte nein sagen sollen. Ich war höflich, warum nicht, wird doch nichts draus. Und dann kam der Brief:

– darf ich noch einmal rekapitulieren: Sie liefern mir bis zum nächsten Frühjahr, Stichtag 15. Mai, das druckfertige Manuskript Ihres Romans, Arbeitstitel *Liebe zu dritt.* Wie wir bei unserem Gespräch vereinbarten, werden Sie für Ihre Arbeit die Schemata des trivialen Liebesromans übernehmen, ohne dabei den notwendigen literarischen Anspruch außer acht zu lassen. Bis zur Ablieferung des Manuskripts zahlen wir Ihnen einen Vorschuß in monatlichen Raten von je 800 DM (achthundert Deutsche Mark), der auf die Erträgnisse Ihres Buches anzurechnen ist.

Noch einmal: Ich freue mich über Ihre Bereitschaft zur Zusammenarbeit mit unserem Verlag. Für Ihre Arbeit wünsche ich Ihnen viel Gutes in der Hoffnung, daß Sie einen Roman schaffen werden, der sowohl breiteren Schichten unserer Bevölkerung als auch anspruchsvollen Lesern etwas zu sagen und zu geben haben wird. Um einen Vorabdruck in einer unserer großen Illustrierten werde ich mich persönlich bemühen. Mit freundlichen Grüßen.

Ich hätte nein sagen müssen. Achtmal 800 Mark habe ich, wenn schon, lieber als Schulden bei einer Bank, und Fortsetzungsroman-Leserinnen sind nicht mein Publikum, leider. Aber meine Frau redete mir zu, immer wieder: Natürlich wirst du, kannst du, du mußt, das ist dein Thema, warum nicht, er will dir will uns nur Gutes, ach was, natürlich versteht er dich nicht, aber, natürlich, aber, und außerdem.

Liebe war nicht mein Thema, schon gar nicht das verwaschene Rosarot: Lackbilder, Blumenstilleben, Klavierbegleitung. Daß schließlich doch ein Thema für mich daraus wurde, lag nicht an mir allein.

Tatsachen interessieren mich. Ich begann zu beschreiben, was war, schrieb auf, was hätte geschehen können. Die Leute wohnen bei uns im Haus, zwei Stockwerke tiefer, meine Frau ist ein bißchen befreundet mit der Frau, die ich Karin Schmella genannt habe. Natürlich stimmt der Name nicht, überhaupt stimmt nur wenig von all dem, was ich zusammengetragen, zusammengeschrieben habe. Zwar gibt es Berührungspunkte mit der Wirklichkeit – mit dem, was vorher Wirklichkeit war: abgelebt jetzt, vorbei. Aber das Ganze hat wenig Wahrheit, zu wenig, es deckt sich nicht einmal annähernd mit dem, was ich sagen wollte: Papier verändert alles, geschriebene Worte sind hintersinnig, manchmal hinterhältig, und jeder Satz, der etwas bestimmen soll, verändert dieses Etwas, wenn er niedergeschrieben wird. Daß ich trotzdem weitergeschrieben habe, auch dann noch, als ich längst die Aussichtslosigkeit meines Versuchs eingesehen hatte, gehört zu dieser Geschichte und ihrer Anatomie. Das Geld, 800 Mark an jedem Monatsdritten auf meinem Postscheckkonto, hielt mich nicht, und daß meine Frau mich drängte, immer wieder, manchmal verzweifelt: Siehst du denn nicht, das ist die Chance für dich, für uns! –, das hätte mich eher von der Arbeit abbringen können: Ich wußte bald, das war nicht meine Chance, nicht dieser Roman für diesen Verlag. Aber ich merkte, daß da noch etwas anderes war, hintergründig, das wollte ich finden. Der Verleger hätte mich fortschicken müssen, nachdem er die ersten 40 Seiten des Manuskripts gelesen hatte. Aber er ließ mich weiterschreiben und zahlte weiter, schrieb lange, unnütze Briefe, scheinbar ehrlich bemüht, aus meinen verqueren Entwürfen ein Buch zu machen, das sich noch irgendwie in sein Verlagsprogramm einfügen ließ. Später merkte ich, daß nicht meine Arbeit, daß meine Frau ihn hielt. Aber das ist eine andere Geschichte.

Am 7. März 1968, vormittags gegen 10, verließ Frau Karin Schmella ihre Wohnung; am 14. März 1968, zwischen 5 und 6 Uhr morgens, kam sie zurück.

Soviel steht fest. Darüber ist nicht zu reden. Das sind zuverlässige Daten, beweisbar, bewiesen, verbürgt. DIE BESTEN ZINSEN SIND DIE WIEDERANGELEGTEN ZINSEN. Niemand bestreitet das, niemand hat das bestritten, auch nicht Frau Schmella selbst: Am 7. März ging sie fort, ein Zettel mit Anweisungen blieb auf der Flurgarderobe zurück; am 14. März kehrte sie heim, in der ersten Dämmerung, es regnete.

Das sind sichere, sachlich feststellbare und nachprüfbare Tatbestände, mehrfach bezeugt und bestätigt, durch nüchterne Aussagen belegt. EINMALEINS. Ableugnen wäre sinnlos, Geständnisse erübrigen sich, Ausflüchte und Beschönigungen verfangen nicht. Fast eine Woche lang war Frau Schmella nicht zu Hause.

Der Hausmeister Bost hatte sie fortgehen sehen, eilig, er erinnerte sich genau: Am Vormittag des 7. März hielt er sich zwischen 8.30 Uhr und 10 Uhr im Eingangsflur auf, während der Schlosser das neue Sicherheitsschloß einsetzte, nachweislich der Unterschrift auf dem Arbeitszettel der Firma Schlüsselschnelldienst, anderthalb Monteurstunden, plus Mehrwertsteuer 10%.

DAS HUHN, DAS GOLDENE EIER LEGT, GIBT ES WIRKLICH.

Frau Diepenbrook fand die Wohnung im zweiten Stock rechts abgeschlossen, als sie um 10 Uhr zum Donnerstagsputz erschien. Auf dem Handschuhkasten lag ein halber Briefbogen, mit Kugelschreiber bekritzelt: Küche und Wohnzimmer gründlich, Bratkartoffeln und Spiegelei für die Kinder um 1, nichts auf dem Schreibtisch anrühren – nichts unterstrichen: *nichts* anrühren. Im Kinderzimmer hustete der Kleine, rief nach ihr. Sie wußte das um so besser, als noch am gleichen Tage, gegen Abend, Herr Schmella zu ihr, in ihre Wohnung, gekommen war und sie, unter einem Vorwand, nach den genauen Umständen ihrer Arbeit am Vormittag befragt hatte, ganz genau, bitte, erinnern Sie sich (sie hatte mehrmals beteuert, daß sie nichts auf dem Schreibtisch angerührt habe, nichts, ganz bestimmt nicht).

DAS PFANDBRIEF-EINMALEINS

Die Heimkehr am 14. März frühmorgens ist bezeugt durch den Fahrer des Taxis, mit dem Frau Schmella vom Hauptbahnhof zur Beselerstraße fuhr: Er hatte nicht vergessen, daß die Dame mit dem regensträhnigen Haar ihm, ohne auf den Taxameter zu achten, einen Zehnmarkschein gegeben und auf das Wechselgeld, fast die Hälfte der Summe, verzichtet hatte – auch an den Mantel der Dame erinnerte er sich genau, jawohl, ein heller Trenchcoat mit Winterfutter, am linken Ärmel hatte er Flecken bemerkt, Spuren vielleicht eines Ausrutschens, es war ein feuchter, schmutziger Frühlingsmorgen.

VERBRIEFTE SICHERHEIT.

Soviel steht fest. Das andere aber, alles andere, fast alles: Es gibt verschiedene Möglichkeiten, eine ganze Reihe denkbarer, jeweils durchaus glaubhafter Vorgänge und Abläufe mit ihren je verschiedenartigen Folgen: Jede mögliche Entscheidung weist in andere Richtungen, drängt auf andere Entscheidungen, gar nicht zu reden von den Voraussetzungen, von dem, was vorher geschehen war, was nicht.

als ob das nicht immer so wäre autorengeschwätz gefasel was vorher geschehen literatur

Zum Beispiel das Telefongespräch am Morgen des 7. März zwischen dem Anschluß 4 27 13 und dem Anschluß 5 60 69, nicht mehr als eine Gesprächseinheit, 18 Pfennige auf der Monatsabrechnung 4 27 13: Herr, Frau, Fräulein, Firma Herbert Schmella, Zählerablesetag 12. 03. 68, Beanstandungen dieser Fernmelderechnung bitten wir sogleich unter Rückgabe der Rechnung mit allen Belegen der umseitig bezeichneten Fernmelderechnungsstelle – dieses Gespräch am Morgen, davor: Niemand hat mitgehört, niemand hat mitgeschnitten, eine Gesprächseinheit, zwei erinnern sich, erinnern sich nicht mehr genau: aber du hast doch gesagt, ich sagte, höre es noch:

ich kann nicht, wirklich – aber ich – kann doch nicht – mußt – aber jetzt nicht, nicht heute morgen, ich – nur heute sonst – aber ich – mußt du verstehen, ich – aber die Kinder Clemens ist – mußt dich entscheiden – weißt doch – wenn du mich wirklich – ja will ja ja aber – verstehst du, ich muß – aber – kann nicht, du, wenn – nicht ja also – also dann – ja bis – du ja ich – ja ja dich auch.

Ungefähr so, vielleicht, viel zu eilig, viel zu erregt, im Grunde war alles schon lange vorher gedacht und bedacht und verworfen, entschieden, und als sie anrief an diesem Morgen: Du, ich habe es ihm gesagt, aber ich – und seine vertraute Stimme kam: mußt dich entscheiden, so sehr vertraut: du wir du du mußt –, da dachte sie nicht mehr, überlegte nicht mehr, wußte nur noch ja ja du ja aber die Kinder Clemens die Kinder. Ja. Also. Und dann lag der Hörer wieder auf der Gabel, vierzwosiebeneinsdrei, dann waren es nur noch vierzig Minuten, zweiunddreißig Minuten, wie soll ich wie kann ich was wird er was werden die Kinder die Kinder, noch zwanzig Minuten, ich schaffe es nicht schaff' ich unmöglich, am Bismarckplatz eine Taxe, dann muß es, die Kinder, er hätte mich abholen nein die Leute die Kinder ich muß. Verschiedene Möglichkeiten auch noch in diesem Augenblick, zwanzig Minuten vor 10, Viertel vor 10, neun Minuten vor 10, wie soll ich wie kann ich das sagen das schreiben, denkbare Möglichkeiten, Alternativen.

dann wäre es kein roman kein liebesroman geworden denkbare möglichkeiten worte unsinn weiter

Aber sie wußte jetzt: Ich muß das tun, ich kann nicht anders nicht mehr, er wartet, ich liebe ich muß. Anderes erwog sie nicht mehr, sie hatte längst ja gesagt, lange vorher, und sie hatte nein gesagt, endgültig an diesem Morgen: Nein. Ich habe dich nie hörst du niemals. Sieben Minuten vor 10. Sie warf den Mantel über, setzte sich noch einmal an den Schreibtisch, die Kinder Clemens Frau Diepenbrook nach dreizehn Jahren verreise, sie nahm die Einkaufstasche, das reicht muß reichen will nicht den schwarzen Koffer auf keinen Fall nie mehr, sie brachte

Clemens ein Glas Saft ans Bett, Vitamin C wenn es stimmt auf dem Etikett lügen alle, Geschäft, gleich kommt Frau Diepenbrook, Mutti muß, nein, heute nicht – und irgendwann kurz vor 10 stieg sie die Treppe hinunter, kehrte noch einmal wieder um, lieber abschließen egal, lief dann, und am Bismarckplatz stand das Taxi, ausgerechnet ein 20 M, aber das neue Modell mit dem Buckel und schwarz, FREI, zum Hauptbahnhof, bitte, schnell.

Es steht nicht fest, wann genau das war.

ist das denn wichtig wieso soll das wichtig sein wann genau tut nur so macht sich nur wichtig geschwätz literatur literaten

Selbst unbezweifelbare Zeugenaussagen sind nicht bis auf den letzten Punkt, die letzte Stelle hinter dem Komma verläßlich.

kann man wohl sagen wem sagt er

Der Hausmeister Bost, später noch einmal befragt, räumte ein, möglicherweise sei der Schlosser schon kurz nach halb 10 mit der Arbeit fertig gewesen – die Unterschrift, zugegeben, aber so genau könne man heute mit Handwerkern wirklich nicht sein, er könne das jedenfalls nicht ganz ausschließen, die Zeitangaben dürfe man nur annähernd nehmen.

wieso denn verstehe ich nicht das ist doch kein krimi sondern ein frauenroman liebesroman schicksalsroman was soll das gerede wegen der paar minuten versteht kein mensch

Auch Frau Diepenbrook meinte sich irgendwann später zu erinnern, daß sie an dem fraglichen Tage – vielleicht auch ein anderer Morgen, aber es könnte gerade der 7. März gewesen sein – einige Minuten später als sonst zur Beselerstraße gekommen war, ein Sonderangebot hatte sie aufgehalten, hellbraunes Tweedkostüm, *homespun*, aber es war viel zu eng gewesen, trotz Größe 52: Sie hatte die Wohnungstür nicht ganz so pünktlich geöffnet an einem von diesen Tagen Anfang März, vielleicht gerade an diesem Vormittag, das war schon möglich:

Die Küchenuhr vier Minuten falsch, oder, immer pünktlich, schenken lass' ich mir nichts, die Uhr danach stellen, sie ist schon wieder schon wieder nicht da aus dem Haus soll sich schämen, fünf Minuten nach 10, hole ich nach, so eine, will nichts geschenkt, Herr Schmella kann einem leid tun, wo hat sie den Wischeimer wieder der Wischeimer wundert man sich überhaupt nicht, wir sind noch zur Ordnung erzogen alles blitzblank ehrlich und offen gehorsam bescheiden, als ob ich schon einmal irgendwas auf dem Schreibtisch tue ich nicht das tue ich nie, die Schreibmappe ist sowieso immer leer, höchstens das Telefon merkt niemand wenn ich mal, vier Mark die Stunde ist heute nicht viel ist zu wenig und dabei kein Frühstück, schließlich schaff' ich was weg, pünktlich und keinen Pfennig geschenkt, was soll der Eimer auf dem Balkon keine Ordnung, wenn ich nicht zweimal die Woche gründlich, komm' ja schon Clemens, sie kann sich das leisten, ich mach' dir ein Rührei Clemens, die armen Kinder, wenn ich nicht dienstags zwei Stunden donnerstags drei, ja Clemens, für zwanzig Mark in der Woche alles blitzblank so sind wir erzogen, sie weiß nicht wie gut sie es sollte sich schämen, die armen Kinder.

Aber das konnte auch vorher gewesen sein – später nicht, das wußte sie ganz genau, da war sie sicher –, vielleicht am Dienstag davor? Später war alles anders, da kam sie regelmäßig dreimal die Woche, Montag, Mittwoch und Freitag.

HAST DU WAS, DANN BIST DU WAS.

Auch der Taxifahrer, ein zuverlässiger älterer Mann, Schirrmeister vor Leningrad, wollte zuletzt nicht auf seine Aussage nehmen, also beschwören kann ich das nicht, daß er gesehen habe – mit eigenen Augen gesehen! –, wie Frau Schmella, jawohl, die Dame mit dem schmutzigen Mantelärmel, die Haustür geöffnet hatte. Natürlich, das sei doch selbstverständlich gewesen, Viertel nach 5, was habe sie sonst denn im Regen anfangen sollen um diese Zeit, sie habe ja nicht mal die Mantelknöpfe geschlossen gehabt, ihm sei das helle Wollfutter aufgefallen, weil seine Frau einen ähnlichen Mantel trage, allerdings mit kariertem Futter und ausknöpfbar; er sei ganz sicher, daß die betreffende Dame tatsächlich um Viertel nach 5 – oder auch ein paar Minuten vorher, bitte, ein paar Minuten später, sei das denn wirklich so wichtig – das Haus Beselerstraße 17 betreten habe, könne das allerdings nicht mit letzter Sicherheit behaupten, da er nicht mehr darauf geachtet habe und unmittelbar zum Taxistandplatz am Bahnhof zurückgefahren sei.

Tatsache ist: Vom 7. März 1968, vormittags, bis zum 14. März 1968, früh, war Frau Schmella verreist, und Herr Schmella wußte nicht, wo sie sich befand.

ALLE AUSGABEN SIND ZU BELEGEN. DIE BESTEN ZINSEN SIND DIE WIEDERANGELEGTEN ZINSEN. DIE HAUSHALTSMITTEL SIND WIRTSCHAFTLICH UND SPARSAM ZU VERWALTEN. DIE ZAHL DER GOLDENEN EIER WÄCHST.

unsinn was soll das hier soll der unsinn modisch modern modernistisch

Eine alltägliche Geschichte – so etwas, das jeden Tag passiert und überall, gar nichts Besonderes, hundertmal jeden Tag: Das kennt man, das hat man gehört, gelesen, das hat man erlebt, und wer es noch nicht erfahren hat, der wacht vielleicht morgen auf, er reibt sich den Schlaf aus den Augen, versteht zuerst nicht: Was sagst du – kann es nicht glauben: Wie denn? Wieso?

Aber es ist schon geschehen dann, es ist schon zu spät, nichts zu machen: Sie liebt einen anderen, oder einfach: Sie liebt ihn nicht mehr – nein. Nein!

Das ist nichts Besonderes, man kennt das, immer die gleichen Worte: Versteh doch, bitte, du mußt mich verstehen, wirklich, es hat keinen Sinn mehr, ich liebe –. Wen immer. Es ist geschehen. Nichts hilft mehr: Aber du kannst doch nicht einfach – einfach so! Denkst du denn nicht an die Kinder?

Was man so sagt, dann, wenn man nicht weiß, was man sagen soll. Und später, am Ende, nach allem, was man weiß oder bis dahin nicht wußte von Himmel, Verzweiflung, Eherecht, Scheidungsrecht, und eigentlich war schon vorher alles so angelegt, daß das Ende gar nicht anders sein konnte, du und ich und er und wir und ich und ich und du und ich: Gewöhnung zuletzt oder Versöhnung, irgendwie, vielleicht auch Trennung, Trennung auf Zeit oder Scheidung, je nachdem, was soll man machen – irgend etwas von dem Esmußjadochweitergehen, irgendeine überfällige Entscheidung zuletzt, in der versickert, was Welle schien, Brandung, Meer.

na ja meinetwegen meereswogen meeresrauschen Verdi Wagner meeresleuchten glanz von innen wenn schon liebe denn schon welle wiege schaukel dünung alle nur menschen wollen die leser menschlich welle woge küß mich Wagner Grieg schaum schwall alles gewöhnung die wirklichkeit interessiert nicht muß ja auch weitergehen muß es Annemie komme später du weißt ja du weißt schon du mußt ja nicht alles wissen Annemie alle nur menschen wirklichkeit wollen die leute nicht lesen kennen sie wissen sie haben sie täglich zu hause welle wiege woge ohne klavierbegleitung schlaf schön weck mich laß frau wirtin hat auch einen laß das aber die große die wahre die ganz große tief wie das meer

So eine Geschichte. Man merkt kaum, daß sie geschieht, nebenan vielleicht, wie sie geschieht. Plötzlich sieht die Frau aus dem zweiten Stock – wie heißen die Leute noch? – sie sieht fröhlicher aus, ihre Haare schimmern, man hört sie lachen, für Augenblicke vergißt man die Jahre in ihren Augenwinkeln, eigentlich noch ganz hübsch, ganz passabel. Oder der graue, korrekte Kollege, der am Schreibtisch unter dem Fenster links, beginnt in der Mittagsstunde, Witze zu erzählen – oder er sagt gar nichts mehr, plötzlich, wenn er sein Frühstücksbrot kaut: Ich? Wieso bin ich anders? Oder man trifft Freunde nicht mehr, die man sonst alle zwei Wochen sah, oder spät in der Nacht fährt gegenüber ein fremder Wagen vor, Türenschlagen, man schreckt aus dem Schlaf, was ist denn, wie spät? Pflasterschritte, heftige Stimmen, Schreien, ein Schrei. Oder ein Krankenwagen versperrt die Straße, unsicheres Blaulicht, Augen aus allen Fenstern – Sie soll ja wirklich! –, und die schmale Bahre, die weißen Kittel, und dann eine Todesanzeige beim Morgenkaffee: unfaßbar. Tatsächlich, gleich nebenan, weißt du, die Blonde mit den großen Füßen.

nicht schlecht große füße sehen frauen immer bei anderen frauen schadenfroh schuhgröße 42 wie sie sich anzieht wie die ihre haare kämmt haare trägt haare färbt sie natürlich das blond ist nicht echt spätestens alle drei wochen muß sie sonst schlägt das dunkle durch die mit den großen füßen dagegen kann sich keine frau wehren größe 42 nicht schlecht gesehen

Oder die Frau aus dem zweiten Stock steht eines Morgens wieder im Milchladen oder beim Bäcker: Ja, ein bißchen verreist. Aber die Haare sind wieder stumpf: Danke, gut, ganz gut. Und plötzlich denkt man an seine Mutter, damals, als Vater gestorben war: so ein Gesicht. Oder am Sonntagnachmittag trifft man sich zufällig beim Spaziergang: Lange nicht mehr gesehen, wirklich – hinter dem Friedhof oder am Fluß: Und was machen die Kinder? Soso, das freut mich. Wollt ihr nicht wieder mal kommen?

So etwas wird das gewesen sein, so ähnlich wie immer, die gängigen Worte paßten: Er kann einem wirklich leid tun. Natürlich, sie hatte schuld. Verstehe ich gar nicht. Wie kann man nur. Sie hätte bestimmt keinen Pfennig bekommen und auch nicht die Kinder, das hat sie natürlich gewußt. Er soll ja.

Wie so etwas passiert: Zuerst habe ich gar nichts gemerkt, wer achtet denn schon auf sowas? Nur, daß sie verreist war, und die Großmutter hütete dann die Jungens, man trifft sich ja immer mal auf der Treppe oder beim Schlachter. Aber sonst war eigentlich nichts.

Unauffällig, alltäglich, wie so etwas geht nach zehn oder zwölf Jahren Ehe, vielleicht waren sie auch schon länger verheiratet und hatten mit Kindern gewartet, bis sie die größere Wohnung bekamen – der erste ist jetzt neun, der Kleine kommt im Herbst in die Schule. Oder sie hatte zuerst noch mitverdient, Sekretärin bei einer Versicherungsagentur oder Hilfsreferentin im Kulturamt, vielleicht hatte sie Kurse geleitet bei der Volkshochschule. Wer achtet schon darauf im Haus. Guten Tag, guten Weg, freundlich, gleichgültig, auch zur Beerdigung wäre ich nicht gegangen.

wer wäre nicht ICH wer ist ICH warum sagt er das nicht soll ich mir ausdenken ICH danke so sind die autoren heute alle schwierig schlampig umständlich so wird das niemals ein frauenroman wer soll denn das lesen kaufen würde ich auch nicht wenn ich merke der will mich nur auf den arm nehmen danke in meinem verlag nicht kann verzichten auf sowas in wirklichkeit können die alle nicht schreiben nicht richtig schreiben ICH wer ist ICH sagt er nicht weiß er selbst nicht kann keine solide geschichte erzählen vorne ist vorne und hinten ist schluß statt dessen könnte vermutlich möglicherweise vielleicht und niemand weiß wer gemeint ist ICH würde das auch nicht kaufen nicht lesen soll er doch sagen was ist wer ICH ist wer nicht zur beerdigung gehen will am besten streichen ist immer das beste oder soll ich den roman zu ende schreiben dichten verdienen wollen die auch noch daran vorschuß ganz selbstverständlich aber ich soll das buch verkaufen meine vertreter lachen mich aus das paßt nicht in unsere linie gute deutsche erzähltradition da kann er ja gleich zu Suhrkamp Hanser Wagenbach druckt sowas im schock schön dumm die leute die sowas aber natürlich mit werbung mach' ich nicht mit bei uns wird noch solide

Eine Frau in dem Alter, wenn das Jungsein vorbei ist, endgültig, aber sie weiß das noch nicht, will es nicht wissen, noch nicht: Mitte 30, 36 schon oder 37 – gerade noch Mitte 30, in den Hüften wird sie etwas zu dick, trotz Joghurt, Grill und Massage, die letzte Mode steht ihr nicht mehr, die Augenschatten sind nicht nur gezeichnet. Sie ist nicht häßlich, durchaus nicht: blond und beinahe noch schlank; aber besonders schön war sie nie, das weiß der Spiegel, das weiß sie selbst, jetzt.

stimmt nicht schön muß sie sein im liebesroman träumt sich der leser die leserin schön schöner am schönsten durchschnittlich ist der leser die leserin legt ihre zwanzig mark für träume wünsche an neunzehn mark achtzig eigentlich viel zu billig allein der druck das papier das leinen der umschlag lackiert ist gar nicht zu kalkulieren lohnt nicht nur sachbücher bringen heute weltall raketen sex sollten wir doch das standardwerk über inzest schweinerei aber wenn man nicht mitmacht mitschwimmt schließlich mein risiko inzest verkauft sich erstauflage

12 000 irgendwie muß ich meinen verlag muß der autor einsehn wie heißt er eigentlich kennt kein schwein wie soll ich sowas verkaufen statt daß er mir hilft die frau muß schön sein sonst bleiben wir auf der halben auflage sitzen kein durchschnitt mit falten krampfadern oberschenkel sind nur bis zwanzig erträglich minimode ist was für junge Annemie geht wieder war ja schon peinlich lächerlich höchstens im dunkeln auf jeden fall muß die frau schön sein das wird geändert.

Ihr Mann ist zehn Jahre älter. An der Tür seines Dienstzimmers hängt ein Schild: Amtmann Schmella, Anmeldung Zimmer 223: Wen darf ich melden? Sind Sie gemeldet?

DIE HAUSHALTSMITTEL SIND WIRTSCHAFTLICH UND SPARSAM ZU VERWALTEN (§ 26 RHO).

Ein Mann Mitte 40, Glatze, etwas beleibt, in einem grauen Anzug, Pfeffer und Salz, eine unauffällige Brille mit schwachen Gläsern, ein unauffälliges Gesicht – Kennen wir uns nicht? –, die Lippen etwas zu blaß, die Nase nicht ganz in der Mitte, Querfalten über der Stirn, aber nicht unsympathisch, bestimmt nicht, nur manchmal vielleicht ein bißchen zu forsch: Machen wir, klar – aber selbstverständlich wird das gemacht! Auf dem Parkplatz hinter dem neuen Verwaltungsgebäude – Nur für Bedienstete der Stadtverwaltung! – steht sein Wagen, weiß, alabasterweiß, blank gepflegt, das Lenkrad aus griffigem Holz, rote Kunstledersitze, und eigentlich ist der Motor um einige hundert Kubikzentimeter zu groß für ein Amtmann-Gehalt A 11; aber jeder hat eben sein Hobby, und wenn es 30 überflüssige PS sind.

überflüssig wieso wenn der beim überholen zahlt sich das überflüssig ist unsinn ich werde mich nicht mit der autoindustrie im nächsten frühjahr vielleicht ein sachbuch über die großen autokonzerne 20 000 vorab da kann ich hier keine kritik keine unterschwellige oberflächliche habe ja gar nichts gegen kritik muß sein so sprüche als ob wir nicht wüßten nicht alle wüßten kritik ist das salz die wurzel die flamme die atemluft jedenfalls unentbehrlich in frieden und freiheit weiß ich natürlich demokratie aber kritik muß kritik muß kritik muß jedenfalls sachlich abgewogen vor allem sachlich sachkundig dann habe ich gar nichts gegen kritik aber kritik mein junge so geht das doch nicht man muß auch mal nein sagen können überflüssige PS kommt raus basta

Auch menschlich – also wir haben eigentlich nie was miteinander gehabt, obwohl er ja über mir steht, seit zweieinhalb Jahren. Aber er ist im Grunde kein schlechter Kerl, das kann man wirklich nicht sagen. Wenn man jeden Tag miteinander zu tun hat, dann kennt man sich schon. Natürlich ist immer mal was, das kommt ja überall vor, und vielleicht ist er auch ein bißchen zu wendig – sagen wir mal: im Umgang mit Vorgesetzten. Verstehn Sie? Aber ich will nichts gesagt haben, wirklich, in seiner Art ist er bestimmt tüchtig und sauber, also sauber ist er und sehr genau, von selbst macht einer nicht so schnell Karriere, schließlich hat er nicht mal das Abitur, und die Geschichte mit seiner Frau – also das hatte er nicht verdient, bestimmt nicht.

durchschnitt schon wieder durchschnitt gibt keinen richtigen frauenroman spannend unterhaltend der große liebesroman verwaltungsbeamter ist nichts nur durchschnitt und jeder verwaltungslehrling beweist mir daß Schmella nicht denkt wie ein echter beamter wie soll ich das wissen der autor macht sich das leicht ein dutzend klischees ein dämlicher name fertig ist der beamte ist unglaubwürdig das ganze buch ist schief angelegt wird nichts fürchte ich sehe ich schon

Ein Mann, der weiß, was er will: Das ist noch keineswegs ausgestanden, sage ich Ihnen, und notfalls gehe ich durch die Instanzen! Natürlich kam er von rechts, das gebe ich zu, das habe ich gleich eingeräumt, das war ja eindeutig und klar. Aber ich konnte ihn einfach nicht sehen, zumal kurz vor der Einmündung der Lieferwagen parkte – das Kennzeichen habe ich gleich notiert, bei sowas kann man gar nicht genug aufpassen –, eigentlich müßte da längst ein Halteverbot stehen, man kann doch wirklich nicht ahnen, daß plötzlich – er schoß direkt aus der Straße heraus, jawohl, das habe ich polizeilich feststellen lassen, Zeugen habe ich auch gesichert, ich werde doch meinen Schadenfreiheitsrabatt nicht einfach verschenken!

DAS BEAMTENVERHÄLTNIS ERFASST DIE GANZE PERSÖNLICHKEIT DES BEAMTEN. DER BEAMTE MUSS DURCH SEIN VERHALTEN INNERHALB WIE AUCH AUSSERHALB DES DIENSTES DER ACHTUNG UND DEM VERTRAUEN GERECHT WERDEN, DIE SEIN BERUF ERFORDERT.

Oder sie war nicht die richtige Frau für ihn – ich meine ja nur. Er liebt eben Ordnung, seine Ordnung. Wir machen jeden Tag zusammen die Post und alles, was sonst noch ist, was ich ihm abnehmen kann, vor allem die Prüflisten, da kommt es auf jede Null an. Sind Sie gemeldet? Da lernt man jemanden kennen und weiß, was er ist und weshalb er so ist, wie er ist. Ich will ihr bestimmt nichts nachsagen, meine Mutter war auch ein bißchen so, großzügig, würde ich sagen, mein Vater lachte darüber. Aber Herr Schmella lacht nicht, er ärgert sich. Er kann darüber einfach nicht lachen, obwohl – wenn man ihn nimmt, wie er ist, dann kann man schon mit ihm auskommen.

ALLE AUSGABEN SIND ZU BELEGEN.

gut meinetwegen normalfall aber wie soll das liebe liebesroman erregender frauenroman wird nie was dem gönnt doch jeder daß seine alte ihm wegläuft stört keinen leser durchschnittsfiguren nicht einmal richtig böse alles lauwarm ist nichts wir brauchen klare gestalten helden schicksale damit die leserin will mit allen fasern des herzens leid glück schmalz warum nicht verkauft sich immer brauchen die menschen eben sonst finde ich keine buchgemeinschaft kein film ohne die nebenrechte kann ich das gleich verramschen bringen wir lieber ein sachbuch inzest geht immer auf meine kosten soll sich doch einen dümmeren suchen oder er muß ganz anders wenn das ein liebesroman ein knüller erschütternder frauenroman menschlich bewegend erregend ergreifend mitten ins herz

Mir ist nichts aufgefallen, jedenfalls lange nicht. Unser Klaus spielt immer mal mit den Jungens, und vormittags, wenn sie einkaufen ging – oder sie hatte sonst in der Stadt zu tun –, dann brachte sie manchmal den Kleinen zu mir. Da ist mir nichts aufgefallen. Vielleicht hat sie ihn in der letzten Zeit häufiger gebracht, das kann schon sein. Aber ich habe nicht darauf geachtet. Sie war immer eine angenehme Nachbarin. Natürlich war es schon mal etwas laut, wenn sie Besuch hatten, in diesem Haus hören die Wände, und neulich im Karneval ging es einmal sogar bis zum Morgen, mein Mann wollte sich schon beschweren. Aber es war eben Karneval.

Vielleicht hat es da begonnen, wer will das sagen, nachher? Man sieht sich, man trifft sich, man tanzt, lacht, trinkt, ist ein paar Stunden lang wieder jung – oder jedenfalls jünger als sonst: Ach, hab dich nicht so! Vielleicht ist es so gekommen: Hab dich nicht so! Sie sah nicht sehr glücklich aus.

glücklich wer ist schon glücklich Annemie wer sieht schon glücklich ist sie wohl auch nicht sagen wer weiß das schon frauen Annemie aber im frauenroman muß sie glücklich werden jedenfalls auf der letzten seite liebster geliebte du wir und hand in hand

Wir haben immer eine gute Ehe geführt, vorbildlich, möchte ich sagen. Schließlich bin ich Beamter, und auch sonst – also ich stehe schon meinen Mann, da kenne ich keine Schwierigkeiten.

macht sich bloß dick wird sich noch wundern hormone steht seinen schwierigkeiten gibt an also negativ wieder mit dem will keiner sich identifizieren wie alt ist er mitte 40 konnte ich auch noch Annemie keine schwierigkeiten bei Inge kannte ich gar keine schwierigkeiten Ingemaus Ingelieb Ingedu kenn' ich

Oder es hat schon im Herbst begonnen, da war Herr Schmella vier Wochen zur Kur, Herz und Kreislauf: Ich muß mal was für mich tun, man reibt sich total auf im Dienst – und wofür?

fragt man sich wirklich wenn man die 50 hinter sich aber von morgens bis nachts immer auf touren was soll das dankt einem niemand mein junge das kannst du gar nicht so leicht ist das nicht mit den linken autoren können einfach nicht schreiben muß man verlangen als leser kann man verlangen avantgarde kann mir gestohlen was soll das versteht doch niemand zahlt einen groschen für einen liebesroman ohne liebe richtige liebe kennen autoren heute nicht mehr mein junge gar nicht beurteilen fehlt dir erfahrung meine erfahrungen wenn man die 50 hinter sich fragt man sich

Damals war sie vier Wochen allein mit den Kindern, und vier Wochen können lang sein für eine Frau, die nicht mehr ganz jung ist und noch nicht alt und nicht sehr glücklich. Sag mal, wieso war eigentlich unsere Telefonrechnung so hoch?

immer dasselbe frauen Annemie finden kein ende sicher der liebhaber der verführer oder was soll das sonst hier die schreiben heute einfach so eben unter sich weg vielleicht hat das gar nichts zu sagen

Aber das hätte ich doch gemerkt, bestimmt hätte ich das gemerkt, wenn man so Tür an Tür wohnt!

nachbarin oder wer ist das wie ist sie was weiß sie niemand weiß wirklich bescheid alles salat muß man sich selber macht keinen spaß mehr zu lesen

Oder noch früher, vielleicht schon vor einem Jahr, als Schmellas die Mittelmeerreise machten, zwei Wochen Mallorca, Nordafrika, Spanien. Er wurde seekrank, lag zwei Tage lang in der Kabine im A-Deck, die Betten übereinander, obwohl ihm der Steward sagte und jeder, daß frische Luft gegen die Seekrankheit hilft, nur frische Luft.

hilft auch nicht unsinn nichts hilft alles geschwätz

Vielleicht hat sie damals jemanden getroffen, abends beim Tanz oder im Deckstuhl oder beim Cocktail, jemanden, der anders war als der Amtmann Schmella, Herbert A. Schmella, das A. für Adolf, leider.

wieso ADOLF ausgerechnet ADOLF riecht wieder nach Mitscherlich Heinemann Panorama was soll das in einem frauenroman hat das gar nichts zu suchen kann Arthur heißen Andreas Anton aber überall wollen sie unsere vergangenheit meine vergangenheit sollen sie endlich in ruhe erzählen können sie nicht wer will denn heute noch ADOLF will niemand mehr hören lesen in einem liebesroman kauft niemand ADOLF Schmella natürlich hat er eine vergangenheit irgendwas braunes mußte ja jeder mußten wir alle mein junge das kannst du gar nicht beurteilen ADOLF kann man heute leicht schreiben verjährung kommt gar nicht in frage bei mir nicht verjährt

Er ist eben so, wie er ist. Seit eineinhalb Jahren bin ich sein Vorzimmer, ich weiß Bescheid, und wenn einer erst auf die 50 zugeht, dann muß man ihn nehmen, wie er ist. Sie hätte ihn auch so nehmen sollen. Aber sie schaffte das nicht, irgendwie – sie konnte das nicht.

ALLE AUSGABEN SIND ZU BELEGEN. DAS GLEICHE GILT FÜR DIE EINNAHMEN, SOWEIT SICH NICHT AUS DER NATUR DER EINZELNEN EINNAHMEN ETWAS ANDERES ERGIBT.

Ein Mann, der ist, was er ist: Juristisch könnte das vielleicht zutreffen, ich will das keinesfalls zur Gänze ausschließen, man hat schließlich nicht alle Entscheidungen der Oberlandesgerichte im Kopf. Aber nach der Lebenserfahrung, nicht wahr, das sieht doch ein Kind: Er hätte vor dem Einbiegen anhalten müssen, Paragraph I der Straßenverkehrsordnung, jeder Teilnehmer am öffentlichen Straßenverkehr hat sich so zu verhalten, daß kein anderer gefährdet, geschädigt und so weiter – nicht wahr, das ist das Erste, was man in der Fahrschule lernt, und auf jeden Fall durfte er nur sehr vorsichtig und unter Beachtung des fließenden Verkehrs in die Straße hineinfahren, auch wenn er Vorfahrt hatte – sehen Sie hier, ich habe das aufgezeichnet, maßstabsgetreu: Von hier aus kann man nämlich nichts sehen, zumal der Lieferkombi da parkte, man ist ja beinahe blind, wenn aus der Nebenstraße – wenn also von dorther jemand einbiegt. Ich habe sofort gebremst – bitte, die Bremsspur, hier, genau ausgemessen 17 Meter 45, ich kann also gar nicht schneller gefahren sein als höchstens vierzig, das ist durchaus angemessen, und ich bin überzeugt, daß das Gericht das bei der Urteilsfindung auch würdigen wird.

DIE BESTEN ZINSEN SIND DIE WIEDERANGELEGTEN ZINSEN. WER VERMÖGEN BILDEN WILL, SOLLTE SICH DIESEN SATZ GUT EINPRÄGEN. ALLE AUSGABEN SIND ZU BELEGEN. NICHT NUR DER ZINS, AUCH DER ZINSESZINS SPIELT BEIM AUFBAU EINES VERMÖGENS EINE ROLLE. DAS GLEICHE GILT FÜR DIE EINNAHMEN. WENN DAS HUHN, DAS GOLDENE EIER LEGT, EIN GOLDENES EI LEGT, IST ES REINE TEMPERAMENTSSACHE, OB SIE DAS EI GLEICH AUF DEN KOPF HAUEN ODER ABWARTEN, BIS ES AUSGEBRÜTET IST.

was soll der unsinn wieder soll das hier

Ja, genau ist er, penibel genau, würde ich sagen, so leicht macht ihm keiner was vor.

SÄMTLICHE KASSEN SIND JÄHRLICH, SÄMTLICHE VERWALTUNGEN VON VORRÄTEN MINDESTENS ALLE ZWEI JAHRE EINER UNVERMUTETEN PRÜFUNG ZU UNTERZIEHEN.

wieder der unsinn durcheinander kommt keiner mehr durch das durcheinander mehr durch

Demnächst soll er ja wieder befördert werden, im Haushaltsentwurf ist die Stelle schon ausgewiesen, obwohl er so tut, als ob er nichts davon wüßte – er ist eben tüchtig in seiner Art, und die besseren Beziehungen hat er auch. Schon deshalb hat er darauf gesehen, daß nichts bekannt wurde, ich meine die Sache mit seiner Frau, irgendwie schadet einem so etwas doch, das ist eine Erfahrungstatsache, und gerade bei den Mehrheitsverhältnissen in unserem Stadtrat, da soll man sich gar nichts vormachen.

mehrheitsverhältnisse meint er was meint er bürgerlich CDU natürlich meint er soll bloß nicht meinen ich drucke alles ich säge mir selber den ast ab abendland sitte so dumm bin ich nicht mein junge kannst du noch gar nicht beurteilen unreif in unserem stadtrat die roten sind alle werte sitte moral ist denen egal mein junge wenn die ans ruder helfe uns gott mit uns CDU anständig sauber gehorsam pünktlich bescheiden mußt du erst lernen mein junge kannst du noch gar nicht MEHRHEITSVERHÄLTNISSE kommt hier raus wird gestrichen mein geld mein ruf meine kunden freunde leser meine verantwortung mein junge ich drucke noch lange nicht alles lass' ich mir nicht gefallen kommt gar nicht in frage kommt raus hier überflüssig nur ärger dabei ist Schmella im grunde ein anständiger strebsamer sauberer positiv muß er gesehen gezeichnet werden nicht diese versteckten anwürfe kommen mir raus mein junge wenn wir nicht die mehrheit wenn damals die roten gnade uns gott hinterher immer meckern alles in schmutz mach ich nicht mit mein junge in meinem verlag.

Er hat überhaupt nicht darüber gesprochen, einfach getan, als wäre nichts und niemand wüßte etwas davon, und das war bestimmt das einzig Richtige. Dabei hat ihn die Geschichte ziemlich mitgenommen, sie war seine große Liebe, glaube ich, obwohl sie ja gar nicht besonders hübsch ist, mein Typ jedenfalls nicht, und irgendwie hochmütig, finde ich, eigentlich paßt sie gar nicht zu ihm.

alles runtermachen natürlich der mann mies die frau mies alles nur durchschnitt für diese autoren taugt niemand was außer Mao und Castro und dieser wie heißt er noch auf den plakaten unrasiert ungepflegt dreckig die stinken alle verlaust rote fahnen ihr wißt ja noch gar nicht mein junge kannst du noch gar nicht beurteilen alles zersetzen bei mir nicht liest niemand die jungen kaufen nur taschenbücher aber den mund voll mit Marx und Marcuse und ich muß an die leser verantwortung erbe kultur die leserin hat einen anspruch werte erhalten ist nicht so einfach mein junge

Wie das so geht, an einem Morgen, grau oder sonnig, irgendein Morgen, Winter, Sommer, Herbst, irgendwann, irgendein Alltagsmorgen: Du mußt mich verstehen, es hat keinen Sinn mehr, ich habe dich nie –. Und er wußte nicht, was er sagen sollte an diesem Morgen, der zufällig ein Märzmorgen war, der 7. März 1968: Aber du – du kannst doch nicht so – einfach so!

hat er ganz recht unverantwortlich das kind mit fieber die mutter unmenschlich würde ich ganz was anderes heilige bande die hätte bei mir sollte sich wundern

Glücklich – nein, glücklich war er wohl nicht. Nicht richtig. Manchmal sah er mich an – wissen Sie, so sieht keiner seine Sekretärin an, der glücklich verheiratet ist. Und in der letzten Zeit war er oft mit seinen Gedanken nicht bei der Arbeit, zum Beispiel, wenn er diktierte, das merkt man natürlich, manchmal vergaß er beim Diktieren, an wen der Brief gehen sollte. Er wird schon gewußt haben, daß etwas war.

ALLE EINNAHMEN UND AUSGABEN SIND MIT IHREM VOLLEN BETRAG AN DER FÜR SIE VORGESEHENEN STELLE IN DER RECHNUNG NACHZUWEISEN. ES DÜRFEN WEDER AUSGABEN VON EINNAHMEN VORWEG ABGEZOGEN NOCH EINNAHMEN AUF AUSGABEN VORWEG ANGERECHNET WERDEN.

Ein Mann wie jeder: Aber natürlich habe ich aufgepaßt – elf Jahre fahre ich unfallfrei, ich passe immer auf! Sie sehen ja: Ich habe sofort gebremst, kaum daß ich ihn sah. Wenn ich am Steuer sitze, dann denke ich an nichts anderes – da kann mir keiner kommen, mir nicht, und die Bremsspur ist ein ganz klarer Beweis. Meines Erachtens nach ist der andere mindestens 50 Prozent schuldig, wenn nicht mehr, und das werde ich auch durchbringen, verlassen Sie sich darauf, weshalb zahle ich sonst meine Rechtsschutzversicherung?!

WIE SIE MIT WENIG GELD VIEL GELD VERDIENEN. WEDER AUSGABEN VON EINNAHMEN NOCH EINNAHMEN AUF AUSGABEN. DAS PFANDBRIEF-EINMALEINS. DAS EINMALEINS. WIRTSCHAFTLICH UND SPARSAM. HAST DU WAS DANN BIST DU. DIE ZAHL DER GOLDENEN EIER.

unsinn wieder der blödsinn einfach werbung gehört in den anzeigenteil schleichwerbung unsinn in einem liebes

Vielleicht war es wirklich nur Zufall, daß der Unfall am gleichen Tage passierte, an diesem Morgen im März, als er aufwachte wie jeden Tag und dachte, es sei noch alles wie immer, alltäglich, in Ordnung, soweit, und seine Frau sah ihn an, und er wußte plötzlich: Jetzt wird sie es sagen, jetzt sagt sie es.

VERBRIEFTE SICHERHEIT.

Seit elf Jahren fährt Herr Schmella die gleichen Straßen zum Dienst, morgens um 7.10 Uhr holt er den Wagen aus der Garage, nachmittags gegen halb 6 kommt er zurück – freitags schon eine Stunde früher –, und er kennt die Strecke mit allen Nebenstraßen und allen Verkehrsschildern genau, Kreuzung, Engpaß, Achtung, Kinder, Schule, Halteverbot. Wahrscheinlich hat der andere wirklich nicht aufgepaßt, und wenn ihm die Vorfahrt zustand – über Schuld und Recht und Versäumnis läßt sich streiten.

Haben Sie? Unterstreichen Sie: unverantwortlich. Damit die Versicherung nachher nicht mit Ausreden kommt. Und darüber – nicht vergessen, bitte: Gedächtnisprotokoll, Datum und Zeit – das Datum von vorgestern natürlich, das macht sich besser.

wieso ach so miesmacherei wieder als ob Schmella was krummes natürlich planmäßig mies schäbig

Der Unfall erregte ihn sehr. Zwar konnte er weiterfahren, nachdem der Kotflügel zurechtgebogen war – irgend jemand in schmutzigblauer Arbeitskleidung trat kräftig gegen die Ausbeulung, bis das Rad wieder frei lief, das dumpfe Geräusch ließ ihn noch Nächte später aus dem Schlaf hochschrecken. Aber der Ärger machte ihm lange zu schaffen, und die Schadenssumme fiel gerade noch in die Selbstbeteiligungsspanne seiner Kaskoversicherung. Er mußte die Rechnung allein bezahlen.

ist auch ärgerlich scheiße wer das mal mitgemacht ersatzteile viel zu teuer daran verdienen die ihre dividenden apothekerpreise kenn' ich den ärger ärgerlich kann ich verstehen

Man sollte das ganze Werkstättenunwesen mal hochgehen lassen! Wenn ich Zeit hätte, ich kann Ihnen sagen!

sage ich auch immer dasselbe

Und ich sage dem Meister noch, daß meine Versicherung nicht bezahlt, machen Sie's billig – die Stoßstange habe ich nur zurechtbiegen lassen, das fällt kaum auf, wenn man's nicht weiß, aber man sieht es natürlich doch und ärgert sich. Und trotzdem 483 Mark und 70!

ärgert sich ärgerlich kann einem leid tun

Wahrscheinlich deckte der Unfall nur zu, was ihn in diesen Tagen bewegte. Er wagte nicht, darüber zu reden. Er sprach nur von dem Zusammenstoß, immer wieder.

Der kann doch nicht einfach – verstehn Sie: einfach so rücksichtslos einbiegen!

Ich habe dich nie geliebt.

Wir werden schon sehen, wer recht bekommt! Der soll mich noch kennenlernen!

DIE HAUSHALTSMITTEL SIND WIRTSCHAFTLICH UND SPARSAM ZU VERWALTEN. WIE SIE MIT WENIG GELD VIEL GELD VIEL.

Freunde hat Herr Schmella nicht, jedenfalls niemanden, dem er wirklich vertraut. Er verläßt sich nicht gern auf andere Menschen; es macht ihn unsicher, wenn irgend jemand etwas von ihm weiß – etwas wissen könnte von ihm. Außerdem war er – sein Kollege deutete das gelegentlich an – um seinen Ruf besorgt. Auch wenn ihn selbst keinerlei Schuld traf – und keinen Augenblick lang sah er einen Anlaß, daran zu zweifeln –, konnte das ehe- und sittenwidrige Verhalten seiner Frau ihm schaden.

GEGEN EIN UNEHRENHAFTES VERHALTEN VON FAMILIENANGEHÖRIGEN MUSS DER BEAMTE EINSCHREITEN.

Deshalb war er bemüht, Gerüchte gar nicht erst aufkommen zu lassen; schließlich rechnete er damit, daß seine Frau zurückkehren würde.

MUSS DER BEAMTE EINSCHREITEN.

Er war verzweifelt, daß trotzdem nahezu jeder von der Geschichte zu wissen schien; er zuckte zusammen unter verständnisvollen Blicken, ein freundschaftlicher Schulterschlag in der Kantine konnte ihn aus der Fassung bringen, die bösen Spitzen scheinbar ganz beiläufiger Bemerkungen zwischen Flur und Fahrstuhl ließen ihn bis morgens um 2 Uhr nicht zur Ruhe kommen.

Ja, verreist – ich denke, so an die zwei Wochen, mal sehn, sie ist zu einer Freundin gefahren, das wollte sie längst schon mal. Meine Mutter betreut solange die Kinder, das geht tadellos, und ich – na ja, man ist auch nicht mehr der Jüngste und richtet sich ein, kann man ja gern mal tun, nicht, schließlich war ich Soldat. Wissen Sie, Frauen haben doch immer mal, nicht wahr, besonders in dem Alter, da haben sie manchmal ihre eigenen Probleme, das kennen Sie sicher auch, das muß man als Mann berücksichtigen, nicht wahr?

GEGEN EIN UNEHRENHAFTES VERHALTEN VON FAMILIENANGEHÖRIGEN MUSS DER BEAMTE EINSCHREITEN.

Sicher fährst du, habe ich gesagt. Nun fahr doch schon, um uns brauchst du dir keine Sorgen zu machen, wir werden schon fertig. Man soll dann ruhig mal großzügig sein.

finde ich nicht was hab' ich dem jungen alles großzügig alles erlaubt mein junge zahlt sich nicht dankt einem niemand zu seinem eigenen vater ihr alten säcke verkalkt verblödet senil autoritär ich hätte viel strenger mein junge gehorchen lernen pünktlich bescheiden du sollst deinen vater und deine mutter jawohl ganz andere saiten mit eisernem besen ihr alten säcke zu seinem eigenen das ist der dank dafür schufte ich schufte mich großzügig zahlt sich nicht aus scharf durchgreifen drakonisch der mensch der nicht geschlagen wird der wird auch nicht geschlagen Goethe habe ich falsch gemacht war immer zu gutmütig großmütig großzügig

Vielleicht war sie ein bißchen nervös in der letzten Zeit, das kann schon sein. Einmal sagte ich zu ihr, wir trafen uns gegen Mittag im Treppenhaus, sie stieg herauf und sah etwas angestrengt aus, und ich sagte: Ist Ihnen nicht gut, Frau Schmella? Aber sie sagte: Nein, nein – vielleicht hat sie etwas zu hastig gesprochen, wenn ich jetzt daran denke, kommt mir das fast so vor: Nein, nein, es geht mir gut, sagte sie, sehr gut sogar. Da habe ich nichts mehr gesagt. Vielleicht war ihr auch nur die

Einkaufstasche zu schwer, und es ging mich schließlich nichts an.

Wer es zuerst gewußt hat, wer zuerst darüber sprach, blieb ungeklärt. Eigentlich hätte außer Herrn Schmella kein Mensch etwas wissen können, und er wußte wenig genug.

ALLE AUSGABEN SIND ZU BELEGEN. GEGEN EIN UNEHRENHAFTES VERHALTEN VON FAMILIENANGEHÖRIGEN MUSS DER BEAMTE

Also mir fiel das gleich auf, gleich an dem Morgen – ich merkte sofort, daß etwas nicht ganz in Ordnung war, wenn er auch nichts davon sagte. Er war richtig blaß – meistens ist er ja etwas blaß, aber an dem Morgen war er blasser als sonst, und ich glaube, er hatte auch rote Augen. Verstehen Sie? Obwohl er bestimmt nicht der Typ ist, der sich wegen so etwas in die Ecke setzt und weint, das glaube ich nicht, der weint nicht – er versteht sich auf die Welt und läßt sich so leicht nichts vormachen, sonst wäre er ganz bestimmt nicht so schnell befördert worden, im Herbst wird er Oberamtmann, der kennt sich im Leben aus. Aber das fiel mir auf an dem Morgen, wenn ich auch dachte – das mußte ich damals ja denken –, es war der Unfall gewesen, so etwas kann einen schon umwerfen, auch wenn es nur Blechschaden war, und gerade, wo er so einen Autotick hat.

Einfach auf und davon! Und die Jüngste war sie doch auch nicht mehr und hatte den Mann und die Kinder und eine schöne Wohnung und alles, was man sich wünschen kann, und ich finde wirklich, man kann mit ihm auskommen.

So eine Geschichte. Der andere blieb ein Name darin, den er nicht glauben wollte, nicht glauben konnte – ein Vorname nur, irgendeiner, beinahe belanglos: irgendein Mann um die 40, vielleicht auch schon etwas älter, vielleicht etwas jünger, irgendein Mann, der Zeit hatte zu verreisen.

statt daß er den vorstellt statt daß er den endlich mal hinstellt und sagt dem leser der leserin seht ihn euch an den verführer da ist der schurke statt dessen soll ich mir selber ausdenken aussuchen modisches zeug

Vielleicht ein Handelsvertreter. Vielleicht war er selbst verheiratet und nicht sehr glücklich, wer ist schon glücklich: Du auch? Auch bei dir?

wen fragt er DU wer ist DU wer ist glücklich kein mensch ist glücklich alles nur worte wörter

Oder ein Junggeselle, dreimal verlobt, dreimal betrogen, wer oder wen, sie war die wievielte Frau – Keine Ahnung, wer zählt denn sowas? Vielleicht hatte er nur ein bißchen gespielt, hab dich nicht so, wie man so spielt, wenn man älter wird, Liebelei, Liebe, daß bloß dein Mann nichts erfährt – sie hatten beide gespielt, vielleicht, bis sie aufwachte, eines Abends, eines Nachts, irgendwo: Du, ich habe noch nie – du, noch nie so geliebt.

Vielleicht war sie ihm zu dieser Zeit schon etwas lästig geworden, jedes Spiel hat seine Dauer. Vielleicht wußte er nicht, was er antworten sollte: Ja, du – natürlich. Was man so sagt, wenn man nicht weiß, was man sagen soll: Ja doch, ich auch – meinetwegen können wir reisen, wohin denn?

Oder er war ein geschiedener Mann, endlich frei, und es gab noch Frauen, die sich in ihn verlieben konnten, so eine Frau, eigentlich doch ganz hübsch, und sie läßt ihren Mann und die Kinder und die Sicherheit und geht mit ihm fort. Oder es war ihm auch ernst gewesen, ernst geworden, plötzlich. kein Spiel mehr, keine Verwirrung auf Zeit, keine Regeln mehr, sondern etwas, was er noch nie erfahren hatte, er hatte es nicht gewußt bis dahin: blind bis dahin, taub, alles vergebens bis dahin, bis er sie fand, diese Frau. Wie im Traum. Wie im Schlager, alles x-mal gehabt und gehört, aber was willst du machen? Und er sprach ihr das Wort nach und glaubte daran: Traum, vielleicht einen Augenblick nur: Ich habe das auch nicht gewußt. Daß es das gibt.

liebe endlich mal richtige liebe schicksal schicksalsroman kann sich die heutige jugend weiß nicht was richtige liebe lernen bloß noch die technik von vorne von hinten aber liebe was liebe kennen die stellungen haben wir auch frau wirtin hatte aber nicht in dem alter hatten noch ideale ihr alten säcke haben gar kein gefühl keine ehrfurcht keinen respekt mein junge wenn du erst richtige liebe was sind das für mädchen kommune schamlos mein junge in meiner jugend kannst du mir glauben wir hatten noch

So ein Großer, Grauer, Schlanker, nicht mehr ganz jung, aber doch – sportlich, würde ich sagen. Einmal traf ich ihn auf der Treppe, sie stand in der Wohnungstür und sah ihm nach; doch als sie mich kommen hörte, schlug sie die Tür rasch zu. Sein Gesicht – nein, ich wüßte nicht, wie er aussah. Groß und grau und – ja, sportlich. Ich würde ihn nicht einmal wiedererkennen, außer, er käme wieder die Treppe herunter. Was sollte ich auch auf ihn achten, er hätte ja ein Hausierer sein können, ein Vertreter oder sonst irgend jemand, vielleicht ein Verwandter – das konnte ich doch nicht wissen. Vielleicht ist er das auch gar nicht gewesen. Ich dachte nur, später, das hätte er sein können.

aber wer's wirklich war sagt er uns nicht der leser darf raten die leserin danke wer soll denn das kaufen

So eine Geschichte. Wahrscheinlich hat sie viel früher angefangen, an irgendeinem Tag, als die Frau vor dem Spiegel stand und sah, daß sie Mitte 30 war – gerade noch Mitte 30, beinahe noch schlank –, als sie merkte: Der Spiegel gab nicht mehr das gewohnte Bild, der Alltag hatte sie eingefärbt – jeden Morgen das Frühstück, willst du ein Ei, ich muß mich beeilen, wie ist das Wetter, nun mach schon, jeden Abend die Zeitung, die Tagesschau, Flaschenbier, war was heute, auch mal ein Buch, ein Fachbuch, Verwaltungsrecht Haushaltsrecht Kassenwesen, ich muß mich weiterbilden, wenn ich den Sprung zum Verwaltungsrat noch schaffen will, von nichts kommt nichts.

richtig sehr richtig sage ich auch mein junge erstmal was lernen bevor du den mund nicht für die schule *sed vitae* wirst schon noch sehen meine erfahrungen nicht so einfach

Und Stille dann, jeder auf seinem Platz unter der Lampe, er links, sie rechts, keine Antworten mehr, zuletzt schon nicht mehr gefragt, nur noch das Doppelbett und das Dunkel dann, Weckerticken, schläfst du schon? Er schläft. Vielleicht hat es so begonnen.

doppelbett muß natürlich ganz anders doppelbett ehebett muß mehr farbe halbdunkel brüste irgendwas muß der leser schließlich will er soll er erotik verkauft sich muß kräftiger deutlicher schweiß schenkel rosa wenn auch natürlich alles in grenzen mehr farbe wärme sonst liest das kein abendland anstand jugendgefährdend moral vielleicht ist Schmella ein bißchen pervers fellatio bringt den absatz auf zahlen doppelbett ehebett schweinerei in der ehe alles erlaubt für reife leser

Ja, in ein paar Tagen kommt sie zurück. Sie schreibt sehr vergnügt. Das ist mal eine richtige Erholung für sie, ohne die Kinder, und meine Mutter schafft den Haushalt noch tadellos. Wir haben ja auch unsere Putzfrau, und im übrigen kann man ruhig mal großzügig sein, finde ich.

LEISTUNGEN VOR EMPFANG DER GEGENLEISTUNG DÜRFEN NUR BEWIRKT WERDEN, SOWEIT DIES IM ALLGEMEINEN VERKEHR ÜBLICH ODER DURCH BESONDERE UMSTÄNDE GERECHTFERTIGT IST. VERBRIEFTE SICHERHEIT. DER BEAMTE HAT GRUNDSÄTZLICH MIT ALLEN MITTELN DAFÜR ZU SORGEN, DASS EHEFRAU UND KINDER EIN ANSTÄNDIGES UND EINWANDFREIES VERHALTEN AN DEN TAG LEGEN. DANN BIST DU WAS.

Herr Schmella weiß: Gefühle sind nicht mehr so ewig, wenn man erst Mitte 30 ist, Illusionen verlieren dann schneller ihre Magie, und für die Großen, Grauen, Schlanken ist eine Frau Mitte 30 nicht mehr so attraktiv, nicht auf die Dauer, vor allem, wenn es noch Ärger mit einem Ehemann gibt, und manchmal denkt sie an ihre Kinder zu Hause. Weshalb sollte sie nicht heimkehren? Schließlich, sie sind aneinander gewöhnt.

Nicht wahr, man ist eben verheiratet – glücklich verheiratet!

ALLE AUSGABEN SIND ZU BELEGEN.

Sie kann damit rechnen, daß er ihr verzeiht, trotz allem, und wenn ihm einmal so etwas passieren sollte, dann wird sie ihm auch verzeihen – allerdings ist der Fall nicht sehr wahrscheinlich: Er ist jetzt Mitte 40, er hat, was er braucht, normalerweise, Unordnung ist ihm zuwider, was soll das, und auch die Kosten stehen – nach seinen Erfahrungen – in keinem vernünftigen Verhältnis zu dem erzielbaren Gewinn.

sicher na ja aber als mann hat man ist eben polygam Annemie verstehst du das ist nichts das mußt du das brauche ich eben als mann

Dann ist der Schaden ja wieder behoben!

wieso wer redet denn da schon wieder wovon welcher schaden mumpitz literatur

Im Grunde der bare Betrug – ich bitte Sie: 483 Mark und 70 für das bißchen Lack und Blech! Aber was wollen Sie machen? Sie müssen bezahlen; Sie können nichts machen. Immerhin, mein Rechtsanwalt ist sehr zuversichtlich, und wenn wir durch die Instanzen gehen müssen – so billig kommt mir der andere nicht davon!

Wie so etwas läuft und verläuft, am Ende, und wenn es vorbei ist, später:

Hast du etwas gesagt?

Ich sagte nur – bitte, hör mir doch zu, wenn ich etwas sage! –, also die Versicherung hat dem Vergleich zugestimmt, immerhin 130 Mark. Man soll sich eben nichts vormachen lassen.

Jawohl.
Ein bewährter Beamter.
Einnahmen Ausgaben Leistungen Gegenleistungen.
Ein anständiger Mensch.
Voll und ganz.
Zuverlässig.

wieso eigentlich was soll das nun wieder in diesem zusammenhang gar kein zusammenhang

Streng aber gerecht.
Solide.
Pfandbriefsparer.
Von altem Schrot und Korn.
Leistungsfähig.
Vernünftig.
Fleißig.
Dauerauftrag.
Sparsam.
Müßiggang ist aller Laster Anfang.

na und oder nicht oder

Ein guter Vater.

durchgreifen ordnung gehorsam nicht weich werden mein junge das kannst du noch gar nicht

Ehre wem Ehre gebührt.
Streng aber streng.
Treu.
Dienstwillig pflichteifrig beflissen.
Gerecht.
Jawohl.
Im Auftrag.
In Vertretung.
Einer wie du und ich.
Karriere.
Friß Vogel oder.
Jawohl.
Vorschrift.
Jawohl.
Vollziehen vollstrecken.
Tut mir leid aber.
Die Treue ist das Mark der Ehre.

Hindenburg sieger von soll er in ruhe der greise marschall in ehrfurcht neigen

Zuverlässig.
Bewährt.

was soll das hat er dagegen natürlich ironisch billig wie sollen wir sonst wohl ruhe und ordnung und ordnung unordnung sollen sich wundern das wird gestrichen unsinn hat nichts mit liebe liebesroman sowieso viel zu breit für den anfang

Ja, nett, daß Sie anrufen! –

Aber nein, wieso denn, im Gegenteil, ganz im Gegenteil – wirklich sehr interessant, ich habe das sogar mit einiger Spannung gelesen, und ich muß sagen –.

Nein, ich sage Ihnen doch, durchaus nicht! Der Anfang wirkt vielleicht im ganzen noch etwas breit, ein bißchen unbeholfen, würde ich sagen, und ich weiß nicht recht, was Sie mit diesen Einschüben bezwecken wollen, das Kleingeschriebene, wissen Sie, das stört bei der Lektüre. Aber sonst –.

Eine Verlegerfigur? Na ja, das habe ich mir natürlich gedacht. Aber, wissen Sie, wenn das ein Verleger sein soll –.

Aber bitte bitte, das ist doch wohl nicht Ihr Ernst? Das sind doch bloße Klischees! Einen solchen Verleger gibt es einfach nicht, da müssen Sie sich schon –.

Meinen Sie wirklich? Also bitte, bitte, aber ich denke doch, Sie sollten sich das noch einmal sehr gründlich durch den Kopf gehen lassen, verstehen Sie, in einem Liebesroman ist so etwas überflüssig, meine ich, es stört ganz einfach. –

Nein, nein, ich sage Ihnen ja, im Grunde stehe ich ausgesprochen positiv zu Ihrer Arbeit! Wirklich sehr interessant! Sehr eigenwillig! Und ich darf Ihnen verraten, daß ich richtig ein wenig gespannt bin, wie Sie die Geschichte nun weiterentwickeln wollen. Ich möchte Sie nur daran erinnern, nicht wahr, daß wir auf einen Liebesroman abzielen, und deshalb –.

Wie kommen Sie denn darauf? Schließlich habe ich mich sofort mit Ihrem Manuskript beschäftigt, und Sie dürfen mir glauben, daß ich für die zeitgenössischen Ausdrucksmöglichkeiten ein sehr feines Sensorium entwickelt habe. Noch einmal: Das wirkt auf mich alles sehr modern, sehr zeitgenössisch, mein Kompliment, wirklich besonders interessant vom Ansatz her, und ich würde sagen, Sie sollten unbedingt weiterschreiben. –

Aber wieso denn? Natürlich sind Sie in Ihrer Arbeit völlig frei, ich will Sie in gar keiner Weise beeinflussen. Nur das eigentliche Thema, unser Grundanliegen, würde ich sagen –.

Bitte, wie Sie meinen. Sie haben ja noch genügend Zeit. –

Gut, ja. Bitte. Die Vorschußzahlungen haben Sie pünktlich erhalten?–

Einverstanden, Sie geben mir dann einfach den nächsten Abschnitt herein, Ihre Frau kann ja –.

Jawohl, ja. Ich bin gespannt. –

Ja, und auf gutes Gelingen!

DAS BEAMTENVERHÄLTNIS ERFASST DIE GANZE PERSÖNLICHKEIT DES BEAMTEN. DER BEAMTE MUSS DURCH SEIN VERHALTEN INNERHALB WIE AUCH AUSSERHALB DES DIENSTES DER ACHTUNG UND DEM VERTRAUEN GERECHT WERDEN, DIE SEIN BERUF ERFORDERT. DAZU GEHÖRT INSBESONDERE HÖFLICHKEIT, ZUVORKOMMENHEIT UND HILFSBEREITSCHAFT IM DIENST GEGENÜBER DEM PUBLIKUM, KAMERADSCHAFTLICHKEIT GEGENÜBER MITARBEITERN, FÜRSORGE GEGENÜBER DIENSTLICH UNTERSTELLTEN, ACHTUNG GEGENÜBER VORGESFTZTEN – BEI VOLLER WAHRUNG DER PERSÖNLICHEN WÜRDE – SOWIE EINE AUSSERDIENSTLICIIE LEBENSFÜHRUNG, DIE DARAUF BEDACHT NIMMT, DASS NICHT DURCH DAS VERHALTEN DES BEAMTEN ODER SEINER FAMILIENANGEHÖRIGEN DAS ANSEHEN DER BEAMTENSCHAFT VERLETZT WIRD

DIE SEXUELLEN WÜNSCHE DES MANNES.

DER BEAMTE MUSS SICH ALSO SELBST EINWANDFREI VERHALTEN, ABER AUCH DAFÜR SORGEN, DASS SEINE FAMILIE EINEN EHRENHAFTEN LEBENSWANDEL FÜHRT.

GEGEN EIN UNEHRENHAFTES VERHALTEN VON FAMILIENANGEHÖRIGEN MUSS DER BEAMTE EINSCHREITEN.

Am 7. März 1968, kurz vor 10 Uhr vormittags, verließ Frau Schmella die Wohnung der Familie im zweiten Stock des Hauses Beselerstraße 17; am 14. März, früh morgens, kehrte sie zurück. Die Taxe hielt unmittelbar vor dem Hauseingang. Es regnete.

Der Schlüssel paßte nicht. Sie versuchte es noch einmal. Dann fiel ihr ein, so lange her, wie lange: das neue Haustürschloß. Sie strich sich die nassen Haare aus der Stirn, schob den Schlüssel in die Manteltasche zurück. Schließlich drückte sie den Klingelknopf: SCHMELLA. Einen Augenblick lang schien der Regen nachzulassen, die Straßenlaternen glänzten auf den Platten des Bürgersteigs, blau, glatt, kühl; dann verwischte eine neue Regenbö die Spiegelung. Sie wartete, sah nach oben, die Fenster blieben dunkel. Noch einmal drückte sie den Knopf.

BERICHT ÜBER DAS ERGEBNIS DER ÖFFENTLICHEN PRÜFUNG DER VERPFLEGUNGSWIRTSCHAFT BEIM STÄDTISCHEN KRANKENHAUS IN DER ZEIT VOM 26. FEBRUAR BIS 1. MÄRZ 1968.

Berichterstatter: Rechnungsrevisor Amtmann Schmella, Oberinspektor Kalefeld.

AUFGABE: Prüfung der Küchenwirtschaft und Lagerbestandsaufnahme gemäß § 60 Reichshaushaltsordnung.

1. Das Städtische Krankenhaus wurde bezüglich der Verpflegungswirtschaft in der Zeit vom 26. Februar bis 1. März 1968 geprüft. Stichproben waren gemäß Prüfungsauftrag bei der Lagerbestandsaufnahme nicht zugelassen.

2. Mit Rücksicht auf den Umfang und die Vielseitigkeit der Vorräte wurde die Lagerbestandsaufnahme zur Beschleunigung und aus taktischen Gründen zunächst gemeinsam durchgeführt.

AUS TAKTISCHEN GRÜNDEN klingt nicht gut hört sich an als wollten wir jemanden reinlegen wollten wir SCHÜLLER wird sich noch wundern sagen wir mal WEGEN DER WÜNSCHENSWERTEN SCHLAGARTIGEN ERFASSUNG ALLER BESTÄNDE klingt besser WÜNSCHENSWERT klingt dienstlich neutral

Alle Bestände wurden – zunächst einmal unabhängig von der Kartei – bestandsmäßig aufgenommen (siehe Anlage), lose Mengen lückenlos gewogen bzw. gezählt, Originalgebinde auf Gewicht pp. geprüft. Ausgenommen hiervon waren zwangsläufig lediglich die Vorräte an Kartoffeln – da eingekellert –, Zwiebeln – da auf dem Boden zum Trocknen ausgebreitet –, desgl. Erbsen.

KALEFELD wollte die erbsen pfundweise bringt nichts ein schätzen sieht großzügig aus blieb noch genug zu prüfen KURT SCHÜLLER zu finden

3. Die Lagerräume, Nebengelasse, Abseiten, Behälter pp. wurden im Zuge der Zählungen und Wägungen eingehend geprüft bzw. besichtigt. Hauptlager mit Tagesausgabe, ebenso die Boden- und Kellerlagerräume waren durchweg sauber, ziem-

lich übersichtlich geordnet sowie ausreichend durchlüftet. Beanstandungen: im wesentlichen keine.

loben wirkt immer sachlich sonst sagt man mir voreingenommenheit gegen SCHÜLLER mein freund vorgefaßte meinungen lasse ich mir nicht nachsagen Kollege Schüller mein auftrag IM WESENTLICHEN KEINE beanstandungen immer mal loben IM WESENTLICHEN fast KEINE kollege SCHÜLLER ist doch nicht dämlich von gestern läßt aufräumen vor der prüfung UNVERMUTETE PRÜFUNG denkste bevor wir kommen das wußte er früh genug ist mit dem oberstadtdirektor KURT habe ich nicht gesagt pack verträgt sich sonst wäre KURT bestimmt nicht niemals verwaltungsdirektor habe ich nicht gesagt lieber KURT aber das dicke ende kollege SCHÜLLER daran zu kauen ein dicker hund mindestens eine WARNUNG Vielleicht ein VERWEIS kommt zu den akten KURT SCHÜLLER sah alles aus wie geleckt IM WESENTLICHEN KEINE aber

4. Monatliche Bestandsaufnahme.

ganz sachlich schön sachlich bloß immer sachlich bleiben im auftrag

Die Bestandsaufnahme des gesamten Lagers erfolgt beim Monatsabschluß durch den zuständigen Sachbearbeiter für Verpflegung. Plus- und Minusmengen werden ermittelt und vermerkt. Soweit eine Aufklärung nicht durch das Aufdecken von Buchungsfehlern gelingt, erfolgt jedoch keine Auswertung, d. h.: Zu- und Abbuchungen für Wiegeverluste, Schwund usw. erfolgen nicht.

ein ganz dicker hund kollege SCHÜLLER darüber sind wir uns einig lieber KURT ganz sachlich SCHWUND USW. kann vieles kann alles heißen kollege SCHÜLLER weiß das natürlich muß das erklären sie mal wo bleiben die minusmengen herr verwaltungsdirektor usw. was sind das für UND SO WEITER wo werden die minusmengen verbucht ein ganz dicker hund lieber KURT im auftrag

Es sind in den Karteikarten keine Buchungen an der dafür vorgesehenen Stelle festgestellt.

sonst irgendwo herr verwaltungsdirektor irgendwo lieber kollege SCHÜLLER muß UND SO WEITER verbucht sein ALLE AUSGABEN SIND ZU BELEGEN lieber KURT oder

Es muß daher angenommen werden, daß der Ausgleich über den Tagesverbrauch erfolgt, ein Verfahren, das grundsätzlich zu beanstanden und daher abzustellen ist.

weiß SCHÜLLER natürlich selber das muß er wissen sonst dürfte er gar nicht verwaltungsdirektor KURT SCHÜLLER war alles schiebung sonst wäre er niemals habe ich nicht gesagt den ausgleich über den tagesverbrauch UND SO WEITER zu lasten der krankenhauspatienten ZU BEANSTANDEN UND DAHER ABZUSTELLEN mein lieber SCHÜLLER tut mir leid aber WARNUNG VERWEIS

Künftig ist über die am Monatsabschluß ermittelten Differenzen stets eine Verhandlung aufzunehmen und, nachdem festgestellt ist, daß es sich um normalen und begründeten Verlust oder Überbestand handelt, auf Grund einer schriftlichen Anweisung des Verwaltungsdirektors die Ausgleichsbuchung auf der Kartei an der dafür vorgesehenen Stelle (also bei „mehr/weniger“) durchzuführen.

damit das nicht wieder passiert kollege SCHÜLLER muß unterschreiben NACHDEM FESTGESTELLT IST DASS ES SICH UM NORMALEN UND BEGRÜNDETEN VERLUST da hilft kein oberstadtdirektor AN DER DAFÜR VORGESEHENEN STELLE lieber KURT damit da kein irrtum passiert ALSO BEI MEHR/WENIGER lernt ein verwaltungslehrling im ersten lehrjahr lieber kollege SCHÜLLER tut mir leid DER BEHÖRDENVORSTEHER ÜBT DIE ANORDNUNGSBEFUGNIS AUS also muß er das unterschreiben

Es soll damit sichtbar gemacht werden,

lieber KURT damit da gar keine unklarheiten bleiben damit herr verwaltungsdirektor SCHÜLLER das endlich lernt DER BEHÖRDENVORSTEHER

was je Monat an Verlust abgebucht worden ist, damit in Verbindung mit dem Lagerbestand und Warendurchgang die Ordnungsmäßigkeit annähernd geprüft werden kann (anhand der Erfahrungszahlen).

ANNÄHERND kollege SCHÜLLER wir sind gar nicht so anspruchsvoll lieber KURT unsere pflicht ANNÄHERND genügt uns schon wollen das gar nicht genau wissen saustall verwaltungsdirektor BEHÖRDENVORSTEHER

5. Zustand der Bestandskartei.

a) Die Karteien sind durchweg sauber, ordentlich und – soweit zu übersehen – auch korrekt geführt; Rasuren konnten nicht festgestellt werden.

SOWEIT ZU ÜBERSEHEN kollege SCHÜLLER ganz sachlich KONNTEN NICHT FESTGESTELLT WERDEN so daß wir hoffen annehmen möchten daß keine RASUREN keine fälschungen umbuchungen nachträglichen berichtigungen wollen wir hoffen kann man nur hoffen SOWEIT ZU ÜBERSEHEN

b) nach Beendigung der Bestandsaufnahme und nach der ausdrücklichen Erklärung des Magazinverwalters, daß nach bestem Wissen alles vorgezeigt worden sei, wurden einige Behälter noch einmal sorgfältig durchgesehen. Dabei wurden im Arbeitsschreibtisch des Magazinverwalters, in der mittleren, unverschlossenen Schublade neben unwichtigen Akten und Papieren sowie privaten Dingen (u. a. 1 Ausgabe des Magazins *Der Spiegel*, 1 Ausgabe der Zeitschrift *Jasmin*) gefunden:

1 Ei
18 gr. schwarzer Pfeffer
200 gr. Sago
1 kg Puddingpulver Vanillegeschmack
1 Dose Heringe in Gelee 270 gr.
190 gr Raffinade (fein).

Eine befriedigende Erklärung für diese Bestände konnte der Lagerverwalter nicht geben. Die Prüfenden ordneten pflichtgemäß die sofortige Vereinnahmung an. Ein Aktenvermerk mit entsprechender Annahmeanordnung wurde sogleich gefertigt und durch die Prüfenden mit Sichtvermerk versehen.

PFLICHTGEMÄSS kollege verwaltungsdirektor SCHÜLLER das dürfte genügen mangelnde dienstaufsicht WARNUNG VERWEIS zufällig ist der lagerverwalter ein vetter von frau verwaltungsdirektor zufällig zweiten grades aber mit SCHÜLLER per DU lieber KURT das dürfte wirklich genügen das reicht

DER BEHÖRDENVORSTEHER ÜBT DIE ANORDNUNGSBEFUGNIS AUS.

Genau! Und der Mann wußte noch gar nicht, was ihm passiert war: stand da neben seinem schäbigen Schreibtisch Jahrgang 70/71 und sah zu, wie Kalefeld das Ei herausholte, ein schönes weißes Hühnerei, ungekocht, und dann die sauren Heringe in Gelee, den Zucker, die Tüte mit Sago, das Puddingpulver, und zuletzt fiel noch ein Tütchen Pfeffer aus der *Jasmin* heraus, ausgerechnet, wie man so etwas lesen kann, Schweinerei. Aber der stand nur da und sah zu und hob die Schultern, als wenn nichts wäre, als ob das gar nichts wäre: Überbestand, vorsätzlich der Vereinnahmung und Überprüfung entzogen, ganz offensichtlich für den privaten Verbrauch bestimmt! Und so einer hat BAT V, einfach nicht zu fassen, wie der zu BAT V gekommen ist, Schüller wird's wissen, mit so einem Pferdegesicht, lang und treu und ahnungslos, sowas wird heute über Bewährungsaufstieg geschunkelt, früher gab es das nicht, na, Schüller muß dafür gradestehen, irgendwo hört der Spaß ja mal auf. Natürlich merkte Kalefeld gleich, was da los war, sowas trifft man als Prüfer nicht jeden Tag: 1 Ei, Heringe für das zweite Frühstück, Puddingpulver für ein ganzes Jahr, ich meine für den Haushalt des Lagerverwalters, und dem Mann fiel nicht mal eine Entschuldigung ein! Dabei hat er drei Kinder zu Hause, kann einem leid tun, der Mann, aber Dummheit muß zahlen, irgendwo ist eine Grenze, außerdem war die Liste der Fehl- und Falschbestände entschieden zu lang – hier, bitte: Apfelsinen, vorgefundener Bestand 267, Sollbestand nach der Kartei 271, fehlen also 4; Aromen, diverse Röhren, vorgefunden 632, nach der Karteikarte 639, mithin weniger 7; Backpulver, vorgefunden 7,600 kg, nach der Karteikarte 7,750 kg, fehlen 150 Gramm. Wo bleibt das Zeug, wo ist es geblieben? Dafür dann wieder jede Menge Überbestände: drei Kilo Backmasse zuviel, 260 Gramm gekörnte Brühe zuviel, 0,035 kg Koriander zuviel! Ich bitte Sie: Koriander! Ein einziger Sauladen, sage ich Ihnen, wie Schüller das durchgehen lassen konnte, also ich weiß nicht. Der Essigbestand – hier – war mit 60 Litern angegeben, nach meiner Schätzung waren mindestens 80 Liter im Faß. Dann – hier – wieder 0,120 kg Puddingpulver Vanillegeschmack zuwenig – das Kilo im Schreibtisch schon mitgerechnet! 310 Gramm Pfeffer zuwenig, und nicht getrennt nach schwarzem und weißem Pfeffer! Es war kaum eine Übersicht zu gewinnen, da wurde einfach drauflosgebucht, und wir mußten mühsam die verschiedenen Posten zusammensuchen, richtig 'ne polnische Wirtschaft, ich kann Ihnen sagen, kaum eine Position stimmte. 1 Mischbrot zuwenig, 2 Tafeln Blockschokolade zuviel – jawohl, zuviel! Aber bei den Senfkörnern fehlten dann genau 10 Prozent des Sollbestandes – ich frage Sie, was fangen die Leute mit Senfkörnern in solchen Mengen an?! 322 Gramm Minusbestand! Na ja, Schüller muß unterschreiben, das hilft ihm nun gar nichts und niemand, womit ich nichts gesagt haben will, aber wie ich die Angelegenheit sehe, das ist schon ein dicker Hund, und ich fürchte, das wird Folgen haben für Schüller, wirklich, so leid mir das tut.

WARNUNG IST DIE MISSBILLIGUNG EINES BESTIMMTEN VERHALTENS (HANDELNS ODER UNTERLASSENS) DES BEAMTEN MIT DER AUFFORDERUNG, DIES KÜNFTIG ZU VERMEIDEN.

zu breit viel zu breit für einen liebesroman für die leser die listen bestandsaufnahmen hält doch kein mensch interessiert sich dafür verwaltung ist nichts für liebesfrauenschicksalsromane muß viel mehr passieren mehr spannung wollen die leser nicht einen miesen revisor muß alles anders muß umgeschrieben werden sonst wird das niemals ein frauenroman bewegender liebesroman ergreifend

Wie bitte, wer?

Ja, hier Schmella – natürlich, ja, Herbert. Tag, aber –.

Aber du sollst mich doch nicht anrufen, Kleines, du –.

Aber ich habe dir doch gesagt, ich kann hier unmöglich Privatgespräche – du mußt das verstehen, ein für allemal!

Na ja, ich habe eben wieder enorm zu tun, was meinst du, was hier wieder alles liegengeblieben ist, ich war eine Woche auf Prüfung, Sauladen ausgemistet, da bleibt hier natürlich alles liegen, und außerdem kann ich wirklich –.

Nein – aber nein, wieso denn? Ich kann dich doch gar nicht vergessen, Kleines, niemals, das weißt du doch, Süße, ich –.

EIN BEAMTER, DER SEINEN GESCHLECHTSTRIEB NICHT IN DEN GRENZEN HALTEN KANN, DIE SITTE UND ANSTAND

Aber natürlich, Kleines –.

SITTE UND ANSTAND GEZOGEN HABEN, BEGEHT EIN SCHWERES DIENSTVERGEHEN.

Sicher! Bestimmt. Aber bitte nicht hier, nicht im Dienst.

DIENSTVERGEHEN.

Ich schreibe dir – jawohl, bald, ganz bald, ich hätte dir längst geschrieben, aber –.

SITTE UND ANSTAND.

Na ja, immerhin doch 87 Kilometer bis zu dir, außerdem ist mein Wagen kaputt, ausgerechnet.

EIN SCHWERES DIENSTVERGEHEN.

Ja, ein Unfall, heute morgen, nur Blechschaden, aber –.

Nein, Gott sei Dank, sonst nichts – natürlich war ich nicht schuld, du kennst mich doch, und das werde ich auch durchfechten, der soll mich kennenlernen, sowas Rücksichtsloses!

Na ja, aber eben Ärger Ärger, verstehst du, schließlich habe ich den Wagen erst seit sieben Monaten.

Natürlich, Kleines, ich auch, sehr sogar, du weißt gar nicht wie sehr.

GESCHLECHTSTRIEB.

Nein, unmöglich, im Augenblick hab' ich den Kopf so voll, du mußt mir das glauben, Süße, ich weiß wirklich nicht –.

EIN SCHWERES DIENSTVERGEHEN.

Ja, natürlich, so bald wie möglich.

WARNUNG.

VERWEIS.

GELDBUSSE.

GEHALTSKÜRZUNG.

VERSAGEN DES AUFSTEIGENS IM GEHALT.

EINSTUFUNG IN EINE NIEDRIGERE DIENSTALTERSSTUFE.

VERSETZUNG IN EIN AMT DERSELBEN LAUFBAHN MIT GERINGEREM ENDGRUNDGEHALT.

ENTFERNUNG AUS DEM DIENST.

Ganz bestimmt, Kleines, ich auch, richtig Sehnsucht. Aber ruf mich hier bitte nicht wieder an, du, das kann ich mir nicht erlauben, wirklich.

WARNUNG VERWEIS.

Nein, natürlich erst recht nicht zu Hause, du weißt doch –.

Selbstverständlich, du hörst dann –.

Bald, selbstverständlich, Kleines, ich doch genauso.

GESCHLECHTSTRIEB.

Bis ganz bald.

SITTE UND ANSTAND UND SITTE UND ANSTAND.

Ja, Küßchen!

DIENSTVERGEHEN.

der Schmella na ja aber irgendwie paßt das nicht in die geschichte kein echter Zusammenhang macht nur den leser nervös was soll das bringt nur durcheinander wenn jetzt nicht bald mal was spannendes meinetwegen auch sex irgendwas muß passieren sonst wird das nichts

Er sagte Kalefeld Bescheid, zum Zahnarzt, wird schon nichts sein, brachte den Wagen zur Werkstatt, also vor Dienstag nicht, frühestens Dienstagabend, tut mir leid, wir haben augenblicklich, Kotflügel, Stoßstange, Spur vermessen, Lackieren, können wir leider nicht zwischenschieben. Dann ging er zur Beselerstraße. Die Haustür stand offen. Im Briefkasten lagen die neuen Haustürschlüssel, auch schon die Rechnung, auch das noch. Karin war nicht zu Hause. Clemens hatte Fieber. Mutti hat nichts gesagt. Nein. Zuletzt fand er den Brief in der Schreibmappe, auf das Löschblatt gekritzelt. Er las ihn immer wieder. Er glaubte ihr nicht. Das konnte er ihr nicht glauben.

Später ging er zu Frau Diepenbrook, erfuhr von ihr aber nichts Nennenswertes, sie wußte nichts. Um 7 war Karin noch nicht zurückgekommen. Gegen halb 8 gab er, telefonisch, ein Telegramm an seine Mutter auf: BITTE SOFORT KOMMEN. Den Kindern machte er Brote. Mutti mußte verreisen, aber morgen kommt Oma. Frag nicht so dumm! Clemens aß nichts, Halsschmerzen, wann kommt Mutti. Peter wollte die Tagesschau sehen, am liebsten auch noch Vergißmeinnicht, Peter Frankenfeld, alle in unserer Klasse dürfen das sehen, Vati. Er erlaubte es nicht, nein, ins Bett, meinetwegen die Wetterkarte, aber dann. Frag nicht so dumm, ich weiß es auch nicht, nicht genau, ab! Um halb 9 Uhr waren die Kinder ruhig. Er drückte die AUS-Taste, lief durch das Zimmer hin und her, ihr Bild auf dem Schreibtisch, immer wieder, 24 und blond und wußte noch nichts, oder sie hatte ihm nie gesagt nie erzählt sah unschuldig aus ein Kind damals: Er sah sich fest an dem Bild an dem Mund spöttisch, der Mund hielt ihn stumm, sie hatte ihm nicht gesagt wer es war wer es gewesen war vor ihm wer, unschuldig blond wie ein Kind Kinderaugen sagten nichts, aber einer war vorher gewesen mindestens einer oder wie viele, und jetzt jetzt, wie das geworden war werden würde. Er setzte sich an den Schreibtisch, starrte auf den Kalender, 7. März, 7. 3. 1968, Quersumme 34, gleichgültig, Unsinn, ihre Augen, ihr Mund stumm spöttisch. Er las ihren Brief noch einmal. Gleich 9. Noch einmal. Er glaubte ihr nicht. Er mußte darüber sprechen mit ihr alles ein Irrtum du weißt doch schließlich kein Unmensch. Zehn nach 9. Sie mußte wiederkommen, jetzt, oder. Jetzt. Bitte. Sie kam nicht. Viertel nach 9. Nichts. Er sah das Bild an, erkannte sie nicht mehr, hatte sie nie gekannt: Das kannst du doch nicht mir nicht antun!

Er stand auf, ging zum Wohnzimmerschrank, holte sich aus dem Seitenfach den Karton mit den Fotos, Unordnung kunterbunt drunter und drüber Chaos aus wieviel Jahren Karin: müssen wir endlich mal ordnen, einkleben, der Reihe nach, aber sie kam nicht dazu, nie, keine Ordnung, keine Lust, warum denn, ihr war das gleich, alles, mehr wußte er nicht sagte sie nicht, ihr Gesicht, damals. Karin. Das mußte 59 gewesen sein, Sommer 59, Karin neun Jahre jünger, chamois Hochglanz, farbig war damals für uns noch zu teuer, Gehaltsgruppe 10, Ortsklasse A, der kleine vw, gebraucht, keine großen Sprünge – ja, 1959 in Burglengern, Anfang September, Schüller hatte wieder den Augusturlaub genommen, sein Ältester ging schon zur Schule, aber der Spätsommer war schön in dem Jahr, Gegenlicht Sonne Schatten Trauben, und Karin war schön, noch die langen Röcke damals, mit den kurzen Röcken fing es dann an, verrückte Mode wie kannst du nur so wie kannst du dich so kannst du doch wirklich nicht als Beamter sieht gemein aus ja ordinär als verheiratete Frau meine Frau, also bitte. Bitte! Damals war lang modern, neun Jahre jünger schöner, ich auch – fast zehn Jahre jünger, lange Zeit, mindestens zehn Pfund jünger, jeden Tag Federball auf dem Rasen hinter der Pension, komm laß uns spielen, wie ein Kind, damals, spiel doch ein bißchen mit mir, du bist langweilig stur steif wie ein Pommer, laß uns spielen, sie sah nicht ein wollte nicht einsehen, daß ich arbeiten mußte von nichts kommt nichts, das war nicht so einfach sie hätte das wissen müssen, später sagte sie nichts mehr, spielte Federball mit der Gräfin im Schloßpark, das zerblätterte Kaisergelb, Rost, Unkraut, Verfall, sie hatte die Gräfin beim Einkaufen kennengelernt, Halbpension, nichts Warmes am Abend sowieso schon zu dick, Quark und Salat und Federball, die Gräfin spielte gut, nicht Federball sondern Badminton, sportlich, trainiert, und einen Abend im dunklen Anzug zum Schloß, eingeladen ins Schloß, Frau Gräfin, Herr Graf, die Wände mit Bildern verhängt, Portieren, der Graf wie aus einem vergilbten Witzbuch: *chapeau chapeau* mein lieber Schmella – die Gräfin sagte Männe zu ihm, geborene Schult oder Schmidt oder Schuster wußten die Dorfleute, angemalt im Stil der dreißiger Jahre, dünn gezeichnete Augenbrauen puderrosa und der lackrote schmale Mund, sie lachte erzählte sprudelte Konversation. Famos, sagte der Graf, fabelhaft, Liebling, dazu gab es billigen Rotwein aus einem barocken Zinnkrug geschenkt, und die Gräfin lachte ihn aus: Aber lieber Herr Schmella, das kann nicht Ihr Ernst sein! Die Frauen saßen nebeneinander auf der Holzbank, Löwenklauen geschnitzt Renaissance, eng nebeneinander, zu eng, ich hätte das gleich unterbinden müssen von vornherein die Gräfin war mindestens fünfzehn Jahre älter als

Karin, sie lachte zu laut zuviel, Frauen, ich mag das nicht will das nicht kann das nicht dulden, später dasselbe mit Gertrud Schüller, widerlich. Zauberhaft, gnädige Frau, der Graf strich sich den kleinen Schnurrbart, *chapeau chapeau* lieber Schmella Ihr Wohl auf unsere Damen, wenn ich da eine hübsche Erinnerung zum besten geben darf, als Seine Königliche Hoheit seinerzeit, also mit einer Handbewegung, sage ich Ihnen, der hat sich nie wieder in Burglengern sehen lassen, ich übertreibe durchaus nicht, meine Liebe, Männe, das war 1815, wir müssen jetzt leider, verbindlichsten, kommen Sie gern einmal, danke, Herr Graf Frau Gräfin, sie lachte, Männe, hielt Karin um die Schultern, besten Dank – du gehst mir nicht wieder verstehst du die Alte ist merkst du das nicht, das mußt du doch selber merken, dulde ich nicht. Karin chamois spöttisch, wieder kein Datum, wie oft habe ich das gesagt: Sofort das Datum auf jedes Bild. Ich auch jünger jung, noch der Scheitel, deutlich, hilft eben alles nichts ist Veranlagung hängt mit Hormonen zusammen obwohl ich sonst bin ich durchaus noch kann ich – ja, der grüne Rekord, das muß 64 gewesen sein oder 65, mit Selbstauslöser, Familienbild für Mamas Geburtstag, hinten der neue Wagen, also 64, in Wirklichkeit war das Grün etwas heller, ein Tag Anfang Mai mit leichtem Blaustich Mittagsblau, wie Kraut und Rüben wie oft habe ich ihr gesagt dir gesagt wir müssen du mußt, ich habe einfach die Zeit nicht schließlich doch nur für dich die Kinder Insuffizienz Coronargefäße nicht so viel rauchen nicht rauchen, eine gewisse Unregelmäßigkeit müssen sich vorsehen Elektrokardiogramm, Sie müssen sich dürfen nicht unnötig aufregen haben gut reden, immer noch Amtmann A 11 plus Stellenzulage aber Kurt Schüller Verwaltungsdirektor Sauladen Sichtvermerk alles wird unterschrieben abgelegt zu den Akten Warnung vielleicht ein Verweis der redet sich wieder raus aber ich aber ich immer ich soll mich nicht aufregen. Herzkranzgefäße. Myocard. Ja. Karin damals. Eigentlich gut aus fröhlich vergnügt. Aber. Wo ist sie. Jetzt. Wer ist das. Neben ihr. Nahe. Auf ihr du stöhnt sie dann du. Wer wer ist er. Bei wem mit wem wo warum denn warum. Als ob ich als ob. Sie muß doch wissen doch einsehen daß sowas unmöglich kann sie nicht kann man nicht tut man nicht, das kann sie mir doch nicht antun, wenn einer das Schüller das merkt bin ich fertig MIT ALLEN MITTELN DAFÜR ZU SORGEN DASS DIE EHEFRAU EIN ANSTÄNDIGES UND EINWANDFREIES VERHALTEN mit welchen Mitteln was hilft das wer hilft mir doch nicht antun mit so einem irgendeinem und läßt die Kinder unsere Kinder ihre eigenen Kinder läßt sie verläßt sie mich kann sie nicht tun. Warum. Warum. Damals war sie noch schön noch schöner jung zehn Jahre jünger und schön, die Gräfin älter trainiert lachte Männe zu laut so lacht man nicht tut man nicht will das nicht, Karin, ich hatte nicht so viel Zeit spiel mit mir keine Zeit von nichts kommt nichts ALLE AUSGABEN SIND ZU BELEGEN du Karin, ich dulde das nicht pervers das mußt du verstehen, wir sind schließlich, versteh mich bitte, du hast doch alles hast du nicht alles, du bist doch kein Kind mehr du müßtest einsehen. Aber sie sah nicht ein, nichts, sie wollte nicht einsehen, war ein Kind unschuldig blond, ich wußte zu wenig von ihr von vorher nichts: Was war da wer war da wer hat das getan. Rein was ist rein. Frag nicht. Unschuldig. Wer war das wer ist muß ich wissen mit wem. Jetzt. Neben ihr. Wer. Jetzt. Du. Ja, da waren die Kinder noch klein, Weihnachten 63, Clemens anderthalb, da hatte Karin genug zu tun mit den Kindern kam nicht auf dumme Gedanken. Schön war sie immer noch schön bist du wo bist du willst du ich will ja alles du kannst doch nicht einfach kannst du nicht tun mir nicht antun was soll ich Mama sagen morgen lügen erzählen? Was soll ich tun daß du wiederkommst bis du wiederkommst wenn du wiederkommst du, du kommst wieder mußt wiederkommen zu mir du, du hast es gut bei mir immer bist meine Frau meine du, mich hast du geheiratet bis daß der Tod aber nicht so, so nicht, verstehst du nicht so. – Clemens' Taufe, Papa lebte noch aber schon klein geworden, stolz auf den Jungen die Jungens, und Onkel Clemens, Karin wollte ihn nicht als Paten, aber er hat die Mühle und keine Kinder, warum also nicht so wichtig, 500 Mark in Pfandbriefen Patengeschenk mündelsicher goldene Eier verbriefte Sicherheit, Karin im Dunklen und hochgeschlossen, Mama legt Wert darauf, eine gemütliche Feier, was soll ich ihr sagen morgen ich kann ihr nicht sagen sie fragt mich morgen, was soll ich sagen lügen sagst du die Wahrheit, Herbert, sag mir die

Wahrheit. Sie hat mir das damals gleich gesagt, das geht nicht gut, mein Junge, das geht nicht, sieh dir die Mutter an, Naturpersianer, ihre Mutter, die Hochzeitsbilder von 55, Mutti Krüdener links, neben Papa, wie auf der falschen Hochzeit – du mußt das wissen, mein Junge, vielleicht ist sie gut für dich für deine Karriere ich weiß nicht das mußt du selber wissen ich weiß nicht: Mutti Krüdener, für ein Kostüm *english style* zum Schneider nach Hamburg, zu Weihnachten und Geburtstagen unauffällige Schecks NUR ZUR VERRECHNUNG, zu Peters Geburt ein Orchideenstrauß durch die FLEUROP, ein Luftpostleichtbrief aus Los Angeles, zufällig war sie dort ein paar Wochen phantastisches Land reizende Menschen ganz reizend und Sonne, sie reiste, bis sie den zweiten Mann fand, Schönemann, Oberst a. D., nur einmal waren Schönemanns seitdem in der Beselerstraße gewesen, irgendwo muß das Bild sein, nicht zu finden keine Ordnung durcheinander, am besten jetzt gleich sortieren, wo bist du wo, als ob ich nichts anderes zu tun hätte, meine Frau ist verreist, Frau Diepenbrook, ja, verreist, vielleicht ein paar Wochen, bitte jetzt dreimal die Woche vierfünfzig die Stunde meinetwegen bitte ja. Peterles erster Schultag, die Zuckertüte riesengroß viel zu groß kaum daß er sie tragen konnte. Karin kein Maß immer dasselbe maßlos Unsinn, Clemens weinte Angst vor der Riesentüte rosagrüngold, Peter wie seine Mutter, ihr Sohn, schmal hochgewachsen hochmütig, die Krüdener waren alle groß, Vati 1.88, Major der Reserve, Hausorden des Hauses Hohenzollern, Aufsichtsratsvorsitzender, leben alle auf unsere Kosten nie würde ich Aktien verbriefte Sicherheit immer goldene Eier, in unseren Kreisen in euren Kreisen Scheiß auf Krüdeners Kreise ich habe die Nase voll bin müde allein will daß sie wiederkommt meine Frau einfach mal kräftig durchhauen hat noch niemand geschadet haben die Eltern versäumt du sollst mich wirst mich noch kennenlernen. Meine Frau ist verreist. Warum denn? Wer glaubt mir das meine Frau ist verreist glaubt mir doch niemand wenn Schüller das rauskriegt EIN ANSTÄNDIGES UND EINWANDFREIES VERHALTEN bin ich fertig GEGEN EIN UNEHRENHAFTES VERHALTEN VON FAMILIENANGEHÖRIGEN MUSS DER BEAMTE bin ich fertig für immer jawohl. Sie muß muß wiederkommen du mußt Karin mußt wiederkommen. Warum denn was habe ich dir getan ich habe dir alles. Vielleicht so ein läppischer Jüngling mit langer Mähne weibisch neben ihr auf ihr unter ihr, jetzt, sie schwärmte für Gammler verrückt als Beamtenfrau die leben doch alle auf unsere Kosten von unserer Hände Arbeit müßte man einsperren, jawohl Gefängnis Arbeitshaus Zuchthaus das ungewaschene Volk Läuse stinken alle sind alle dreckig pervers, laß dir das sagen, pervers wenn du weißt was das heißt. WIR LASSEN UNS KRITIK GERN GEFALLEN ABER NICHT VON UNGEWASCHENEN UND VERDRECKTEN jawohl sehr richtig muß mal gesagt werden unerhört. Sie kann doch nicht meine Frau meine bis daß der Tod euch kannst doch nicht einfach – einfach so, du, mußt du doch einsehen, du. – Peterles erster Schultag, sein schmales Gesicht, ihr schmales Gesicht, blaß, hochmütig, ein Krüdener, und faul ist er auch stinkend faul wie die Sünde das treibe ich dir noch aus lernst du bei deinem Vater mein Junge kommst du mit dieser Masche nicht durch – faul und gute Zensuren, das habe ich gern, Karin als Klassenpflegschaftsvorsitzende, wieso ist die Schule veraltet verstaubt, wir mußten in unserer Jugend ganz anders, wirklich, da können die Kinder heute verweichlicht doch gar nicht mitreden, sind wir vielleicht nichts geworden na also! Wir mußten arbeiten arbeiten und Ordnung erstmal gehorchen lernen, beten und arbeiten, jawohl lach nur, Zucht und Ordnung und eine saubere Handschrift, die ganze moderne Pädagogik ach was ist Unsinn kannst du mir grade erzählen, Krüdeners Tochter höhere Tochter mit fünf Semestern Kunstgeschichte und nichts nichts gelernt, das kannst du gar nicht beurteilen, immer auf Vatis Kosten gelebt auf unsere Kosten jawohl wir sind noch richtig erzogen worden und meine Kinder, jawohl, ein Hinternvoll hat noch keinem Jungen geschadet ach was das schadet doch überhaupt nicht im Gegenteil, du hast eben keine Ahnung, wer seine Kinder liebt der schlägt sie jawohl. Karin. Das muß 55 gewesen sein, Frühling 55, das glatte Mädchengesicht, Kindergesicht, dich will ich, du, wie ein Kind, ich liebe dich liebe und keinen andern nur dich, du, und wenn Mutti nicht will, gehobene Laufbahn Inspektor ist mir doch egal wenn ich dich liebe wenn wir uns, du, wie ein Kind. Zuletzt kam ihre Mutter doch noch zur Hochzeit,

Mutti, links, Naturpersianer. Sie sagte: Sie, Sie, Herr Schmella, Sie laden eine schwere Verantwortung, Karin war immer ein schwieriges Kind – gnädige Frau, immer wieder: gnädige Frau, bis sie bei Peters Taufe einlenkte, Sag du, mein Junge, und bald darauf kam Herr Schönemann, Oberst a. D., Ritterkreuz, irgendwo muß das Foto doch sein das macht mich verrückt Kreuz und Rüben, irgendwo liegt es liegt sie jetzt blond weich unschuldig neben ihm unter ihm liegt sie ich werde verrückt, das muß doch zu finden sein, Peter Karin Clemens Peter Mama Peter Karin Karin mit den Jungens, der grüne Rekord lief immerhin 130 wenn auch die Hinterachse jedenfalls nichts für sportliches Fahren. Karin allein, Peters schmales Gesicht, Clemens' schiefe Nase daß sowas sich auch vererbt ganz der Vater sowas von Ähnlichkeit sagen alle kann ich nicht finden. Das muß doch irgendwo irgendwo. Keine Ordnung durcheinander hoffnungslos. Vielleicht in dem anderen Fotokasten, im Schrank, rechts, das erste Album, damals, UNSER KIND Peter, da hab' ich die Bilder noch selber, schön war sie nach dem ersten Kind unser Peter Peterle, Briefe Muttis Schrift nein wer ist LIEBSTE will ich nicht wissen mit Schreibmaschine hätte ich nie LIEBSTE ICH BRAUCHE DICH man liest keine fremden Briefe natürlich will er sie braucht sie was weiß so ein Schreibmaschinenjüngling ungewaschen verlaust was interessiert den LIEBSTE daß ihre Kinder sie brauchen meine Frau ich will das nicht lesen nicht wissen nicht LIEBSTE ein Dreck will daß du wiederkommst, du, das sollst du selber verbrennen zerreißen Asche Staub Frau Diepenbrook kommt jetzt dreimal die Woche UNENDLICH IMMER DEIN will ich nicht wissen dämliche Unterschrift Schnörkel IMMER DEIN IMMER DEIN NUR glaubt er selbst nicht wie kannst du das glauben kannst du das tun mir antun. Alles durcheinander hoffnungslos krankhaft jawohl krankhaft. Da, der kleine Oberst Schönemann, sieben Zentimeter kleiner als Mutti verwitwete Krüdener trägt nur noch flache Absätze seitdem, ein ausgedienter verdienter Regimentskommandeur, zufällig nicht von Adel hat tausend Menschen verheizt für Volk und Führer und Pflicht ist Pflicht das habe ich damals auch wollte Berufssoldat Vaterland dienen Gott mit uns, jawohl, Herr Oberst, Blick etwas schräg von oben, er hatte

sich auf die Eingangsstufe gestellt, oben die 17, Karin fand ihn ein bißchen komisch, aber doch nett, nicht?
schluß endlich schluß mit den fotos es muß doch mal was passieren passiert nichts das soll ein liebesroman erschütternder frauenroman bewegendes schicksal einer liebenden aber ich lese immer von Schmella ehemann trottel wenn der mal energisch dann würden sich alle probleme von selber müßte nur mal energisch wenn du zum weibe gehst vergiß gar nicht so dumm außerdem viel zu breit das ganze die peitsche warum geht die karin denn fremd und wer ist der andere wie ist er wo ist er muß negativ sein dekadent gewissenlos schon wegen der kinder das tut man nicht schlecht muß er sein gegenfigur schwarz wie die nacht wie im küchenlied treuenbrietzen wollen die leser aber die karin schön schöner rein edel unglücklich am besten den ganzen fotoramsch streichen oder die frau wühlt in den fotokästen am abend vorher Schmella zum stammtisch sie weiß nicht ob sie nun fortgehen ob sie bleiben soll sitzt vor den fotos sieht sich die fotos an

Er ist der Gleiche geblieben, seit damals, das gleiche Gesicht, ich kann ihm nichts vorwerfen, die gleichen Augen, wasserblau, immer noch etwas trübe, Clemens' Augen, wie solche Trübe entsteht. Ich sah seine Augen, sah ihn an, wußte nicht, was das war, wer er war. Damals. Sein Gesicht etwas schräg zur Kamera, damit die Nase auf dem Bild grade wirkt. Herbert. Als ob es darauf ankäme. Herbert A. Schmella. Als der Mittelbuchstabe modern wurde, machte er mit, natürlich, er hat immer alles mitgemacht, bis heute: immer so wie die anderen auch, aber nach Möglichkeit immer ein bißchen mehr, ein bißchen besser, wenn möglich. Das ist eine Rechenaufgabe, sagte er, sagt er noch immer, das ganze Leben ist eine Rechenaufgabe, im Rechnen war ich schon immer gut, man muß nur die Formeln kennen, alles ganz einfach. Der Gleiche wie damals, die Gleichen wir, ein paar Jahre mehr, ein paar Falten mehr, das ist alles. Das ist es. Ich kannte ihn damals schon, so wie er war, aber ich wollte ihn so, damals, gerade so: rechnend, berechnend, ehrgeizig, schlau wie er war, ohne die edlen die frommen die Redensarten der Krüdener. Alles nur eine Frage der Zeit, sagte er, sagt er, man muß das nur richtig einfädeln, dann läuft es, alles, ich schaffe das schon, Kleines, verlaß dich darauf. Er las, las, rechnete, rechnete, stör mich nicht, bitte – das Bitte hat er von mir gelernt, er macht einen Fehler immer nur einmal, hat vieles gelernt, unauffällig, nie wieder Spiegelei mit dem Messer, nie wieder Du zu einer Untergebenen, versteh doch, wir hatten alle etwas getrunken, Betriebsausflug, was willst du machen – nie wieder dann, darauf kannst du Gift nehmen. Oberinspektor Schmella, das Haar gelichtet, aber geschafft: Oberinspektor, ein halbes Jahr später, als er sich das ausgerechnet hatte, Schüller war vor ihm befördert worden, der kann mir doch gar nicht das Wasser reichen, dem werde ich's zeigen, ich schaff' das schon, verlaß dich darauf. Plan, Pläne, Rechnungen mit ein zwei Unbekannten. Man muß die Formeln wissen. Alle zwei Monate ein Pfandbrief gekauft, sicher ist sicher, man weiß was man hat und in fünf Jahren in zehn Jahren kannst du dir selber ausrechnen, bitte, in zwanzig Jahren, rechne mal nach, was das gibt, das lohnt sich. 1962 die neue Frisur, die neue Brille, ein bißchen Kennedy-Look, aber unauffällig, schließlich bin ich nicht mehr der Jüngste, mit 40 muß man aufpassen, daß man nicht abgehängt wird, von nichts kommt nichts. Obwohl seine Haare schon damals zu dünn waren für die Frisur, ein bißchen komisch. Das letzte Weihnachtsbild für Mama, jetzt sagt er auch Mama, das hatte lange gedauert: Mama, auf der zweiten Silbe betont – vorn der brennende Adventskranz, die Jungens in flaschengrünen Pullovern, Peter mit Vatis kühlem Blick, Clemens unsicher, trübe Augen, die Nase unglücklich schief, sollte man korrigieren lassen bevor es zu spät ist, und rechts breit Herbert vaterstolz gattenstolz Hahnrei meine Frau meine schöne Frau geborene Krüdener. Da war es schon lange vorbei, endgültig. Seine Hand auf meiner Schulter, besitzanzeigend: meine Frau. Aber. Vielleicht läßt er mir die Kinder, trotzdem, vielleicht gibt er nach. Aber er weiß, natürlich, was die Kinder zählen, wenn abgerechnet wird. Haben und Soll.

auch nichts wieder zu breit zu beliebig muß was passieren endlich erregende liebesgeschichte der leser will gar nicht wissen was vorher war interessiert nicht sondern was wird was passiert mit der frau mit dem anderen verführer lump liebeslust liebesleid tief wie das meer warum sie fortgeht obwohl der kleine die grippe das fiebernde kind heiße backen bäckchen flehender blick aber die mutter geht fort herzlos wie kann eine deutsche mutter so lieblos herzlos verantwortungslos

Clemens aß nichts an diesem Morgen. 38,7 rektal. Der Hausarzt kam gegen halb 9, Doktor Ellermann, mürrisch, unausgeschlafen, eilig. Grippaler Infekt, gnädige Frau, grassiert augenblicklich. Strenge Bettruhe, einmal täglich Durenat, nach Vorschrift. Haben Sie was zum Einreiben im Haus? Die Bronchien angegriffen. Wenn das Fieber nicht runtergeht, rufen Sie bitte an. Welche Kasse?

immer nur ausschnitte müßte ganz anders rangehn nicht immer nur andeutungen vermutungen zufall ohne zusammenhang die können heute alle nicht richtig schreiben in meiner jugend erzählen quasseln so eben unter sich weg notieren einfach was ihnen einfällt auffällt in wirklichkeit gar nichts ich soll den teppich zusammenflicken danke immer die gleiche masche nennen sie kunst kommt von können mein junge kein roter faden müßte erst einmal klar werden geklärt werden in meiner jugend gab es das nicht zum beispiel am anfang: wie war das was war mit dem neuen haustürschloß NEUES HAUSTÜRSCHLOSS, mit dem schreibtisch NICHTS AUF DEM SCHREIBTISCH ANRÜHREN, was mit dem schmutzigen mantel war FLECKEN AUF DEM MANTEL, was mit dem schwarzen koffer SCHWARZER KOFFER, und wieso war die taxe ausgerechnet ein 20 M neues modell?

Stichwort NEUES HAUSTÜRSCHLOSS

Beselerstraße 17, zehn Mietparteien hinter der stattlichen Stuckfassade, behäbige Stufen zur Straße hin, das breite Treppenhaus bis zum ersten Stock marmorverkleidet, echter Arabescato, darüber ein braunmarmorierter Ölfarbensockel, auf jedem Treppenabsatz zwischen den Milchglastüren die gleiche Lampe mit gelb getönten Antikgläsern, handgeschmiedete Ranken emporgebogen zu einer Blattkrone: bürgerlich, fest, solide, als alles noch heil war, zuverlässig gebaut, als es noch Ränge gab, Ordnungen, Ordnung. Im Souterrain hinter den hohen Spießgittern der Hausmeister Bost. Im ersten Stock rechts noch immer die Witwe des 1917 gefallenen Rittmeisters von Winterfeld. Der Hausmeister hat Mühe, Frau von Winterfeld zu erklären, weshalb ihr Haustürschlüssel plötzlich nicht mehr paßt, weshalb sie jetzt dieses moderne Ding benutzen muß, scharf gezackt klein unangenehm: Ein Schlüsselbund ist verloren worden, jawohl, von Herrschaften aus dem Hause, nein, nicht von Koslowskis aus der vierten Etage, auf jeden Fall aber in Verlust geraten, verloren, und da das Schlüsselbund nicht gefunden, nicht abgegeben worden sei, habe damit gerechnet werden müssen, daß irgend jemand das Haus zu beliebiger Zeit betreten, eventuell sogar in die betreffende Wohnung eindringen würde. Wie kann man nur seine Schlüssel verlieren, ich wohne seit 55 Jahren im Hause und habe meine Schlüssel noch niemals verloren, immer gut aufgepaßt, der ehrliche Finder muß doch das Schlüsselbund auf dem Fundbüro, zu meiner Zeit, es gibt keine ehrlichen Menschen mehr, keine Menschen mehr, man ist seines Lebens nicht mehr sicher. Jedenfalls sei nichts anderes übriggeblieben, als, selbstverständlich auf Kosten des Verlierers, ein neues Haustürschloß anbringen zu lassen, dafür habe sich dieses einbruchssichere Modell empfohlen. Aber so klein scharf unangenehm. Auch an der Wohnungstür von Amtmann Schmella sei das Schloß ausgewechselt worden, vorsichtshalber, gleich nach dem Verlust; mit der Sicherung der Haustür habe man bis heute gewartet, wenn vielleicht das Schlüsselbund doch noch zurückgegeben worden wäre, immerhin seien die Kosten nicht unerheblich. Frau von Winterfeld, nachdenklich: Aber den alten Schlüssel, den richtigen Schlüssel, nein, den werde sie nicht aus der Hand geben, seit 55 Jahren, und man könne doch wirklich nicht wissen, wenn etwa ein Strolch ihn fände, heutzutage, der könnte dann jederzeit das Haus betreten, auch zu nachtschlafender Zeit, wie leichtsinnig, nein.

Glücklicherweise war Clemens in der Wohnung, der ließ sie ein. Sie suchte noch einmal die Handtasche durch, alles, den Mantel, jede Tasche. Ist was, Mami? Sie zitterte. Hast du was, Mami? Vielleicht in dem kleinen Fach hinter dem Spiegel. Nein, nein, was soll denn – ich kann nur meine Schlüssel nicht –.

Sie waren hinausgefahren, vor die Stadt, in Richtung – sie wußte nicht einmal wo, wohin, irgendwohin, wo keiner uns kennt uns sieht, du, Märzsonne, helle Weiden, du, nein bitte du bitte nicht hier nicht du. Sie hatte den Verlust erst bemerkt, als sie vor der Haustür stand. Das kann doch nicht, ich habe – bestimmt habe ich, hatte vorhin. Schließlich klingelte sie. Clemens ließ sie ein. Ich weiß nicht wo, wirklich. Vielleicht verloren.

Das müssen wir aber gleich Vati sagen.

Warum denn, du weißt doch, Vati regt sich nur auf.

Aber wenn jemand die Schlüssel findet, Mami, wenn jemand hier reinkommt!

Angst, Vorsicht, Mißtrauen, ganz der Vater.

Mami hat ihre Schlüssel verloren!

Ärger, Aufregung, Mißtrauen. Nachts die Abschlußkette vorgelegt. Vielleicht meldet der Finder sich noch, mal abwarten. Meldet sich nie. Wenn Helmuth wenigstens anrufen würde, er könnte noch einmal hinfahren, dahin, suchen. Herr von Rath ist geschäftlich verreist, soll ich was ausrichten? Bis Mittwoch. Schatz, das ist eben mein Beruf.

Dienstag mittag sagte Herr Schmella dem Hausmeister Bescheid, tut mir leid, Herr Bost, wirklich, ist mir sehr unangenehm, Scherereien, meine Frau, Sie wissen ja, Frauen. Am Dienstagnachmittag wurde das neue Schloß in die Wohnungstür eingesetzt, am Donnerstagvormittag das Haustürschloß ausgewechselt, 24 Schlüssel dazu, zwei in Reserve, Rechnung unmittelbar an Herrn Amtmann Schmella, Beselerstraße 17 II.

Im Laufe des Tages übergab Herr Bost den anwesenden Mietern die neuen Schlüssel, gegen Quittung. Herr Schmella fand seine Schlüssel am Abend im Briefkasten vor, auch schon die Rechnung.

Stichwort NICHTS AUF DEM SCHREIBTISCH ANRÜHREN

So sicher war sie nicht, auch jetzt noch nicht, noch immer nicht, daß sie alles hätte hinwerfen, alles bis dahin hätte fortwerfen können. Sie schrieb einen Brief, schrieb ihn dreimal an diesem Morgen, zerriß ihn dreimal zu Fetzen und Schnipseln, begann noch einmal zu schreiben, als sie den Mantel schon übergeworfen hatte, er muß mich verstehen versteht mich nicht keine Hoffnung wie denn, riß auch diesen Bogen wieder entzwei, die verbleibende Hälfte bekritzelte sie hastig mit Anweisungen für Frau Diepenbrook, das andere zerfetzte sie, vor allem das Bitte, noch einmal noch einmal, ich will ihn nichts bitten um nichts gar nichts. Die Schreibtischuhr Weihnachtsgeschenk damit du nicht immer so lange: 9.54, der sanft kreisende Sekundenzeiger schnitt schon die nächste Minute an, zu spät. Was soll ich ihm sagen kann ich ihm – ich muß ihm schreiben, nach dreizehn Jahren, irgend etwas. Ich habe ihm alles gesagt. Nichts gesagt. Zu wenig gesagt. Herbert Ausrufezeichen – kann doch nicht LIEBER HERBERT schreiben DEINE KARIN, und was sonst was dazwischen? Am besten gar keine Anrede, er weiß schon, für wen ich schreibe an wen, warum. Ich fahre fort mit dem Mann, den ich liebe. Geht ihn nichts an wen geht das was an wen ich liebe will er nicht wissen versteht er nicht kann nicht verstehen nicht mich. Und Helmuth: Nichts Schriftliches, hörst du: Nur nichts Schriftliches, kein Wort, keine Briefe aufbewahren, das kann er alles gegen dich gegen uns auswerten, du kennst ihn doch, so einen muß man mit seinen eigenen Waffen, keine Beweise liefern, sonst. Kein Briefpapier mehr, die Schublade abgeschlossen, verrückt, wieder alles verschlossen, als ob ich jemals in seinem Schreibtisch, aber er traut mir nicht niemandem, Dienstgeheimnis Amtsverschwiegenheit, wenn du sowieso nicht darangehst, dann kann ich ja auch abschließen, ich bin das gewohnt bin Beamter, dienstliche Obliegenheiten bin ich verpflichtet, korrekt, Dienstvergehen, Warnung Verweis Entfernung aus dem Dienst, das ist nicht so einfach, meine Liebe, deshalb. Nur die Schreibmappe mit dem eingeprägten Familienwappen, Schild und Helm mit Helmzier, Helmdekke, ein schlichtes Rautenmuster, gestürzte Spitze, dem Heraldiker war zu Schmella nichts eingefallen – so etwas sieht immer gepflegt aus, Herr Schmella, und wenn ich noch etwas empfehlen dürfte: Der bürgerliche Stechhelm wirkt auf den Kenner stets sehr viel besser als der Spangenhelm des Adels, jedenfalls in einer unzweifelhaft bürgerlichen Familie – die Schreibmappe, dick gewölbt, Löschpapier, leer, Repräsentation, nur die Briefmarken hatten darin seit je ihren Platz. Sie schrieb auf das Löschpapier in der Mappe, er würde nach einem Brief suchen, schrieb ohne Anrede: 7. März, 9.57 – ich muß jetzt gehen er wartet auf mich: In Eile, ich verreise, laß Deine Mutter kommen, das Gastbett ist frisch bezogen, nächsten Montag Schulpflegschaftssitzung, bitte entschuldige mich.

Zuletzt hatte sie doch noch BITTE geschrieben. Aber jetzt war keine Zeit mehr, sie ließ das Wort stehen.

KARIN.

Stichwort FLECKEN AUF DEM MANTEL

Der Mann vor dem Schlüsselbrett nickte, notierte, höflich, gleichgültig: Um 5, sagte er, gewiß. Allerdings, unsere Küche öffnet erst um halb 7.

Dann frühstücken wir unterwegs. Ich muß um 6 fahren.

REZEPTION. Wir bitten höflichst. Zimmerservice. Helmuth zog die Brieftasche, sie kannte diese Bewegung, etwas zu selbstverständlich, geübt. Fünf Schritte zum Fahrstuhl, die Halle fast leer, ein zeitunglesendes Paar, grau, stumm, klein in den breiten Sesseln, ein Ehepaar, müde – was soll ich bloß tun diese Tabletten helfen immer fast immer bei mir hilft nichts hilft, die Kopfschmerzen verdichteten sich immer mehr, der rote Knopf an der Fahrstuhltür leuchtete BESETZT. Hilft nichts. Nichts. Der Mann vor dem Schlüsselbrett sah auf, sah Helmuth an, Trinkgeld, sie wußte, was Helmuth jetzt sagte: Die Rechnung bitte für eine Person, der Empfangschef nickte, zerriß das Papier, zerknüllte es, warf es fort, begann ein anderes Formular auszufüllen, sie wußte: Einzelzimmer mit Bad, ungefähr der gleiche Preis wie ein billiges Doppel ohne, du, weshalb soll ich denn nicht tut doch jeder. Jeder.

Du, sagte sie vor sich hin, du, du. Jeder. Ich kann nicht mehr. Das Pochen im Hinterkopf, du, in den Schläfen, nichts hilft nichts mehr. Der rote Leuchtknopf erlosch, die Türen schoben sich auseinander, hell, glatt, einladend, aber ich kann nicht kann nicht du will nicht mehr. Du. Jeder. Laß mich. Laß mich schlafen. Er nahm sie unter dem Arm, schon gewohnt, beinahe schon lästig, jeder, schob sie zur Fahrstuhlöffnung hin. Na also, sagte er, und am besten jetzt gleich in die Heia Schatz, oder hast du noch Hunger ich bin auch müde.

Nein. Danke. Ich – nein, bitte die Treppe!

Warum denn? Wir wohnen im vierten!

Aber nicht mit dem mit dem Aufzug bitte nicht. Ich habe Kopfschmerzen mein Kopf. Ich mag nicht.

Er drängte: Gerade darum. Mach doch kein Theater!

Sie hielt sich gegen die Schiebetür, will nicht kann nicht du laß mich laß mich doch nein!

Na bitte, sagte er, er kannte sie nicht, wie denn, jeder, meinetwegen, wenn du unbedingt, wie du willst. Er nahm den Koffer, ließ ihren Arm los, stieg neben ihr, die Treppe wankte der Kopf Kopf bei jeder Stufe mein Kopf ich kann nicht mehr warte warte doch. Bitte. Nein, noch eine Etage, sagte er, spöttisch oder was war das wer war wer. Jeder.

Die Betten waren unter die Dachschräge gestellt, das Tapetenmuster lief auf sie zu überläuft mich Tiere Schwärme Schrecken Heuschrecken, ich halte das hier nicht aus du. Nimm mal zwei, sagte er, das kupiert. Vielleicht hast du Fieber. Am besten gehst du gleich morgen am vernünftigsten morgen vormittag gleich – hörst du, du mußt morgen früh gleich vernünftig sein. Schatz. Zum Arzt. Ich muß sowieso um 9 Uhr im Betrieb sein, abrechnen, spätestens, kann mich dann nicht um dich, hörst du, kann ich nicht ändern Schatz tut mir nicht ändern mein Beruf wirklich das tut mir und grade die letzte Nacht unsere letzte weißt du noch Schatz morgen früh am besten rufe ich dich gegen Mittag an wenn ich Zeit habe wenn.

Ich halt das nicht aus nein nein.

Aber Schatz.

Nimm deine Hand du deine Hand sollst du.

Aber.

Will nicht ich kann nicht ich will will hier halt' ich's nicht nein. Eine Tablette noch eine deine Tablette. Nein. Nach Hause. Jeder. Wieso nach Hause ist doch gleich Mitternacht, ich habe schließlich bezahlt, einschließlich Frühstück, wir können doch nicht um diese Zeit. Nach Hause. Morgen früh viel zu früh um 9 im Betrieb was soll ich denn bis um 9 warum nicht schlafen dann nicht geschlafen sei doch vernünftig Schatz ist doch Unsinn Verzeihung aber etwas wirklich verrückt. Bitte. Aber. Bitte du, ich bitte dich bitte.

Sie fror. Er wandte sich ab, als er die Unterhosen lange weiße Unterhosen immer Männer in langen Unterhosen immer die gleichen Unterhosen lächerlich, bitte, entschuldige bitte, vorbei, keine Vertrautheit mehr keine Vertraulichkeit kein Vertrauen du. Geht es dir besser? Danke. Verstehe ich nicht, wirklich. Verstehst du auch nicht kannst nicht. Blödsinn, um Mitternacht, Verzeihung, aber wir könnten doch wirklich besser bis morgen hier tu dir schon nichts. Nichts. Nichts mehr. Aber ich will nicht mehr will ich kann nicht.

Er warf ihre Tasche auf die Rückbank, öffnete die rechte Tür von seinem Sitz aus, komm. Danke. Stört es dich, wenn ich rauche? Er hielt die Zigarette schon zwischen den Fingern. Nein nein. Wenn man müde ist schließlich wir hatten letzte Nacht ja auch nicht viel Schlaf verrückt. Mitternacht schon vorbei. Wenn du schlafen willst.

140. Die Autobahn glatt, einsam, man sollte überhaupt viel mehr nachts fahren. 150. Dann sind wir vielleicht schon gegen halb 4 zu Hause lege ich mich noch ein paar Stunden hin. Zu Hause. Zu Hause. Sie hustete, versuchte, den Husten zu unterdrücken. Stört es dich? Nein, wirklich nicht. Das schafft was weg im Grunde ein sauberer Motor und kaum mal über 12 Liter das ist bei der Leistung muß man natürlich auch berücksichtigen Ölverbrauch minimal. Ja. Gott was blendet der kann nicht abblenden Idiot rücksichtslos denken sie sind allein auf

der Welt wahrscheinlich besoffen, Verzeihung, aber das ärgert mich.

Magst du Musik? Irgendwie muß man sich wach halten. Bin wach sehr wach überwach bitte kein Radio heute nicht. Dann erzähl mir was irgendwas kommt gar nicht drauf an damit ich nicht einschlafe bei 150 macht man in einer Sekunde gut vierzig Meter in jeder Sekunde wenn ich einschlafe. Bitte langsamer. Warum wenn ich schnell fahren kann macht der Wagen wenn es drauf ankommt siehst du, jetzt geht er über 160 Tacho genau. Bitte dich bitte. Wenn du also 150 tut's auch sind wir um Viertel vor 4 zu Hause. Zu Hause wo was zu Hause was soll ich sollen wir kann ich. O Gott! Nichts passiert keine Angst ich bin doch nicht wahnsinnig halte nachts um 1 auf der Autobahn meinst du was sich da rumtreibt soll er rechtzeitig auf die Benzinuhr rücksichtslos ist viel zu riskant nachts halte ich niemals. Wieso? Das verstehst du nicht Frauen. Jawohl, Frauen sage ich Frauen tut mir leid Schatz ist eben Erfahrung Erfahrungstatsache. Nun sei doch nicht. Jeder. Ja gar nicht so weißt doch du. Damals. Ja damals. Ja.

Muß nochmal tanken, eigentlich wollte ich noch bis, im Betrieb nur 50 der Liter, dumm aber bei diesem Tempo braucht er natürlich sage ich meinen Kunden immer D-Zug-Zuschlag. Tankstelle 16 km. Erzähl mir doch was irgendwas. Raststätte auch, ein Kaffee, obwohl man ja eigentlich.

Geht es dir besser? Wir hätten eben doch lieber vernünftigerweise was meinst du wie der mich ansah Mitternacht und bezahlt hatte ich schon hätten gemütlich bis morgen früh aber du. Bitte. Ja schon gut sei nett komm sei nicht böse erzähl mir was.

Sonntagmorgen Mutti ließ den Frühstückstisch auf der Terrasse natürlich ein Mädchen Else das Haus viel zu groß der Garten Grunewald Sonntagmorgen hatte mein Vater nahm er sich Zeit für uns meine Damen sagte er heilige Familie sagte er immer sonntags gemütlich auf der Terrasse Blick auf den Rasen Gärtner Chauffeur, wir drei, sagte er, mein Täubchen, ich hätte gerne Geschwister gehabt, aber die Eltern, wir drei, ich glaube weiß nicht vielleicht wahrscheinlich meine Mutter, und dann war Krieg mein Vater im Felde, so hieß das bei uns: im

Felde, klang damals ganz selbstverständlich für mich, zuletzt war ich 13, da kamen sie in den Keller Soldaten haben mir nichts nein, aber Else das Mädchen, im Keller standen die Luftschutzbetten immer Alarm wir waren schon Tage Wochen weiß nicht wie lange warteten auf das Ende im Keller, 13 war ich und wußte noch nichts gar nichts bis dahin stand in der Ecke und Else und meine Mutter und Else, die Männer lachten waren betrunken stanken, Else hat auch gelacht gelacht verstehst du immer gelacht, drei waren es drei Soldaten dreckig Stiefel Gewehre Helme, und ich war 13, verstehst du, zuletzt kam einer und streichelte ja wirklich hat mich gestreichelt ich war ganz kalt. Ja. Im Sommer wurde der Frühstückstisch sonntags immer auf der Terrasse gedeckt, jeder ein Ei, auch im Krieg, bis zuletzt, mein Vater konnte immer mal hatte Freunde Verwandte Bundesbrüder, er kam erst 51 zurück, ja, 1951, da war ich 19.

Shell warum nicht mal Shell, halb 2, gut was geschafft, aber ein bißchen Pause Schatz, eine Tasse Kaffee, kommt ja nicht so drauf an, ob wir halb 4 oder 4 – zehn Super, bitte! Übrigens siehst du viel besser aus, wirklich, ich sage ja, wenn man gleich zwei Tabletten, das hilft. Öl in Ordnung, danke, aber mal über die Scheinwerfer. Quittung bitte, Datum 14. März. Ich glaube, da kriegt man noch einen Kaffee. Kommst du mit?

Weißes Licht, schmerzend weiß. Chrom Glas Spiegel. Diese Automaten sind doch eine großartige. Willst du Sahne? Gar nicht schlecht der Kaffee, ich sterbe für guten Kaffee, weißt du ja kennst mich ja, man kennt sich doch schon ganz gut, nicht?

Sie schob den Pappbecher zurück, keine Luft keine Luft mehr, sie rannte zur Tür, Luft, er trank seinen Becher leer und lief ihr nach, was ist denn nun wieder Schatz ist dir nicht gut tief atmen komm hak dich ein wir gehen langsam zum Wagen mach doch bloß kein Theater tief durchatmen tu dir schon nichts – meinetwegen bitte wenn du nicht wenn du unbedingt allein Schatz ist denn mit dir uns hab' dir doch wirklich nichts nein überhaupt nichts getan Schatz wenn du das sagst hast du denn alles vergessen?

Nichts vergessen. Gar nichts vergessen. Eingebrannt eingeschnitten alles umsonst das reißt du das reißt mich ich will nicht – nein laß mich, ich kann allein gehen allein, laß mich doch faß mich nicht laß mich endlich du du laß!

Der Boden war feucht, kalt, schmierig. Sie zitterte. Er half ihr beim Aufstehen.

Hab' ich doch gleich gesagt Schatz du bist krank bist nicht gesund macht nichts im Wagen habe ich ein Papiertuch habe ich immer bei mir für alle Fälle das kriegen wir wieder schlimmstenfalls zum Benzinbad ist nur der linke Ärmel geht alles ab, langsam, komm, aber den Mantel jetzt ausziehen, bitte, sonst machst du die Polster, wieso, schließlich kann ich nicht jedes Jahr einen neuen und der Wiederverkaufspreis mußt du verstehen Pflegezustand auch wenn ich Prozente bekomme das kostet.

Nacht. Sie schreckte hoch. Stauung, ein Unfall, langsam, Halt, langsam, Lichter Scherben Scheinwerfer grell, Halt, ausgerechnet hier wo man nicht überholen kann darf kostet uns eine Stunde Schatz sonst wären wir spätestens Viertel nach wären schon lange, da müßte die Polizei ganz anders viel schneller sage ich immer. Kann man nichts machen. Geht es dir? Um kurz vor 5 sind wir da. Natürlich fahre ich dich aber ganz selbstverständlich Schatz in die Beselerstraße merkt doch niemand um diese Zeit sieht das kein Mensch das ist doch Unsinn Schatz was hast du denn plötzlich kann ich doch gar nicht verantworten Unsinn am Hauptbahnhof, was meinst du was da jetzt um diese Zeit ist Unsinn du hast Fieber bist krank das ist doch für mich kaum ein Umweg mache ich gerne du machst es mir wirklich also wirklich nicht leicht also bitte bitte sehr wenn du unbedingt wie du willst aber wenigstens bis zum Taxistand.

Stichwort SCHWARZER KOFFER

Neben der Lattentür, gleich links, rasch greifbar, der Kofferstapel, mit einer alten Zeltplane überdeckt, die ein Stempel ausweist als zum Bestand des Jungbanns 1/174 gehörig: Zurückgeben kann ich sie schließlich nicht mehr, herrenloses Gut, würde ich sagen, geringwertig außerdem, also. Die Koffer sind sorgfältig nach der Größe geschichtet: zuunterst der Plattenkoffer mit abenteuerlich bunten Hotelzetteln aus Rom, Florenz,

Venedig, Großmutter Krüdener hatte sich nach dem Tode des Kommerzienrats zu einer Bildungsreise entschlossen, 120 Jahre nach Goethes erster italienischer Reise; dann der dunkelbraune Vulkanfiberkoffer mit den angestoßenen Kanten, geräumiger Vorratsbehälter auf längeren Reisen mit der Familie, bei Hotelübernachtungen bleibt er im Wagen zurück; darüber der hellgrüne Pappkoffer mit dem notdürftig überklebten Riß, 1959 hatte beim Packen plötzlich der Platz nicht gereicht, also irgend etwas Billiges, Karstadt, 27,50 DM, inzwischen haben zwei Reisegepäckversicherungen für die Beschädigung je 20 DM gezahlt, im Wege des Vergleichs; dann der hellbraune Lederkoffer, kostbares Hochzeitsgeschenk von Onkel Clemens, durch eine Plastikhaut besonders geschützt; obendrauf der dunkelgraue Reißverschlußkoffer, den Herr Schmella gelegentlich auf Dienstreisen mit sich führt, unauffällig, solide, praktisch, mit einem verschließbaren Extrafach für Akten und Unterlagen. Zweimal im Jahr wird der Bodenraum von Frau Diepenbrook gründlich gereinigt. Die Zeltbahn über dem Kofferturm rührt sie nicht an. Frau Diepenbrook ist allergisch gegen Zeltbahnen, Zeltbahnstoff; ihr Mann, humpelnd seit der Eroberung von Kiew und Luftschutzwart, ist 1944 in einer Zeltbahn begraben worden, eine lange Reihe von Zeltbahnen nebeneinander, aufeinander, der Inhalt unkenntlich.

Der schwarze Koffer wird nicht auf dem Boden aufbewahrt, sondern im Gästezimmer. Herr Schmella hat seiner Frau mit diesem Koffer Weihnachten 1966 eine Überraschung bereitet, für unsere Mittelmeerkreuzfahrt, Liebling, ist er nicht schick? Das Material, lederähnlich genarbter Kunststoff, hat sich auf dieser Reise bewährt, kaum ein Kratzer, obwohl Herr Schmella nicht einmal das beste Modell genommen hatte, wirklich preiswert, findest du nicht? Allerdings haftet dem Koffer immer noch ein unangenehmer Geruch an; in der engen Kabine hatte er neben dem Waschbecken gestanden. Aber nicht dieser Geruch allein, den eigentlich nur noch jemand bemerkt, der die Tatsachen kennt: Herrn Schmellas Seekrankheit zwischen Barcelona und Nizza, die Innenkabine im A-Deck – nicht allein der Geruch hat Frau Schmella die weitere Benutzung des schwarzen Koffers verleidet. Sie erinnert sich nur ungern an die Seereise, und sie fühlt sich nicht gerne daran erinnert. Sie hat den Koffer abgelegt, abgeschoben ins Gästezimmer – vor Zeiten einmal das Mädchenzimmer der Herrschaftswohnung, ein Schlauch hinter der Küche, ungeheizt –, dort liegt er unter dem Gästebett. Früher stellte Frau Schmella gelegentlich Speisereste in dem kühlen Raum ab; seit einem Jahr hat sie das nicht mehr getan.

Robert hieß er, Bobby, sein Gesicht ist schon undeutlich geworden, nur noch die Blitzlichtaufnahme des Bordfotografen vom Kostümfest, am Abend vor Barcelona, Bob links, ein lachender weißer Fleck. Sie versteht sich nicht mehr: ein Fremder. Sie erinnert sich, wie er sagte: Daß du den heiraten konntest – also –.

Stichwort 20 M

Ganz unverbindlich natürlich!

Er kam am Spätnachmittag, der Wagen protzte mit blankem Weiß und Silber, die Polster blutrot.

Sie wissen, wir bringen demnächst das neue Modell, sonst könnten wir Ihnen natürlich ein solches Angebot nicht.

Augustsonne, alabasterweiß, ein Traum, aufreizend blank, neu, schnell, bequem, ruhig, schnittig, es geht nichts über unseren Sechszylinder.

Aber das sind doch Märchen, Herr Schmella, wirklich, das sind Ammenmärchen, Verleumdungen geradezu! Mein persönlicher Verbrauch, und ich darf wohl sagen, daß ich als sportlicher Fahrer.

Herbert setzte sich hinter das Lenkrad, schob den Sitz etwas zurück, wieder nach vorn, probierte die Schaltung, Schweißtropfen auf der Glatze.

Aber eben ein altes Modell.

Mußten wir jetzt, zur Messe, aber in Wirklichkeit nur geringe Retuschen, und wenn Sie mich fragen, aber ganz unter uns, ich darf das ja gar nicht sagen, also ich finde dieses Modell.

Ja wissen Sie.

Wenn Sie noch nie einen Sechszylinder gefahren haben, Sie werden – bitte, wir können jederzeit, am besten vielleicht jetzt gleich, wenn Sie.

Herbert drehte an irgend etwas. Liegesitze?

Natürlich auf Wunsch selbstverständlich großzügig entgegenkommend darüber reden.

Der Verkäufer hatte sich auf die Rückbank gesetzt, lehnte lässig gegen das geöffnete Seitenfenster. Sie können den Sitz natürlich auch weiter nach vorn schieben, gnädige Frau, wenn Sie sich abstützen möchten – wenn ich Ihnen helfen darf?

Er hatte schlanke, weiche Hände. Die rechte Hand berührte flüchtig ihre Schulter.

Natürlich absichtslos, Schatz, ich habe doch nicht daran gedacht, also bestimmt nicht, so bin ich nicht, das kann ich mir auch gar nicht erlauben in meinem Beruf, außerdem war dein Mann der Fachmann und Käufer, das hatte ich gleich gesehen, da hattest du nichts zu melden, Schatz, der ließ sich von dir nicht reinreden, das war mir klar.

Sie sparen fast 2000 Mark, Herr Schmella, über 2000 Mark, allein die Ausstattung, Sie bekommen das praktisch geschenkt – also ich will nicht vergleichen, beileibe nicht, aber die Ausstattungs-Extras beim 1900er Opel, wenn Sie das alles zusammenrechnen, dann fahren Sie mit diesem Wagen kaum teurer als mit dem 1500er VW, und Sie wissen ja selbst.

Also ich weiß nicht, der Rekord.

Um 16 Prozent mehr Gepäckraum.

Vorsicht bitte Vorsicht! Er prallte gegen ihren Hinterkopf, Verzeihung, gnädige Frau. Der Bremskraftverstärker erfordert natürlich eine gewisse Gewöhnung.

Ich weiß nicht, die Lenkung, also mir ist sie zu.

Im Gegenteil, Herr Schmella, ganz im Gegenteil, Sie dürfen mir glauben, gerade die außerordentlich leichte Lenkung, vorbildlich, würde ich sagen, beispielhaft in der Klasse, in jedem Test, und unsere Schaltung ist ja bekanntlich von jeher.

Möglich aber.

Fahren Sie die Maschine ruhig einmal voll aus, Sie werden sehen, die Leistung.

Der Verkäufer hatte seine Hand auf ihrer Lehne liegengelassen. Als sie sich in der Kurve nach links bewegte, fühlte sie die Hand durch den Kleiderstoff.

Und gerade, wenn Ihre Frau Gemahlin einmal den Wagen.

Meine Frau fährt nicht!

Ja nun aber vielleicht, und außerdem.

Der Motor brummte stärker, die Tachonadel glitt zu höheren Zahlen. Sie sah, wie Herbert das Lenkrad festhielt, unruhig, gespannt, sie merkte, er fühlte sich nicht wohl.

Spitze bei sorgfältig eingefahrenen Wagen über 180, gestoppt.

Ja wissen Sie ich.

Jeden anderen Wagen stehenlassen.

Vielleicht aber.

Sie sagte: Ich mag ihn, wirklich, ich mag ihn sehr.

Herbert zog die Unterlippe ein. Er ärgerte sich.

Selbstverständlich in Zahlung, Herr Schmella, und ich bin sicher, daß Ihnen ein derartiges Angebot so leicht nicht wieder.

Beschleunigung, Bremsen, Handlichkeit, Wartung, Lüftung, Getriebeübersetzung, Rückfahrscheinwerfer, Radführung, Vergaser, Knüppelschaltung, sportlich.

Also Sie hören von mir, Herr von Rath!

Natürlich will ich Ihnen keineswegs in Ihre schöpferische Arbeit hineinreden, das liegt mir, wie Sie mir glauben werden, durchaus fern. Andererseits meine ich nach der Lektüre der ersten Abschnitte Ihres Romanentwurfs aber doch, daß Sie mir einige kritische Anmerkungen und Marginalien, auch Anregungen und Verbesserungsvorschläge gestatten sollten, die sich möglicherweise bei Ihrer weiteren Arbeit als hilfreich und nützlich erweisen könnten. Ich würde mich jedenfalls freuen, wenn Sie etwas von meinen Hinweisen aufgreifen und berücksichtigen würden, und das gewiß nicht wegen irgendwelcher persönlicher Eitelkeiten: Mir geht es, wie Sie mir glauben dürfen, einzig und allein um Ihr Werk, zumal ich mich in den Lesegewohnheiten und Lesebedürfnissen des Publikums auskenne, mit dem wir beide, Autor wie Verleger, es ja dann doch zu tun haben. Das beste Buch ist schließlich nichts wert, wenn niemand es kauft.

EINMALEINS.

Ich möchte, ganz einfach und gerade heraus gesagt, Ihnen und Ihrem Roman den Weg in eine breitere Öffentlichkeit erleichtern, ja, so wie die Dinge heute nun einmal liegen: möchte diesen dornigen Weg überhaupt erst einmal gangbar machen, und das liegt doch wohl ebenso in Ihrem wie in meinem wohlverstandenen Interesse.

DAS HUHN, DAS GOLDENE EIER LEGT, GIBT ES WIRKLICH.

Wie ich Ihnen schon vor einiger Zeit am Telefon sagte, und ich wiederhole das hier gern, zumal ich keinen Anlaß sehe, meine erste Beurteilung grundlegend zu revidieren: Ihre Arbeit scheint mir von der Anlage wie auch von der Durchführung her sehr interessant zu sein, sehr eigenwillig, sehr modern. Manche Stellen habe ich mit Freude, ja, sogar mit einer gewissen persönlichen Anteilnahme gelesen.

DIE BESTEN ZINSEN SIND DIE WIEDERANGELEGTEN ZINSEN. DIE ZAHL DER GOLDENEN EIER WÄCHST SCHNELLER UND SCHNELLER. MIT WENIG GELD VIEL GELD VERDIENEN.

Als Verleger wünsche ich mir verständlicherweise nichts mehr, als daß Sie möglichst viele so aufmerksame und verstehende, auch verständnisvolle Leser wie mich finden möchten. Allerdings, und darüber brauchen wir uns wohl nichts vorzumachen: Die Zahl der intelligenten, aufgeschlossenen, der im besten Sinne gebildeten Leser ist wenn nicht im Aussterben, so doch ganz zweifellos in einem unübersehbaren Rückgang begriffen, eine betrübliche Tatsache, die ich schon seit Jahren und Jahrzehnten zu beobachten Gelegenheit habe und welche mich als schöngeistigen Verleger eigentlich recht düster in die Zukunft sehen lassen sollte.

KAISER WILHELM WAR VON HOHER, EDLER GESTALT. MIT EINEM ECHT KÖNIGLICHEN WESEN VEREINIGTE ER DIE GRÖSSTE MILDE UND LEUTSELIGKEIT. ANDEREN FREUDE ZU MACHEN, WAR SEINE LUST. DER KAISER WAR IN ALLEM SEHR EINFACH. SELBSTVERSTÄNDLICH KANN ICH MICH NACH ABLAUF VON FAST EINEM VIERTELJAHRHUNDERT NICHT MEHR AN JEDES SCHRIFTSTÜCK ERINNERN, DAS ICH UNTERZEICHNET HABE. IN GOETHE UND SCHILLER, DIE IN EDLER FREUNDSCHAFT VERBUNDEN ZUSAMMEN WETTEIFERTEN, ERREICHT DIE DEUTSCHE DICHTKUNST IHREN HÖHEPUNKT.

Unter diesem besonderen Aspekt, den ich wahrhaftig nicht selbst zu vertreten habe, muß ich Ihnen sagen, daß die Veröffentlichung eines so kompliziert angelegten Romanwerks, wie Sie es im Sinn zu haben scheinen, heute mehr denn je ein ganz außerordentliches, ja, im Grunde ein kaum zu vertretendes Wagnis bedeutet, und ich will Ihnen auch nicht verheimlichen, daß mir das verlegerische Risiko durch die mir bisher vorliegende lockere Folge von Szenen und strukturell zuweilen doch recht beliebig anmutenden Einschiebseln noch nicht gedeckt zu sein scheint, wobei ich den Entwurfscharakter dieser ersten Abschnitte natürlich schon berücksichtigt habe.

VERBRIEFTE SICHERHEIT. WIR LASSEN UNS KRITIK GERN GEFALLEN, ABER NICHT VON UNGEWASCHENEN UND VERDRECKTEN. DER KAISER HATTE EIN KINDLICH FROHES HERZ. ANDEREN FREUDE ZU MACHEN, WAR SEINE LUST. NOCH EINMAL ÖFFNETE DER KAISER DIE AUGEN UND BLICKTE MILD AUF DIE UM IHN KNIENDEN LIEBEN – UND SANFT GING SEINE SEELE ZUR EWIGEN RUHE EIN.

Verstehen Sie mich, bitte, nicht falsch: Grundsätzlich geht mir nichts über die schöpferische Eigenverantwortlichkeit unserer Verlagsautoren, und ich will Ihre dichterische Freiheit, wie ich schon einleitend erwähnte, in gar keiner Weise einengen.

DAS VOLK BESTAND AUS FREIEN UND UNFREIEN EIN RAUHES KERNHAFTES GESCHLECHT BEIM TODE DES HAUSHERRN TÖTETE MAN AUCH SEIN ROSS UND SEINEN KNECHT UND SANFT GING SEINE SEELE ZUR EWIGEN RUHE DAS WAR FÜR DEN KNECHT DIE DEUTSCHE INNIGKEIT HÖCHSTE EHRE IN ALLEM SEHR EINFACH HAST DU WAS DANN BIST DU WAS.

Vielleicht sollten wir aber doch einmal gemeinsam überlegen, wie aus dem bisher doch noch etwas unfertigen – und ich will Ihnen meine Meinung in dieser Hinsicht ganz offen sagen – teilweise selbst für den gehobenen Durchschnittsleser nur schwer verstehbaren Entwurf ein Buch werden kann, das wir mit einiger Aussicht auf einen echten Erfolg auf den Markt bringen können.

SCHILLER IST DER LIEBLING DES DEUTSCHEN VOLKES. DIE ZAHL DER GOLDENEN EIER WÄCHST.

Wir müssen eben mit den Lesern rechnen, wie sie sind, und ganz sicher wäre es grundfalsch, irgendwelche höheren literarischen Ansprüche denen zu stellen, die sie nicht erfüllen, ja, sie nicht einmal begreifen können.

SCHON IM ALTER VON 24 JAHREN SCHRIEB GOETHE DEN „GÖTZ VON BERLICHINGEN“, EIN STÜCK, IN DEM DER RITTER MIT DER EISERNEN HAND DIE ZEIT DER SELBSTHILFE MIT BEDAUERN SCHEIDEN SIEHT. IN „HERMANN UND DOROTHEA“ ZEICHNET ER UNS EIN HERRLICHES BILD DEUTSCHEN BÜRGERTUMS. DEUTSCHE INNIGKEIT SPÜREN WIR IN SEINEN LIEDERN UND BALLADEN.

Um keine Mißverständnisse aufkommen zu lassen: Ihr Vorhaben, ein nach dem gängigen Muster des volkstümlichen Liebes- beziehungsweise Frauenromans angelegtes Werk von literarischem Interesse zu schreiben – und ich darf hinzufügen, soweit meine eigenen Erwartungen mitzählen: von einigem literarischem Rang –, schien und scheint mir von besonderer Relevanz in dieser unserer Zeit, da manche angeblich fortschrittliche Autoren sich in den Elfenbeinturm sinnloser Sprachspielereien zurückgezogen haben. Sie werden gewiß nicht vergessen haben, mit welcher spontanen Aufgeschlossenheit ich schon auf Ihre erste Planskizze eingegangen bin. Daß sich unser Verlag sogar zu einem nicht unerheblichen Vorschuß bereitgefunden hat, mag Ihnen zusätzlich beweisen, welches Interesse wir Ihrem Plan entgegenbringen. Was Sie uns als ersten Entwurf vorlegten, gleichsam als Rohskizze der im Zentrum stehenden Dreiecksgeschichte, schien unsere Erwartungen zunächst in etwa zu rechtfertigen, und ich habe wohl bemerkt, daß Sie diese skizzierte Geschichte nahezu unverändert in das Anfangskapitel des vorliegenden Entwurfs mit hineingenommen haben. Allerdings, hier setzen auch schon meine Einwände und Bedenken ein.

IN GOETHE UND SCHILLER, DIE IN EDLER FREUNDSCHAFT VERBUNDEN ZUSAMMEN WETTEIFERTEN, ERREICHT DIE DEUTSCHE DICHTKUNST IHREN HÖHEPUNKT.

Was sich als kurzes, skizzenhaftes Exposé recht gut und flüssig lesen mag, das braucht sich noch längst nicht in das künstlerische Ganze eines Romans einzufügen, und eben eine solche Inkongruenz scheint mir hier vorzuliegen, zumal Sie ja dem Text noch einige Änderungen ein- und beigefügt haben, durch die der Charakter Ihres Entwurfs meiner Ansicht nach nicht unwesentlich verändert worden ist.

EIN HERRLICHES BILD DEUTSCHEN BÜRGERTUMS. DER KAISER WILHELM WAR IN ALLEM SEHR EINFACH. HAST DU WAS DANN BIST DU WAS. DAS VOLK BESTAND AUS FREIEN UND UNFREIEN. VERBRIEFTE SICHERHEIT.

Es kommt hinzu, daß Sie sich nicht nur selbst korrigiert haben – wobei ich erst einmal noch völlig offenlassen möchte, ob das zum Besten Ihrer Arbeit ausgeschlagen ist oder nicht –, vor allem haben Sie durch eine ganze Reihe von Hinzufügungen Ihren eigenen – wie gesagt: an sich durchaus diskutablen – ersten Entwurf selbst in Frage gestellt. Daß Sie bei dieser fragwürdigen Überarbeitung die Figur eines Verlegers beziehungsweise Verlagslektors in Ihren Text eingefügt haben – und das in einer doch sehr oberflächlichen, klischeehaften, bestenfalls als karikaturistisch zu bezeichnenden Manier –, will ich Ihnen an sich noch nicht einmal besonders anlasten, obwohl für den

Kenner der Verhältnisse eine solche Figur wirklich nicht überzeugend wirken kann (nebenbei gesagt, nur zur Klarstellung: Selbstverständlich habe ich persönlich mir diesen Schuh nicht angezogen – das war ja wohl auch, wie ich annehmen darf, von Ihnen nicht beabsichtigt). Daß heute im deutschen Verlagswesen nicht alles so steht und läuft, wie es das auf der gewachsenen Basis unserer kulturellen Traditionen eigentlich wohl selbstverständlich sein sollte, darüber brauchen wir kein Wort zu verlieren, und insofern könnte sogar Ihre indirekte Kritik einen fruchtbaren Anstoß für notwendige Reformen geben. Entschieden muß ich mich aber gegen den von Ihnen erweckten Anschein wehren und verwahren, als ob etwa auch in meinem Verlag etwas faul wäre: Das könnte aus verschiedenen Anmerkungen Ihres „Verlegers" immerhin geschlossen werden. Gerade auch unter dieser Perspektive scheint mir die Einführung dieser zudem noch völlig konturlosen „Figur" in Ihren Roman ein flagranter Mißgriff zu sein, und ich meine, Sie wären gut beraten, wenn Sie sich noch einmal ganz in Ruhe überlegen würden, ob es nicht Ihrem Roman zugute kommen würde, wenn Sie alle diese eingestreuten Bemerkungen und vorgeblichen inneren Monologe – nach meiner überschlägigen Berechnung insgesamt nicht viel mehr als fünf Schreibmaschinenseiten – ersatzlos streichen würden, um so mehr, als es Ihrem Werk gewiß nur dienlich sein kann, wenn es viel eindeutiger auf die zugrundeliegende Ehe- beziehungsweise Liebesgeschichte hin ausgerichtet wird.

LIEBES- EIN GROSSER EHE- ERREGENDER LIEBESROMAN GESCHLIFFENER STIL POETISCHER SPIEGEL ERGREIFEND GROSSARTIG NEU SCHON LANGE ERWARTET MIT EINEM WORT VIRTUOS EIN UNBESTECHLICHES ZEUGNIS BRILLANTER ERZÄHLER BEGNADET STARKE BEGABUNG ENDLICH NÜCHTERNE POESIE ENDLICH SPANNUNG WIEDER NUANCEN MENSCHEN MENSCHLICH FARBIG SCHMIEGSAM BLUTVOLL JUNG ENDLICH EIN GROSSER ROMAN UNVERWECHSELBAR ENDLICH EIN DICHTER IN UNSERER ZEITROMAN BLENDEND ERFRISCHEND BEWEGEND 20. TAUSEND LEINEN 22,80 DM DAS BUCH ZUM FILM.

Im übrigen müßte ein Liebesroman, der breitere Schichten ansprechen will – und hier komme ich nun zu einem grundsätzlichen Problem –, doch wohl etwas anders geschrieben und geformt sein als das, was Sie bisher skizzen- und bruchstückhaft notiert haben: Diese Einsicht darf, ja, muß ich von Ihnen als Autor erwarten. Wenn der Verlag Ihre Arbeit groß herausbringen soll, dann müssen Sie bei der Anlage und Gestaltung des Stoffes andere Wege gehen als bisher. Sie werden mir persönlich gewiß eine subjektive Aufgeschlossenheit für moderne literarische Formen nicht absprechen wollen, und auch in meiner Verlagsproduktion werden Sie zweifellos Werke finden, die sich dem Experiment schon recht weit nähern. Hier aber, bei Ihrem Roman, muß es uns zwangsläufig auf eine möglichst breite Allgemeinverständlichkeit ankommen, und deshalb müssen Sie darauf sehen, daß Sie wirklich schlicht, gerade heraus und anschaulich, mit einem Wort: daß Sie lesbar schreiben.

DER KAISER WILHELM WAR IN ALLEM SEHR EINFACH. SCHILLER IST DER LIEBLING DES DEUTSCHEN VOLKES, BESONDERS DER JUGEND GEWORDEN. ER VERHERRLICHT IN DER „GLOCKE“ DAS EMPFINDEN DES DEUTSCHBÜRGERLICHEN LEBENS, RUFT IN SEINER „JUNGFRAU VON ORLEANS“ AUS: „NICHTSWÜRDIG IST DIE NATION, DIE NICHT IHR ALLES FREUDIG SETZT AN IHRE EHRE!“ LANDGRAF WERDE HART. HEILIGE ORDNUNG. KEIN GELD FÜR LANGHAARIGE AFFEN. DER KAISER HATTE EIN KINDLICHES FROMMES HERZ. SELBSTVERSTÄNDLICH KANN ICH MICH NACH ABLAUF VON FAST EINEM VIERTELJAHRHUNDERT NICHT MEHR AN JEDES SCHRIFTSTÜCK ERINNERN, DAS ICH UNTERZEICHNET HABE. SCHADE UM UNSERE STEUER FÜR DIESE UNGEHEUER. DER LIEBE GOTT IST AUCH FÜR DAS FREIE BERLIN. DAS EMPFINDEN DES DEUTSCHBÜRGERLICHEN LEBENS. VERBRIEFTE SICHERHEIT.

Wir wollen uns doch nichts vormachen: Die vorliegenden Abschnitte Ihres Romans können mit ihrem bestenfalls als kaleidoskopartig anzusprechenden Charakter höchstens ein begrenztes Interesse in einem sehr begrenzten Leserkreis wecken, von dem die Mehrzahl – als berufsbedingte Empfänger von Freiexemplaren (Literaturkritiker etc.) – nicht einmal als mögliche Käufer in Betracht kommen würde.

Bei allem Wohlwollen, das Sie mir gewiß nicht absprechen werden: Ich habe, rundheraus gesprochen, den Eindruck, daß Sie die gesamte Anlage Ihres Exposés noch einmal gründlich durchdenken und korrigieren sollten, wobei Sie vor allem alles das zu berücksichtigen hätten, was die Trivialliteratur – und auf eine künstlerische Aus- und Aufwertung dieses Genres zielt ja doch Ihr Vorhaben – für ein breites Publikum so leicht lesbar und so anziehend macht: Eindeutige Charaktere nämlich (Sie deuten das, wenn ich richtig gelesen habe, sogar selbst einmal in den zu streichenden Anmerkungen Ihres fiktiven Verlegers an!), also böse oder gute Menschen, für oder gegen die der Leser sich engagieren kann und soll, dazu spannungsgeladene Dialoge und entsprechend dramatische Szenen auf der Grundlage schlichter Tatbestände, die der Leser ohne Mühe übersehen kann und die – wichtig! – unmittelbar an die Emotionen des Lesers rühren. Milieuschilderung ist dagegen, wenn überhaupt erforderlich, durchaus nebensächlich. In diesem Zusammenhang darf ich vielleicht noch anmerken, daß die kleinbürgerliche Kulisse Ihres Romans mir doch nicht recht glücklich, auf jeden Fall nicht attraktiv gewählt zu sein scheint: Wer interessiert sich denn wirklich für einen Durchschnittsbeamten, für Autoverkäufer, Hausfrauen, Putzfrauen, Hausmeister, Taxifahrer und so weiter? Zum mindesten den Helden selbst müßten Sie – auch wenn er vielleicht ein negativer Held sein sollte, was nach den vorliegenden Abschnitten leider noch nicht endgültig beurteilt werden kann – unbedingt in einer höheren gesellschaftlichen Sphäre ansiedeln, wenn der Leser Ihnen willig folgen soll: Ein Chefarzt zum Beispiel, ein bedeutender Architekt, auch ein Bankier oder ein Flugkapitän kann von vornherein mit einer ganz anderen Anteilnahme rechnen als ein Verwaltungsbeamter der gehobenen Laufbahn (wobei Sie sich wegen der Darstellung der etwas komplizierteren beruflichen Umwelt keine Sorgen zu machen brauchten: Das Milieu ist in einem Liebesroman, wie schon erwähnt, von durchaus zweitrangigem Interesse neben den menschlichen Schicksalen; erfahrungsgemäß gibt sich der Leser mit wenigen gängigen Klischees zufrieden, Andeutungen, aus denen er den Figuren des Romans eine Klischee-Umwelt erschafft). Auf jeden Fall ist das Durchschnittliche sehr wenig geeignet, den Leser einzufangen und mitzuziehen – auch das wird in den Marginalien Ihres „Verlegers“ schon durchaus richtig angedeutet –, und wenn Sie argumentieren sollten, Ihre Gestalten seien eben Durchschnittsmenschen, in denen Gut und Böse vereint seien, dann darf ich Sie auf den spätestens seit Schillers ästhetischen Schriften bekannten gravierenden Unterschied zwischen Sein und Wirklichkeit hinweisen.

SCHILLER IST DER LIEBLING DES DEUTSCHEN VOLKES. ANDEREN FREUDE ZU MACHEN WAR SEINE LUST. DIE BESTEN ZINSEN SIND DIE WIEDERANGELEGTEN ZINSEN.

Ganz abgesehen aber von allem nur theoretischen Für und Wider – Sie wissen und sehen, ich lasse jederzeit mit mir reden und bin für alle Anregungen auch jüngerer Menschen vorurteilslos offen: Die Tatsache läßt sich nicht wegdiskutieren, daß heute im Verlagsgeschäft mit Durchschnittsschicksalen einfach kein Erfolg zu erzielen ist, und dieser Umstand sollte unsere gemeinsamen Erwägungen doch wesentlich mitbestimmen. Sie werden mir nach fast vierzig Jahren in der Verlagsbranche vielleicht ein einigermaßen kompetentes Urteil zubilligen, und deshalb hoffe ich auch, daß meine Ratschläge Sie überzeugen werden.

WIR LASSEN UNS KRITIK GERN GEFALLEN, ABER NICHT VON UNGEWASCHENEN UND VERDRECKTEN.

Auf jeden Fall müssen die positiv gemeinten Figuren in Ihrem Roman sehr viel eindeutiger positiv gezeichnet werden – nur geringe Schatten sind erlaubt, die den Anschein von Lebensechtheit vermitteln –, sie müssen dem Durchschnittsleser uneingeschränkt sympathisch sein. Gleichermaßen müssen die negativen Gestalten stark abwertende Akzente erhalten, wenn sie als Kontrastfiguren zur rechten Wirkung kommen sollen. Wenn ich Ihnen da noch einen Tip geben darf – Sie wissen vielleicht, daß ich in meinen jüngeren Jahren selbst schriftstellerisch tätig gewesen bin, und zwar mit schönen Erfolgen –, der Ihnen Ihre Umarbeitung erleichtern könnte: Negative Kontrastfiguren sind am einfachsten nach dem südländischen, westlichen Typus zu zeichnen, also dunkle Augen, gelbliche Hautfarbe, schwarzes, ölig glänzendes Haar. Das wirkt auf den deutschen Leser von vornherein fremdländisch und daher abstoßend und läßt die blonde, blauäugige Heldin – in diesem Fall haben Sie die Attribute instinktiv schon ganz richtig gewählt – nur um so schöner, reiner, liebenswerter erscheinen.

FLAMME UND FLOR, Gedichte. 1929

DAS LEICHTE GLÜCK, Roman. 1932

MENUETT IM FRÜHLINGSWIND, Roman. 1933

FANGET AN!, Gedichte und Lieder. 1933

HEILIGE BANDE, Roman. 1934; 3. Auflage 1940. Frontbuchhandelsausgabe für die Wehrmacht 1944

KEIN SCHÖNER LAND, Roman. 1939

Schließlich sollten Sie nicht vergessen, daß wir einen positiven Schluß des Romans bindend abgesprochen haben: Es muß, das möchte ich hier noch einmal ganz unmißverständlich festhalten, bei den Ehe- und Liebesverwirrungen etwas herauskommen, dem auch der einfache Leser aus vollem Herzen und einschränkungslos zustimmen kann. Im Augenblick erscheint Ihnen das natürlich noch nicht als drängendes Problem; es dürfte sich aber empfehlen, wenn Sie schon jetzt die entsprechenden Knoten in die Handlung einfügen würden, die am Schluß dann gelöst werden können. Das in Ihrem Exposé angedeutete resignierende „Es-muß-ja-doch-weitergehen" kann keineswegs genügen, darüber sollten Sie sich klar sein. Natürlich möchte ich Ihnen auch in dieser Hinsicht nicht direkt in Ihre Arbeit hineinreden – verstehen Sie meine Hinweise, bitte, nicht falsch. Ich meine aber, daß eine gewisse positive Grundeinstellung zu den zwischenmenschlichen Werten doch Voraussetzung für den Roman ist, an dem Sie schreiben, und nichts anderes als den unbezweifelbaren Ausdruck eines solchen tragenden Lebensgefühls möchte ich am Ende des Buches finden. Herunterreißen, das wissen wir alle, ist sehr viel leichter, und nur zu gern widmen sich manche verantwortungslose Literaten heute schon wieder diesem dazu noch recht einträglichen Geschäft. Ich setze dagegen nach wie vor meine Überzeugung, daß die wahre Liebe – und ganz gewiß auch die eheliche Liebe – immer noch der Anstrengung und des Schweißes eines Autors wert ist, nicht zuletzt eine solche nach mancherlei Stürmen und vielleicht gar einem Fehltritt eines Partners – und das gerade in unserer Zeit, die an Negativem wahrhaftig keinen Mangel leidet und die deshalb des positiven Zeichens nur um so dringender bedarf.

HAST DU WAS DANN BIST DU WAS.

Zum Schluß: Ich kann wohl damit rechnen, daß Sie sich meine ausführlichen Anmerkungen zu Herzen nehmen werden, Anmerkungen, die im Grunde wenig mehr sein wollen als kollegiale Hinweise darauf, wie Ihr Roman eine erfolgversprechende Anlage erhalten kann. Auf das Ergebnis Ihrer weiteren Arbeit bin ich sehr gespannt, das möchte ich noch einmal nachdrücklich betonen – schon der gewiß ungewöhnliche Umfang dieses Briefes wird Ihnen verraten, wie sehr mich Ihre Arbeit bewegt und beschäftigt hat. Wie lange wohl, schätzen Sie, wird es dauern, bis Sie mir den umgearbeiteten, im Sinne meiner Vorschläge sowohl gekürzten als auch ergänzten ersten Teil Ihres Romans werden vorlegen können?

Blicklos starrte sie vor sich hin, die zitternden Wellen der Erregung ebbten noch immer in ihr nach, eine leichte Röte auf ihre schönen Wangen zeichnend. Als wäre es eben erst gewesen, der goldene Flügelschlag eines unwiederbringlichen Glücks, fühlte sie seine dunklen Augen brennend auf sich geheftet. Eine Träne trübte ihren sanften Blick. Herbert ahnte nichts, er blätterte in den glänzend bunten Autoprospekten, er war blind für sie, seine Frau, und wie lange schon! Sie sah auf ihre gepflegten zarten Hände, die wie gelähmt auf ungestopften Kinderstrümpfen ruhten: Hände, mit denen sie ihn berührt hatte vor wenigen Stunden, die ihr wie ewige Minuten erschienen, kostbar und doch unendlich einsam. Wie schwarze Sterne glühten seine fordernden Augen noch immer in ihr nach, Sterne, die einen gewaltigen Sturm aufgewühlt hatten, von dem Herbert natürlich nichts wußte. Er trank sein Bierglas leer, füllte nach, las und verglich Zahlenangaben. Sie atmete schwer, beinahe erstickte sie an der hochflutenden Woge ihrer Gefühle. Wie würde sie künftig noch leben, noch atmen können ohne ihn, den anderen? Sein glühender Blick, überschattet von den schweren Augenlidern eines uradeligen Geschlechts, ließ sie nicht los, ein tieftrauriger Blick, das spürte sie mit feinem fraulichem Instinkt, der Blick eines reifen Mannes, der immer wieder enttäuscht worden war und der trotz allem immer noch sehnsuchtsvoll auf die Liebe wartete, auf die letzte große Erfüllung in einem anderen Menschen. So wie sie selbst. Sie mußte ihn wiedersehen, obwohl Herbert den Wagen noch nicht gekauft hatte, vielleicht auch nicht kaufen wollte, und sie wußte tief innen mit der traumhaften Sicherheit aller Liebenden dieser Welt: sie würde ihn wiedersehen.

Also wenn er noch 300 nachläßt oder 250, mindestens 250, dann lasse ich mit mir reden. An sich ist der Wagen natürlich nicht schlecht, keine Frage, obwohl das neue Modell, irgendwie ist es doch eleganter, und die Lenkung ist mir eigentlich zu weich, zu indirekt. Auch die Farbe, wenn ich wählen könnte, ich hätte bestimmt keine roten Polster genommen – ja ja, ich weiß, du magst das, du hast das ja auch deutlich gesagt. Daß du den Mund nicht halten kannst! Schließlich geht es um Geld, um unser Geld, das ich wahrhaftig nicht leicht verdiene, ich muß Papiere verkaufen, und die Pfandbriefe stehen augenblicklich gar nicht besonders, das soll man sich überlegen. Daß du kein Gefühl dafür hast! Nur wenn der merkt, daß wir eigentlich gar nicht kaufen wollen, daß wir dies nicht mögen und das nicht mögen, dann gibt er sich Mühe und gibt was extra und läßt was nach am Preis. Aber das lernst du nie, ach was, ist ja hoffnungslos. Na, ich lasse ihn erstmal zappeln und rede noch mal mit ihm, 250 muß er mir nachlassen, mindestens 250, und ich denke, das wird er auch tun, war ja doch sonst ein sympathischer Mann, oder?

Unruhig durchmaß Helmuth von Rath zum wiederholten Male das supermodern möblierte Wohnzimmer seines eleganten Hochhausappartements. Für ein paar sehr nachdenkliche Sekunden schweifte sein dunkler Blick hinaus auf die im Abendsonnenschein golden leuchtenden Dächer und Schornsteine der geschäftigen Stadt zu seinen Füßen. Nervös sog er an seiner Filterzigarette. War es nicht doch mehr als ein Zufall gewesen, jenes leichte, drängende Lehnen ihres warmen Frauenkörpers gegen seine Rechte, die wie zufällig auf der Rücklehne ihres Sitzes gelegen hatte, als warte sie auf dieses erste zarte Zusammenkommen? War nicht auch ihr Blick, dieses warme leuchtende Blau, fast wie eine Einladung an ihn gewesen, eine kaum verhohlene Aufforderung: Du, ich warte auf dich?! Er trat in den weitläufigen, mit schweren Perserteppichen ausgelegten Raum zurück, drückte seine Zigarette in dem schon wieder übervollen Aschenbecher aus bräunlichgrünem Marmor aus und schaltete die indirekten Deckenstrahler ein. Er sah sich in dem ovalen Kristallspiegel neben der antiken Hausbar an: Noch immer wirkte er jugendlich straff, fast jungenhaft sportlich. Einzelne Falten in seinem Antlitz betonten nur die männlich herben Linien, und das leichte Schläfengrau wirkte, das hatte er mehrfach und immer wieder erfahren, auf schöne Frauen eher anziehend, zumal sein volles Haar im übrigen seinen südländisch dunklen Ton behalten hatte. Eine Ahnung stieg sehnsuchtsvoll in ihm auf: Wieder harrte seiner ein Abenteuer des Herzens, und er ahnte zugleich mit dem feinen Gespür des weltmännischen Frauenkenners, daß es diesmal vielleicht gefährlicher sein würde denn je zuvor. Ich wollte, du wärest der Engel, der mir den Weg weist aus der Wildnis des Herzens, dachte er, und einen Augenblick lang war ihm, als würde die lastende Einsamkeit leicht wie ein jubilierender Vogel.

Helmuth von Rath, geboren am 8. März 1923 als zweites Kind des Oberleutnants a. D. Friedrich Wilhelm von Rath und dessen Ehefrau Alma geborene Pagés.

Betragen: Sehr gut
Fleiß: Gut
Aufmerksamkeit: Gut
Ordnung: Gut
Religion: Gut
Deutsch: Gut
Lesen: Gut
Schreiben: Gut
Rechnen: Sehr gut
Singen: Genügend
Bemerkungen: Versetzt nach Klasse 7

Betragen: Sehr gut
Fleiß: Sehr gut
Aufmerksamkeit: Gut
Ordnung: Gut
Religion: Sehr gut
Deutsch: Gut
Lesen: Sehr gut
Schreiben: Gut
Rechnen: Sehr gut
Heimatkunde: Gut
Zeichnen: Gut
Singen: Genügend
Turnen: Genügend
Bemerkungen: Versetzt nach Klasse 5

Betragen: Sehr gut
Fleiß: Sehr gut
Aufmerksamkeit: Sehr gut

Ordnung: Sehr gut
Religion: Sehr gut
Deutsch: Gut
Lesen: Sehr gut
Schreiben: Gut
Rechnen: Sehr gut
Heimatkunde: Gut
Zeichnen: Gut
Singen: Genügend
Turnen: Genügend
Bemerkungen: Versetzt. Aufnahmeprüfung für Sexta bestanden.

Ich konnte den Aufschwung nicht. Ich hing wie ein Sack am Reck und schaffte es nicht. Wenn ich den Aufschwung gekonnt hätte! Mein Vater kaufte eine Reckstange und ließ sie über der Hofeinfahrt anbringen, der Hausbesitzer hatte nichts dagegen, na selbstverständlich, Herr Oberleutnant, für die körperliche Ertüchtigung unserer deutschen Jugend! Ingrid konnte den Aufschwung, es sah ganz einfach aus, und sie machte mir immer wieder vor, wie ich anzufassen, wie Schwung zu holen, wie ich mich emporzuziehen hatte. Deine Schwester, Helmuth, ein Mädchen! Aber ich schaffte es nicht, nicht ein einziges Mal. Drei Mark, wenn du mir den Aufschwung vormachst – ein silbernes Dreimarkstück, Hindenburg, Deutsches Reich, Gemeinnutz geht vor Eigennutz, blank. Schlappschwanz!

Es war nur die Drei in Turnen. Singen, Musik: brotlos, nicht wichtig, kein Wort darüber – also das ist Begabung, mein Junge, da sage ich nichts, Hauptsache ein grader Kerl ehrlich offen zackig. Aber Turnen, Sport, Leibesübungen, Leibesertüchtigung *mens sana in corpore*: Ich hatte immer Sehr gut, mein Junge, ich habe mir eben Mühe gegeben, sieh Ingrid an, als Offizier mußt du Vorbild sein, gerade auch beim Sport und im Gelände, die Leute lachen dich sonst aus, was meinst du, wie wir bei Tarnow und Gorlice, das schafft man nicht mit Lesen und Rechnen und Aufmerksamkeit, mein Junge, im Trommelfeuer, sonst bin ich ja recht zufrieden, brav, mein Junge, nur weiter so – aber in Turnen: Also das war nun wirklich das letztemal, verstanden?!

Klasse VI a, Herbst 1933

Allgemeine Beurteilung: Helmuth ist strebsam, seine Beteiligung am Unterricht ist rege, sein Verhalten war sehr gut.
Handschrift: Gut
Ordnung: Sehr gut
Religion: Gut
Deutsch: Gut
Französisch: Gut
Erdkunde: Sehr gut
Rechnen: Sehr gut
Biologie: Gut
Zeichnen: Gut
Musik: Gut
Turnen: Genügend

Klasse VI a, Ostern 1934

Allgemeine Beurteilung: Helmuth ist sehr strebsam, seine Teilnahme am Unterricht ist weiterhin rege, sein charakterliches Streben ist erfreulich.
Handschrift: Gut
Ordnung: Sehr gut
Religion: Sehr gut
Deutsch: Gut
Französisch: Gut
Erdkunde: Gut
Rechnen: Sehr gut
Zeichnen: Gut
Musik: Gut
Turnen: Genügend
Bemerkungen: Versetzt nach Klasse V.

Weihnachten 1915 hatte mein Vater die Leutnants-Schulterstücke bekommen, das bräunliche Foto im Wohnzimmer, auf dem vergilbten Passepartout die Unterschriften: Kasino-Weihnachten Arras 1915, IN GROSSER ZEIT, vorn links mein Bursche, prächtiger Kerl treu stramm ergeben immer im Dienst, der Tannenbaum bis unter die Decke des Saals, Rokoko-Stuck wie in Benrath, in der Mitte unser Major, Müller II, aber ganz alte Schule, fiel Sommer 18 als Oberst, ein Vorbild für uns alle Zeit tapfer aufrecht sauber immer im Dienst. Die Kerzen waren angezündet, winzige Lichtpunkte, die Offiziere standen in betont lockerer Haltung im Halbkreis, Major Müller II die Hand im Waffenrock, das rechte Bein leicht vorgesetzt, vorn links der Bursche meines Vaters, Franz, die Hände an die Hosennaht gepreßt, und mein Vater, ein blasses Kadettengesicht.

Klasse Va, Ostern 1935

Allgemeine Beurteilung: Es gilt noch die Beurteilung vom Herbst.
Handschrift. Befriedigend
Ordnung: Befriedigend
Religion: Sehr gut
Deutsch: Gut
Französisch: Befriedigend
Geschichte: Gut
Erdkunde: Befriedigend
Mathematik: Sehr gut
Physik: Gut
Biologie: Gut
Zeichnen: Gut
Musik: Gut
Turnen: Ausreichend
Bemerkungen: Versetzt nach IV a.

Es wäre vielleicht nicht so schlimm gewesen, wenn mein Vater reaktiviert worden wäre. Er war abgewiesen worden, irgend etwas an seinem Herzen war nicht in Ordnung, er rauchte viel, und seit dem Sommer trank er, ich zählte es an den Flaschen ab, für die ich das Flaschenpfand einlösen durfte. Seine Pension war erhöht worden: Oberleutnant a. D. Aber wir lebten von der Leihbücherei, die meine Mutter gleich nach dem Kriege übernommen hatte, Abenteuerromane, Frauenromane, Liebesromane, Kriegsromane, rote gelbe grüne blaue Zettel mit kleinen Scriptol-Nummern auf braunem Packpapier, das die Einbände schützte, mittags mußte ich manchmal den Laden bewachen, blätterte in DURCHBRUCH ANNO 18, DIE LIEBE HÖRET

NIMMER AUF, DER ROTE KAMPFFLIEGER, GOLDELSE, PFAFFENSPIEGEL, MACHT MIR DEN RECHTEN FLÜGEL STARK , ZWEI MENSCHEN, GESPENSTER AM TOTEN MANN, ALT-HEIDELBERG DU FEINE, MEINE KRIEGSERINNERUNGEN, HEIDESCHULMEISTER UWE KARSTEN.

Mein Vater hatte es als Vertreter versucht, Weine, Wäscheaussteuern, deutsches Leinen, völkische Literatur, auch mit Versicherungen, Zeitschriften, eine Zeitlang war er Geschäftsführer eines Vorstadtkinos gewesen: Nichts war ihm zum Guten ausgeschlagen. Ich bin eben Offzier, sonst gar nichts. Er sagte: Offzier. Keinen Schritt zurück, mein Junge, alles für, immer im Dienst, bis zum. 1940 wurde er dann doch wieder einberufen, Hauptmann plötzlich, später Intendanturrat, eine Lebensstellung, mein Junge. Fürs Vaterland. Er starb im Januar 1945 bei der Verteidigung eines Lagers mit Marketenderwaren gegen zurückflutende deutsche Truppen, in der Nähe von Litzmannstadt, an einem Herzschlag. Man ist eben Offzier, mein Junge, oder man wird es nie. Reiß dich doch endlich zusammen! Als wir bei Tarnow und Gorlice, mein Junge.

Ich war ein Jahr lang Oberfähnrich, etwas länger als ein Jahr. Das gibt es doch gar nicht, Junge, was hast du denn ausgefressen, da muß doch was sein!

In meinem Falle gab es das, Oberfähnrich von Rath, die Beförderung kam nicht, niemand wußte warum. Vielleicht war es die Geschichte mit – den Namen habe ich nicht mehr im Kopf, sehr blond, etwas füllig, verrückt, ihr Mann war Oberstleutnant, Ritterkreuzträger, Beziehungen zu OKH OKW, was weiß ich. Als es rauskam, war nichts mehr zu machen für mich, vielleicht wäre es sogar zu einem Ehrengerichtsverfahren gekommen, wenn nicht der Oberstleutnant verhaftet und aufgehängt worden wäre, das muß im Dezember 44 gewesen sein, ich war damals schon nicht mehr in Potsdam. Im Januar 45 wurde ich Leutnant. Ich weiß nicht, ob mein Vater die Nachricht noch bekommen hat.

Klasse U III a, Herbst 1936

Allgemeine Beurteilung: Helmuths Leistungen und sein Verhalten in der Klassengemeinschaft lassen zu wünschen üb-

rig.
Handschrift: Befriedigend
Ordnung: Befriedigend
Religion: Gut
Deutsch: Befriedigend
Französisch: Ausreichend
Englisch: Mangelhaft
Geschichte: Befriedigend
Erdkunde: Ausreichend
Mathematik: Gut
Physik: Befriedigend
Biologie: Ausreichend
Zeichnen: Befriedigend
Musik: Befriedigend
Turnen: Ausreichend
Bemerkungen: Die Versetzung ist gefährdet.

Friedrich Wilhelm von Rath las die *Deutsche Wochenschau.* Für lebendige Volkseinheit! Der sogenannte Friedensvertrag begründet seine ungeheuerlichen Entschädigungsforderungen und die beispiellose Ausbeutung Deutschlands mit der Lüge von der alleinigen Schuld Deutschlands am Kriege. Lest Ludendorffs neues Buch *Kriegshetze und Völkermorden*! Kameraden! Kauft bei Kameraden! Kauft bei Deutschen! Die überstaatlichen Mächte sind eine Ausgeburt der Lüge. Sie allein haben den Weltkrieg entfesselt, ihn trugvoll beendigt, in anderer Form aber fortgeführt und mit Hilfe des jüdischen Verräters und Dokumentenfälschers Eisner Deutschland im Versailler Haßvertrag frech die Schuld am Weltkriege aufgebürdet. Rein völkische Reisebuchhandlung sucht tüchtige Bücherreisende. Willst du General Ludendorff als Frontsoldat unter Frontkämpfern sehen, so schmücke deine Wand mit dem Kunstwerk LUDENDORFF VOR LÜTTICH, das der Kunstmaler Toepper nach Studien an Ort und Stelle gemalt hat. BÜCHER VOM DEUTSCHEN GOTT. Die Wahrheit über freimaurerische Aufklärung.

Helmuth von Rath las die *Deutsche Wochenschau.* Vertarnung der Kriegsschuld durch die Weltverschwörer. Suche Wohnung bei anständigem Deutschen; Freimaurer-, Jesuiten- und Judenknechte brauchen sich nicht melden. Der Herr Bundesführer Exz. v. Bronsart hat mich lt. Schreiben vom 11. Januar zum Führer der Ortsgruppe Kaukehmen ernannt. Und die Eignen stehn dabei, freveln mit in Büberei, knechtisch wedeln deutsche Hunde, wedeln sich das Brot vom Munde. Kauft bei Kameraden! Kauft nur bei unseren Inserenten!

Frau Alma von Rath las den *Generalanzeiger* und die Bücher ihrer Leihbücherei, damit sie den Kunden das Rechte empfehlen konnte. Ihr Sohn las zwischen seinem siebenten und 18. Lebensjahr die Regale der Leihbücherei entlang. Das schadet dem Kinde nicht, im Gegenteil, Volk der Dichter und Denker. Die Werke meiner Leihbücherei sind ausnahmslos völkisch und sittlich einwandfrei und können bestens empfohlen werden.

Helmuth von Rath las vom Leben und Leiden der besseren und der besten Gesellschaft: Die Gräfin Trachenberg zeigte höhnisch auflachend ihr perlengleiches falsches Gebiß. In diesem Augenblicke ist jedes deiner Worte ein wohlüberlegter Messerstich. Unwillkürlich fuhr die junge Frau mit der krampfhaft geballten Faust nach dem Herzen – was quälte sie plötzlich für ein unerklärliches Weh? Mit einem stummen Aufblick, als werde die Marter einer tödlichen Angst von ihm genommen, hielt er die bebende Frau in den Armen. Die Herzogin fuhr mit einem völlig veränderten Gesicht herum. Die junge Frau bebte in sich hinein.

Er las von echter deutscher Liebe: Tausendmal tanzende, törichte Tollheiten wirbeln in meinem Kopf! Lauter lachende Liebe in meiner Brust. O du mein lieber, geliebter Schulmeister! Weißt du noch, mein Uwe, als ich zu dir kam? Weißt du noch, wie du mich küßtest? Weißt du, wie die ganze Welt um uns versank und nur eine Insel übrigblieb? Die Insel der Seligen. Darauf waren wir beide. Ein lautes Wort könnte das Glück verscheuchen, das heilige Glück, das auf dieser gesegneten Schwelle wohnt. Außerordentlich fein empfunden und meisterhaft dargestellt ist das Wachsen einer großen und reinen Liebe zwischen zwei Menschen, die beide den harten Kampf mit dem Leben freudig und glückvoll aufnehmen läßt. Umrahmt ist das ganze Buch mit seinen großen sittlichen Werten von wundervollen Tiefdruckbildern. Ein Buch voll erhabener Ruhe und

Schlichtheit. 495. Tausend.

Er las vom deutschen Heldenkampf IM FELDE UNBESIEGT zu Lande zu Wasser und in der Luft, FRONTERLEBNIS FRONTGEIST KAMERADSCHAFT BIS ZUM LETZTEN MANN MÄNNER KERLE MANNESMUT. Dwinger Richthofen Beumelburg Löns Bloem Zöberlein DER GLAUBE AN DEUTSCHLAND, Adolf Hitler: HIER IST DAS VERMÄCHTNIS DER FRONT NIEDERGELEGT MAN HÖRT DAS HERZ DER FRONT SCHLAGEN DEN QUELL JENER KRAFT DIE UNSERE UNVERGÄNGLICHEN SIEGE: und mit gebrüll stürzen wir hinaus ins freie und werfen uns dem anstürmenden haufen entgegen schüsse klatschen und peitschen vorbei entsetzt weichen sie vor uns zurück seitengewehre zucken in blaugraue leiber die gar nicht an widerstand denken und sich einfach zusammenhauen lassen stierende entsetzte schwarze gesichter in denen die blasse feigheit steht ein heulen geht uns durch mark und bein der sergeant weber drischt einem neben mir das schädeldach knirschend zusammen und ich knalle mit der pistole in zuckende gestalten und als mein magazin leer ist schlage ich einem schwarzen die faust mit der pistole in das bleckende affengesicht. – Denn – wir müssen ja das Licht in die dunkle Welt tragen. DER HERANWACHSENDFN JUGEND IST ES DAS ERBE DER FRONT!

Vor dem Einschlafen las Helmuth von Rath in den Memoiren des Herrn Giacomo Casanova, die er im Bücherschrank seines Vaters, in der zweiten Reihe hinter der Großen Illustrierten Geschichte des Weltkriegs, UNSEREN GEFALLENEN KAMERADEN!, gefunden hatte, zehn gelbe Leinenbände, von denen er jeweils nur einen mit in sein Zimmer nahm: FÜR DIE JUGEND HABE ICH DIESE DENKWÜRDIGKEITEN NICHT GESCHRIEBEN. Bald berührten meine gierigen Hände alles, was meine Lippen nicht erreichen konnten. Stürzte mich auf sie und ließ eine um die andere vor Liebe und Wollust vergehen. Erschöpft, aber nicht gesättigt, verließ ich sie bei Tagesanbruch. Fünf Stunden verschwendeten wir aneinander alle Wonnen der Wollust. Dabei machte sich das schamlose Weib daran, mich ganz zu entblößen. DIE JUGEND MUSS VOR DEN GEFAHREN BEWAHRT UND DESHALB IN UNWISSENHEIT GEHALTEN WERDEN.

Der Motor sprang nicht an. Als der Anlasser wieder und wieder sein gedämpftes Schnurren hören ließ, sah der Parkwächter von der Einfahrt herüber.

Helmuth beugte sich vor, als könne das helfen, ließ wieder den Anlasser spielen, noch einmal, horchte, schüttelte den Kopf, ungläubig.

Der Parkwächter kam langsam heran, legte zwei Finger an den Mützenschirm. Will er nicht?

Helmuth hob die Schultern, drehte den Zündschlüssel. Der Motor sprang nicht an.

Amerikaner!, sagte der Parkwächter verächtlich, Triumph in den Augenfalten.

Die Kühlerhaube spannte sich riesig gegen den Himmel, Wolkenschatten im blauen Spiegel, sanft, blank. Das matte Schnarren des Anlassers, noch einmal.

Schlecht für die Batterie, sagte der Parkwächter. Was kann er denn haben?

Weiß ich? Helmuths Schläfen waren gerötet. Ich kenn' den Schlitten auch nicht genau.

Die Schirmmütze wandte sich ab, einem Mercedes in der Einfahrt zu. Der Parkplatz war fast leer, früher Nachmittag, der Parkwächter winkte eifrig, blieb dann vor dem Kühlergitter stehen, bis der Fahrer umständlich das Schiebedach geschlossen, den Hut aus dem Nacken geschoben, die Tür geöffnet hatte. Sie sah, wie der Parkwächter etwas sagte, wie er sich verbeugte, sich bedankte.

Wird nichts! Helmuth stieg aus, öffnete die Kühlerhaube. Der Parkwächter sah ihm zu. Vielleicht ist die Zündspule durchgebrannt? Helmuth schraubte verbissen an irgend etwas. Gibt es hier keine Werkstatt, wenigstens eine Tankstelle?

Der Parkwächter machte eine unbestimmte Bewegung zur Sonne hin. Ungefähr sechs Kilometer, sagte er. Vielleicht ist nur die Düse verstopft? Oder das Schwimmerventil, manchmal liegt es am Schwimmerventil!

Wir sind glatt gefahren bis hierher, sagte Helmuth.

Na ja, sagte der Parkwächter, die Amerikaner!

Seine Mütze schob sich unter die Kühlerhaube. Acht Zylinder!, sagte er, halb bewundernd. Aber gehen tut er nicht.

Später lehnte er wieder an der Stützmauer neben der Einfahrt. Das Restaurant winkte mit rotweißen Jalousien. Sie stieg aus, ging um den Wagen herum, breit sanft füllig Luxus. Helmuth hatte schmutzige Finger, er richtete sich auf, kopfschüttelnd. Ich weiß nicht, was das sein kann. Und um 5 soll ich in Göttingen sein! Das kostet mich einen halben Tag, jawohl, einen ganzen Tag, und dann erklär' dem Mann mal, warum das Auto nicht anspringt, das er kaufen soll!

Was hast du für Hände, sagte sie.

Wir hätten eben auf der Autobahn bleiben sollen, sagte er. Da gibt's immer Hilfe. Scheißberuf.

Er wischte seine Hände an einem Lappen ab, vergebens. In meinem eigenen Wagen hab' ich immer diese, wie heißen sie noch, diese Parfümtücher aus Papier. Na ja. Ich ruf' mal von der Wirtschaft aus an. Wartest du hier? Hoffentlich kommt jemand.

Vielleicht, wenn du dem Wächter ein Trinkgeld gibst – daß der uns hilft?

Der versteht doch auch nichts davon!

Sie sah ihn den Weg zum Restaurant hinaufgehen. Sie wunderte sich, daß sie ihn liebte.

Der Parkwächter kam wieder herüber. Er will nicht?

Er nahm die Zigarette. An sich ja ein doller Wagen, sagte er. Aber was meinen Sie, warum die Amis jede Menge von unseren Volkswagen kaufen? Zuverlässig, sage ich Ihnen, das spricht sich rum. Deutsche Wertarbeit!

Dann sprach er von Zündung, Kerzen, Batterie, Düse, Schwimmer Starter Pol, Kabel Kerze Kohle Strom Kontakte, Zündfolge, Unterbrecher, Unterbrecherkontakte, aber die Amis, die Neger, die Juden, Kraftstoffpumpe Vergasergestänge Luftfilter Schmutz Schmutz, die Amerikaner. Die sollen bloß still sein, als ob die!

Helmuth kam zurück. In einer halben Stunde soll jemand kommen. Hoffentlich weiß der Bescheid. Wenn wir Ersatzteile brauchen, sitzen wir hier bis übermorgen.

Er ließ sich in den Vordersitz fallen, klimperte mit den Wagenschlüsseln. Und der Mann in Göttingen ist sauer! Eigentlich könnten wir gleich umkehren. Aber vielleicht wird doch noch was draus, hängt einiges dran für mich, der Schlitten steht schon fünf Monate bei uns herum, wenn ich den losschlage!

Tut mir leid, du, wirklich.

Schlimmstenfalls übernachten wir kurz vor Göttingen, dann bin ich morgen früh gleich.

Wird schon.

Eben mein Beruf.

Wenn nur bald.

Halb vier schon, Scheiße. Verzeihung.

Tut mir wirklich leid, du.

Hast du was?

Schmutzig.

Ja.

Fragst du fragst: Wenn ich das wüßte, weißt du denn genau warum und? Zehn Jahre älter ist er, er wollte mich gar nicht, nicht heiraten, verstehst du, er nicht, er weiß schon. Aber ich, ich wollte! Nein du nicht bitte nicht, nicht jetzt. Ich muß gleich mal nach ihm sehen, es geht ihm wirklich nicht, und gestern hat er die halbe Kabine, widerlich dieser Geruch, schon als Kind, schrecklich. Sei doch vernünftig jetzt bitte, bitte nicht, Bob. Hab' ich dir das nein hab' ich dir nicht erzählt, 45 in Berlin, im Keller, unsere Villa in Grunewald, tagelang wochenlang weiß nicht wie lange im Keller, da sind wir sicher, Beton, bombensicher, und dann – Else hieß sie, unser Mädchen, sie war aus der Gegend von Königsberg, hinter Königsberg, damals war das schon alles hin, Festung Königsberg, aber sie hatte es ziemlich gut bei uns, so ein Bilderbuchküchenmädchen mit roten Spülhänden, Weingläser zerbrach sie beim Anfassen, und weil sie groß war und kräftig, dachte ich, es hätte ihr nicht so viel ausgemacht, ja, wir hörten die drei zuerst über uns poltern, dann kamen sie, Soldaten, mir haben sie nichts getan, 13 war ich und dünn, Else hat sich auch nicht gewehrt, nur meine Mutter schrie, ganz leise, man kann das, leise schreien. Später sind wir zusammen fortgegangen, gelaufen sind wir, gerannt, gestolpert, irgendwohin, weiß nicht mehr, aber der Geruch lief mit uns, am Abend kamen wir irgendwo unter, frag mich nicht wo, da waren schon zwanzig andere, aber der Geruch, Else hatte sich erbrochen danach, widerlich, am anderen Tage war es immer noch da, tagelang, schrecklich. Bitte nicht Robert nicht jetzt du. Im Grunde ist er kein schlechter Kerl, wirklich, du siehst ihn natürlich mußt du ihn anders sehen, aber. Ja du liebe dich. Bitte du. Warum heiratet man irgend jemand, weißt du das, warum hast du deine Frau geheiratet, wenn sie dich nicht versteht, warum? Das ist alles längst vorher passiert, zu spät zum Fragen, was fragst du. Er ist nicht schlecht, bestimmt nicht. Natürlich, er sieht nach nichts aus, das sehe ich auch. Aber wenn er die richtige Frau geheiratet hätte wenn er wenn ich nicht – das ist es eben: Was weißt du warum und warum nicht? Damals dachte ich eben ich dachte: Der, das ist der Mann ein Mann für mich mein Mann. Kein Aufsichtsrat kein Doktor unsere Kreise kein Adel, verstehst du, das hatte ich satt bis, einfach satt. Mein Vater war erst 51 zurückgekommen, Kriegsverbrecher, begnadigt, verraten betrogen nur meine Pflicht getan, das gab es dreimal täglich mindestens dreimal, aber sonst war alles wie früher wie immer, beinahe jedenfalls, nicht ganz, weil er ein schlechtes Gewissen hatte, verstehst du: Die Aktien stiegen wieder, der Garten war gepflegt wie vorher, nach einem halben Jahr paßte er wieder in seine Vorkriegsanzüge hinein, Haus Rasen Rhododendron Gärtner Mädchen Chauffeur, alles wie früher, als er Herr gewesen war Vater Beschützer Gott, was du willst, eben der Herr des Hauses, Dr. Adalbert Krüdener, Major der Reserve, tapfer natürlich männlich mutig stolz: Aber zwei oder drei Russen hatten es mit seiner Frau gemacht, verstehst du, er hatte sie nicht beschützen können, das war es, und er wußte das, vergaß es nie mehr. Trotzdem tat er so, wir taten alle so, als wäre alles wie früher, Kohle Stahl Maschinenwerte Elektrowerte IGFarbennachfolger Dividenden, die Koksheizung wurde auf Öl umgestellt, neben den Steingarten wurde ein strahlendblauer Swimming-pool in den Rasen gesetzt, die ersten deutschen Soldaten wieder mit neuen Uniformen, unter neuen Helmen, nun siegt man schön – verstehst du, so war das, und das Fräulein Tochter studiert natürlich, Bildung alles ein bißchen, Kultur, was man eben studiert, etruskische Sarkophage, die Stifterfiguren am Naumburger Dom, Kant *a priori a posteriori*, ein Semester und noch ein Semester, noch eins, in den Semesterferien nach Italien, Berninis Kolonnaden, Raffael, Michelangelo, und in einem Hotelzimmer in Pisa, ausgerechnet, ich weiß nicht einmal mehr, wie er hieß, kaum wie er aussah, aber es war in Pisa, das weiß ich, und es war heiß, wir hatten getrunken, er war ungeduldig, er tat mir weh, und ich liebte ihn nicht, überhaupt nicht keine Spur warum auch, nur mal so, endlich, verstehst du, man kann doch nicht Jahr für Jahr Fräulein Krüdener, reifen und rein bleiben, ich hielt das nicht mehr aus, alles, ich wollte nicht mehr. Nein bitte nicht jetzt nicht, bitte, du, Bob. Na ja, und dann noch ein Semester,

Giotto, Dürers frühe Holzschnitte, noch ein Semester, die Würzburger Residenz, was soll das wollte das wußte ich nicht, nur so. Dann starb mein Vater, plötzlich, meine Mutter rief an, da war er schon tot. Wir hatten kaum noch miteinander gesprochen, verstehst du: geredet natürlich, Konversation füllt Pausen und Zwischenräume, aber nicht gesprochen wie Vater und Tochter, nicht so wie man, nicht richtig, obwohl ich wußte, daß er traurig war, das wußte ich, er sprach auch nicht mehr mit meiner Mutter, nur das Tägliche. Ja, und ein halbes Jahr später traf ich ihn, wie in billigen Illustriertenromanen, höhere Tochter und schlichter Mann aus dem Volke – es war eine Zählung, glaube ich, irgendwas, oder eine Sammlung, jedenfalls stand er mit einer amtlichen Liste auf dem Flur des Studentenwohnheims, grau nüchtern korrekt, er ließ sich nicht abweisen, wollte wissen oder mußte wissen, was oder wieviel oder, ich weiß nicht mehr was, er würde es sicher heute noch wissen, Beamter Pflicht Ordnung, und er machte seine Sache gut, glaube ich, obwohl er damals noch unsicherer war – lach nicht, er ist eben so kann nichts dafür, jetzt sitzt er in der Rechnungsprüfungsabteilung, lach doch nicht, das ist nicht zum Lachen, und bitte, er darf nichts wissen, ja, es würde ihn umwerfen, wenn er wüßte, daß du wir, er darf das nicht merken, verstehst du, bitte, das hält er nicht aus. Natürlich kannte ich ihn nicht, wie denn, ich kannte überhaupt kaum Menschen, meine Mutter vielleicht, meinen Vater ein bißchen, Else damals, sonst nur Schulfreundinnengeplapper, und dann ein paar Studenten, die alle dasselbe wollten, ich hatte damals so etwas wie einen Ruf, konnten sie haben, mir war das gleich, beinahe, damals. Nein jetzt nicht bitte. Ich hielt ihn fest, ich wollte ihn, genau den, gerade ihn, den wollte ich, keinen anderen, Verwaltungsinspektor Schmella, und weil ich gewohnt war, daß ich bekam, was ich wollte – zuletzt hatte ich ihn. Eigentlich müßte er mir leid tun, wirklich, manchmal tut er mir leid. Verstehst du? Weil er so ist, zehn Jahre älter, sparsam ordentlich sauber exakt immer korrekt, und er wußte schon damals genau, wie sein Leben unser Leben – er setzte sich Daten Termine, und meistens stimmten sie dann, das tut er noch heute, jeden Monat ein Pfandbrief, das gibt in fünf Jahren in zehn Jahren in fünfzehn Jahren, er hat die Zahlen im Kopf und kann sie dir herbeten mit Zinsen und Zinseszinsen, ganz genau. Er ist eben so. Du siehst ihn nicht richtig kannst das nicht. Ich konnte ihn auch nicht sehen, damals, nicht so, wie er war. Nur einmal, kurz vor der Hochzeit, natürlich war meine Mutter dagegen, alle waren dagegen, die ganze Verwandtschaft bis ins fünfte Glied: ein Verwaltungsinspektor, niemand verstand mich, wieso auch, ich sah damals noch ziemlich jung aus ziemlich gut, blonde Unschuld, keiner wußte von mir, auch meine Mutter nicht, obwohl das für mich dann den Ausschlag gab, daß wir gut waren zusammen, verstehst du, gerade auch dann, ja, im Bett, so etwas tut man nicht bei Krüdeners, in unseren Kreisen tat man das nicht, damals, aber ich hatte eben das Alter und dachte: Das ist er, mein Mann, gerade der – so wie er war. Aber kurz vor der Hochzeit fuhren wir dann zu ihm nach Hause, zum erstenmal, Sonntagnachmittag, er hatte mir wenig erzählt von zu Hause, Sozialwohnung nahe dem Güterbahnhof, der Vater Lokomotivführer, genau: Reservelokomotivführer, das muß ein Dienstrang sein bei der Bahn, seine Mutter war stolz darauf, sein Vater hatte Dienst am Nachmittag, kam erst abends zurück. Eine jüngere Schwester war da, freundlich, schon breit, füllig, inzwischen auch lange verheiratet, vier oder fünf Kinder, ich zähle schon gar nicht mehr, ein braves Mädchen, das der Mutter half, den Sonntagnachmittagskaffeetisch zu decken, Napfkuchen mit Puderzuckerkrone, goldgerandetes Porzellan, gehäkelter Kaffeewärmer rosa, über dem Sofa das Hochzeitsbild, oval, Unteroffiziersschnurrbart und EK II, und sie sah ihn an – so war sie immer noch, ist sie noch heute: Er war ihr Herr, sie diente durfte ihm dienen, und als er gestorben war, später, wurde der Sohn der einzige Sohn Er ihr Sohn tüchtig begabt klug war dann einfach der Herr, ganz selbstverständlich. Schon damals: Sie zog ihm die Schuhe aus, buchstäblich, sie brachte Pantoffeln für ihn, nach der beschwerlichen Reise, 80 Kilometer im D-Zug, die Schwester huschte zur Küche, kam wieder mit frisch geschlagener Sahne, viel zuviel, ein Berg von Sahne. Sie sahen erwartungsvoll zu ihm hin, als er den ersten Schluck Kaffee trank – er trank ihn nicht, er nahm ihn, nickte dann, sagte: Gut, recht gut. Vom Besten!, sagte die Mutter, demütig, stolz.

Verstehst du? Wie in einem alten Film, ein schlechter Traum, noch nicht mal komisch, nicht mal verrückt. Das mußt du nicht wichtig nehmen, sagte er bei der Heimfahrt. Das ist eben so – Familie. Sie sind das gewohnt. Ich nahm das nicht wichtig, damals, nicht wichtig genug. Verstehst du? Lach doch nicht! Verstehst du das nicht?

Ein Fenster leuchtete, links parterre, das Badezimmer, Lemmel hat Frühdienst. Vom Rangierbahnhof das Scheppern von Puffern, Kupplungen, ein Pfiff. Die anderen Fenster tote Flecken im dunklen Verputz, Garderobe Bad Küche Wohnzimmer, dreimal links, dreimal rechts. Die Haustür war nicht abgeschlossen, er öffnete sie langsam, lautlos, damals hatte er sie geölt, wie oft wie lange her, Paps' drohende Stirn am anderen Morgen, wenn er ihn spät hatte kommen hören zu spät: Solange du deine Füße unter meinen Tisch herrscht Ordnung dulde ich nicht verstanden?! Vorsichtig ließ er die Tür zuschnappen, tastete sich zur Treppe hin, immer noch der feuchte Kellergeruch im Treppenhaus Kartoffeln Kohlen Moder Verbotenes mit Irma in der Nische neben dem Kamin Irma Lemmel nie wieder so warme Haut weiche Haut darfst du nicht bitte du nie wieder so. Er stieg rasch die Treppe hinauf, setzte wie damals die Füße ganz nahe an die Wand, da knarrten die Stufen nicht wußte er noch, lautlos, fast lautlos. Schritte in Lemmels Flur, unten, er atmete auf, als er vor der Wohnungstür stand: EBERHARD SCHMELLA, noch in der halben Dunkelheit erkannte er den abgegriffenen Fleck unter dem Klingelknopf. Plötzlich erschrak er, die Handschuhe im Wagen vergessen Fingerabdrücke kann man beweisen findet man immer soll ich zurück keine Zeit mehr wird hell die Kinder Mama umkehren oder Lemmel trifft mich erkennt mich Herbert was machst du denn Herbert wie geht es dir immer noch Herbert darf mich nicht sehen niemand kein Mensch. Natürlich war ich zu Hause. Ich werde doch nicht in der Nacht. Warum sollte ich ausgerechnet. Das ist eine ganz infame. Verrückt. Natürlich habe ich zu Hause geschlafen. Nicht umkehren jetzt unmöglich nie wieder so günstig WIE SIE MIT WENIG GELD VIEL GELD MEHR ALS ZINS DIE RENDITE. Er hatte schon die Wohnungsschlüssel in das Schloß geschoben, Metall auf Metall, vertraut, das leise Knacken, Mama hat zweimal umgeschlossen schließt immer zweimal um daß keiner kein ungebetener kein Verbrecher man weiß doch heute was alles passiert. Er stieß die Tür mit der Schulter auf, keine Spuren, schob sie geräuschlos wieder zu, drückte den Türgriff von innen mit dem rechten Ellenbogen nieder, langsam, glitt ab der Griff schnellte hoch der Schlag der Klinkenfeder wie ein Schlag schlägt alles zusammen, solange du deine Füße dulde ich nicht verstanden verstanden?! Niemand kam. Nichts. Niemand hatte etwas gehört.

Viertel nach 4, eine Viertelstunde über die Zeit, eine Stunde Rückfahrt, halb 6 wieder zu Hause, niemand hatte ihn fortgehen fortfahren niemand hatte gehört gewußt geahnt. Er mußte es schnell finden gleich wo hatte Mama verrückt ohne Zinsen BARGELD rausgeschmissenes Geld 3000 Mark BARGELD verrückt AUCH DER ZINSESZINS SPIELT BEIM AUFBAU EINES VERMÖGENS wie kannst du Mama wie kann man wie kannst du nur WIRTSCHAFTLICH SPARSAM sei doch vernünftig doch Unsinn. Kein Licht anschalten keine Spur kein Verdacht VORSICHT die Taschenlampe das Schlüsselbrett Holzbrandverzierungen Holzbrandschrift OHNE FLEISS KEIN PREIS irgendwann Weihnachten Mama für dich gemacht selbst gemacht er wußte noch den Geruch wie das Holz verglimmt. Jeder Schlüssel mit einem Schild KELLER BODEN WOHNZ. SCHLAFZ. HERBERT MANS.

Er nahm sein Taschentuch, gottseidank sauber, legte es um die Hand, faßte behutsam den Schlafzimmerschlüssel wahrscheinlich im Kleiderschrank unter dem Kopfkissen Matratze vielleicht in der Wäschekommode 3000 Mark ohne ZINSEN ZINSESZINS Bargeld verrückt Mama närrisch wie kannst du DIE BESTEN ZINSEN SIND DIE WIEDERANGELEGTEN ZINSEN glaub mir doch will ja gar nicht dein Geld ALLE AUSGABEN SIND ZU BELEGEN meinetwegen kannst du es Edelgard meinetwegen schenke es ihr wenn sie es unbedingt aber bis dahin ZINSEN ZINSESZINSEN verstehst du das nicht RENDITE versteht sie nicht Edelgard bettelt so lange was muß sie auch bauen wir haben auch nicht gebaut soll sie doch selber sparen solide was muß sie fünf Kinder Karnickel Edelgard will nur das Geld 3000 BARGELD bettelt so lange bis Mama meinetwegen aber nicht ohne ZINSEN RENDITE kann man doch nicht verschenken. Irgendwo muß das Geld sein hat sie das Geld versteckt. BARGELD. Natürlich nicht unter dem Kissen Matratze zwischen

Matratze und Unterbett Matratzenschoner nein nichts. Keine Spuren am Tuch am besten so tun als wäre ein Fremder ein Dieb ein Einbrecher alles zerwühlen vielleicht zuletzt auch das Türschloß mal sehn wenn ich Zeit. Wo hat sie wo. 3000 Mark oder mehr keine ZINSEN verrückt ohne ZINSESZINSEN. Der Kleiderschrank abgeschlossen aber der Schlüssel immer noch in der grünen Kristallglasschale auf der Frisierkommode, Haarspangen Haarklammern, da. Oder aufbrechen einbrechen EINBRECHER sieht echt aus viel echter. Aber er brachte es nicht über sich: Mamas Schlafzimmer Elternschlafzimmer polierte Eiche wie oft poliert immer wieder poliert blank keine Schramme Politur. Vorsichtig faßte er den Schlüssel mit der Taschentuchhand, schloß auf, die Tür quietschte immer noch, er erschrak vor dem Schatten im Spiegel, einer ein Fremder ich. Hinter der Hutschachtel Mottenpulvergeruch ÄRZTLICHER RATGEBER immer noch vor den Kindern versteckt Eltern CONDOM nichts für Kinder EINFÜHRUNG SPÜLUNG MAN FRAGE DEN HAUSARZT spielen wir Doktor Irma deine weiche Haut warme Haut laß mich du laß das – Mamas Kleider, Paps' Uniform, immer noch, vielleicht in der Handtasche, nichts, Vorsicht Fingerabdrücke. Natürlich war ich zu Hause habe geschlafen natürlich. Er zog das Taschentuch fester um die Hand zusammen, steckte die linke Hand in die Hosentasche nichts anrühren berühren Vorsicht. Strümpfe Leibwäsche Scham tut mir leid Mama Scham tue das nur weil es vernünftig doch einfach unvernünftig Geld ohne ZINSEN VIEL GELD VERDIENEN muß jeder verstehen. Nichts, wieder nichts, hinter den Kissenbezügen nichts, doch, ein Kasten, verschlossen, 3000, er zerrte am Deckel, riß, das Schloß gab nach, Briefe, alt, FELDPOST, alte Briefe nichts, gräßlich, halb 5 gleich muß ich muß wieder sonst wird es zu spät zu hell halb 6 muß ich unbedingt wieder zu Hause sein. Die Kommodenschubladen waren nicht abgeschlossen, schnell, Bettzeug unten, ein rotes Kopfkissen, in der Mitte verrückt sowas aufzuheben Kinderschuhe Babyjäckchen Wut packte ihn, warum das alles warum hört sie nicht folgt sie nicht muß sie doch einsehen ZINSEN in knapp elf Jahren verdoppelt ohne Risiko sei doch vernünftig Mama WIRTSCHAFTLICH nun sei doch endlich. Mamas Schublade oben links, Tablettenröhrchen, Zettel, Klammern, Spitzen, Rabattmarken, Kofferschlüssel, hinten das raschelnde Papier mit dem silbernen Myrtenkranz versilbert wertlos, Watte, nichts nichts. Papas Schublade immer noch Papas Schublade der Schlagring man muß sich wehren können mein Junge Papas Brieftasche leer, jeden Abend legte Papa seine Brieftasche in die Schublade, natürlich nichts, Manschettenknöpfe ZINSEN ZINSESZINSEN Gummibänder Sockenhalter Zahnstocher Wäscheklammern, wieso Wäscheklammern in Papas Schublade auch nichts. 3000 Mark. Also im Sekretär Omas Sekretär, der Schlüssel WOHNZ. muß ich jetzt halb 5 vorbei muß doch zu finden sein. Die Straßenlaternen machen das Zimmer hell, vertraut, alles an seinem Platz, auf der heruntergeklappten Schreibtischplatte die Fotos WEIHNACHTEN 1967 ich Peter Clemens Karin ich ein Papier Telegramm BITTE SOFORT KOMMEN HERBERT. Hastig zog er die Schubladen auf, sah sie fühlte sie durch wühlte ließ sie halb offen ganz offen zwanzig vor 5 wird Zeit höchste Zeit was soll ich wo. Das Geheimfach natürlich. Er drückte die kleine Leiste in der geschnitzten Konsole zurück, nach Papas Tod erst hatte Mama ihm das Geheimnis verraten, Edelgard wußte es nicht, der Spiegel klappte auf, Papiere Papiere Zeugnisse Urkunden Siegelmarken geboren gestorben die Ehe mit Stempelgebühr ICH BIN DER WEINSTOCK aber kein Geld nichts nichts. Er setzte sich, ließ den Kopf auf die Platte sinken, schreckte hoch Spuren Abdrücke wischte die Platte blank. Wo konnte wo überhaupt noch irgendwo muß doch 3000 Mark Bargeld ohne ZINSEN AUCH DER ZINSESZINS SPIELT BEIM AUFBAU EINES VERMÖGENS verschenkt Edelgard bettelt so lange alles umsonst. Viertel vor 5. Zu spät. Er stand auf. Das Hochzeitsbild Papa hätte das auch nicht gebilligt Mama versteht nichts davon mein Junge Papa ist einverstanden RENDITE 6,4 Prozent verstanden?! Nützt nichts alles umsonst.

Sein Zimmer war nicht abgeschlossen immer noch HERBERT immer noch mein Zimmer größer als Edelgards Mansarde freiwillig gebe ich doch mein Zimmer gebe ich nicht her HERBERT wenn ich zu Hause nach Hause will ich mein eigenes Zimmer lasse ich mir nicht nehmen. Alles wie immer. Schon etwas dämmerig keine Zeit mehr ich muß. Unten schlug die Haustür zu,

Sozialbau, Lemmel ging zum Dienst. Mindestens eine Stunde nach Hause Zeit wird es Zeit höchste Zeit keine Zeit mehr. Auf dem Bücherbord noch die Kinderbücher Jugendbücher KARL MAY FRANZ SCHNEIDER DIE AHNEN PHYSIK, die Schreibmappe selbst geklebt Tintenflecke. Bett Nachttisch Nachttischlampe. Er nahm die Schreibmappe abgegriffen verrückt sowas aufzubewahren, blätterte die ausgefransten Löschblattseiten durch, da hielt er den Briefumschlag in der Hand DIN A 5: offen. Eintausend zweitausend total verrückt in einem einfachen Briefumschlag DIN A 5 offen völlig verrückt zweitausendfünfhundert sechshundert siebenhundert Mama dreitausend dreitausendzweihundertzwanzig. WIE SIE MIT WENIG GELD VIEL GELD müßte bestraft werden VIEL GELD. Er steckte den Umschlag ein im Grunde nur für Mama für die Kinder mündelsicher HAST DU WAS DANN, schlich auf den Flur, kein Laut kein Schritt, zehn vor 5. Mit dem Ellenbogen drückte er die Klinke nieder, kein Geräusch fast kein Geräusch, und es gelang ihm, die Tür fast ohne Laut wieder zuzuziehen. Die Treppe, zwei Stufen auf einmal langsamer Vorsicht leise ganz leise ganz an der Wand Irmageruch Kartoffeln Kohlen Kartoffelkeime Irma.

Draußen regnete es, er hatte den Mantel im Wagen gelassen, er lief durch den Regen, verdammt, gleichgültig jetzt, 3220 Mark ZINSEN ZINSESZINSEN, der Wagen vor PAULA BIEL KOLONIALWAREN, um Viertel vor 6 mußte er zu Hause sein, spätestens Viertel vor.

Sie haben mir auf meinen ausführlichen Brief vom 7. letzten Monats bisher leider noch nicht geantwortet, und ich muß Ihnen offen sagen, daß ich darüber enttäuscht bin. Schließlich sollten Sie doch wohl, meine ich, anerkennen, wie intensiv ich mich mit Ihrem Entwurf auseinandergesetzt habe, auch wenn Sie hier oder dort vielleicht meine Auffassungen nicht teilen mögen – oder meinen Sie etwa, ein Verleger könnte für jeden seiner Autoren soviel Zeit erübrigen? Wie dem auch sei: Auf jeden Fall wäre ich Ihnen sehr verbunden, wenn Sie bald einmal mitteilen würden, wie Sie zu den von mir angeschnittenen Fragen- und Problemkreisen stehen. Ihre Frau berichtete mir, daß Sie weiter an Ihrem Romanentwurf arbeiten, und ich gestehe Ihnen, daß diese Nachricht für mich immerhin so etwas wie eine Beruhigung bedeutet hat. Andererseits möchte ich nun aber – verständlicherweise, nicht wahr? – doch gern wissen, in welcher Richtung und in welcher Weise Ihre Arbeit vorangeht. Schließlich geht es dabei ja um einen gewissen Schwerpunkt in unserem nächstjährigen Herbstprogramm, und Sie werden gewiß Verständnis dafür haben, daß ein Verleger nicht einfach ins Blaue hinein planen kann, heute weniger denn je: Die Schwierigkeiten beim Verlegen schöngeistiger Literatur meine ich Ihnen wirklich eingehend dargelegt zu haben. Nebenher darf ich anmerken, daß es natürlich auch für Sie selbst nur von Vorteil wäre, wenn Sie sich ganz ohne Illusionen darüber klarwerden würden, in welcher Form und Gestalt Ihr Roman Aussicht auf Verbreitung hat, in welcher nicht. Dies nur beiläufig; erst einmal erwarte ich jetzt Ihre Antwort.

Stichwort NEUES HAUSTÜRSCHLOSS

Blaßrotes Leder, Saffian, verfärbt, an den Kanten abgenutzt. Der Haustürschlüssel steht mit Zäpfchen und Bart etwas über den unteren Rand hinaus, der Bart mit Mittelbruchsicherung, nicht sehr sicher, aber seit 1908. Sie hatte keine passende Schlüsseltasche gefunden. Such dir selbst etwas aus, schenke ich dir, passend zum. Das Leder umschloß den Wohnungsschlüssel, Kellerschlüssel, Bodenschlüssel; der Haustürschlüssel war zu lang. Muß es doch geben in dem Format, verstehe ich nicht. Bedaure, gnädige Frau, aber heute. Also gut, meinetwegen die da, die rote. Wie kannst du dir so etwas andrehen lassen, war sie wenigstens billig?

Gleich halb 5 schon mir ist kalt du bitte nicht nicht hier können Leute Spaziergänger Bauern.

Mir ist nicht kalt, gar nicht.

Aber nicht du bitte nicht hier nein.

Liebe dich.

Im Rücken der Baumstamm, borkig, gut daß ich den dunklen Mantel, sie spürte die Rinde, Liebe, sie fühlte bewegte den Schoß du fühlte ihn: Nicht du bitte es können Leute. Er drängte gegen sie seine Hand rechte Hand um ihren Hals du, tastete den Hals hinunter der Kragen der Reißverschluß du bitte nicht hier das scharfe Geräusch Reißverschluß reißt auf offen ich bin offen du nimm ja aber der Mantel du Schoß ich.

Kommt schon niemand, sagte er. Schweißtropfen an den Schläfen, schon graue Haare.

Ja, sagte sie, nein du, bitte.

Komm!

Sie fühlte nach ihm. Du bist wir sind verrückt du doch nicht hier nein lieber im Wagen.

Er ließ sie, strich sich das Haar aus der Stirn, heiß, gerötet.

Der hat keine Liegesitze, sagte er, tut mir leid. Vorhin war nichts anderes da.

Sie trat neben ihn, sie fröstelte. Er fuhr sich mit dem Taschentuch über das Gesicht.

Die Weiden werden schon hell, sagte sie.

Wann hast du endlich mal Zeit für mich, fragte er. Das geht nicht so nicht weiter, macht mich nervös, ich –.

Sie öffnete die Handtasche, der Spiegel zitterte, als sie den Lippenstrich nachzog.

Muß das sein? Du weißt doch, ich mag das nicht, das Rot wäscht mir niemand aus meinen Taschentüchern, du ganz bestimmt nicht! Plötzlich griff er wieder nach ihr, du, preßte sie an sich an sie, hart, Benzin Aftershavelotion gepflegt du Mann du Zunge ja Lippen du alles mich nimm mich nein. Sie ließ die Tasche fallen ließ sich, erschrak.

Bitte du der Radfahrer da!

Er sah den Weg entlang, gab sie frei. Hastig hob sie die Handtasche auf, dürres Wintergras gelbbraungraurot dünnes Unkrautgrün. Er zog den Schlips hoch, wischte sich über die Lippen, zündete sich eine Zigarette an, schlenderte zum Wagen zurück.

Der Radfahrer kam langsam über den Feldweg heran, stieg ein paar Schritte lang ab, um der wegbreiten Pfütze auszuweichen, vor der Helmuth geparkt hatte, sonst muß ich den Wagen erst wieder waschen lassen, schwang sich Zeitlupe vorsichtig wieder auf den Sattel, fuhr mit stetigen Bewegungen vorüber, ein ältliches Gesicht unter der blauen Schirmmütze, am Lenker baumelnd eine dünne Aktentasche Frühstücksbrottasche, er nickte ihr zu, Guten Tag, er grinste. Sie knöpfte den Mantel zu. Helmuth sah sich um, plötzlich war er ungeduldig: Um 5 Uhr muß ich wieder im Laden sein!

Sie folgte ihm auf dem trockenen Randstreifen. Die Kinder warten auch, sagte sie.

Morgen und übermorgen bin ich in Hamburg. Aber Donnerstag fahre ich einen Pontiac nach Göttingen, wenn du magst wenn du kannst, bitte, und das Wochenende dann, wenn du willst, also ich könnte schon, das liegt an dir.

Was soll ich denn machen? Sag mir doch was ich machen was ich tun, was soll ich tun? Ich bin verheiratet habe Kinder verstehst du das gar nicht: Kinder!

Verheiratet war ich auch. Aber wenn du mich nicht.

Wie kannst du nur!

Wie du meinst, sagte er, achselzuckend. Jedenfalls fahre ich Donnerstag, vormittags. Wir könnten dann Freitag und das Wochenende, auch ein paar Tage mehr kann ich noch dranhängen, am Bodensee soll es schon schön sein, und im Geschäft ist jetzt noch nicht viel los, in zwei drei Wochen sind wir mitten in der Saison, dann ist erstmal Schluß mit Wochenende und Urlaub und frei. Also, kommst du mit?

Sie sah ihn an: Wie denn wie denn was soll ich stellst du dir das vor? Glaubst du vielleicht, Herbert, und überhaupt, was soll mit den Kindern, auch wenn er sich scheiden läßt, und er läßt sich nicht scheiden ich kenne ihn doch das schadet seiner Karriere, was soll ich denn tun? Und dann – ich frage dich bitte sag mir: Was ist dann soll dann sein danach?

Er öffnete ihr die rechte Tür, ließ sie einsteigen, paß bitte auf die Schuhe. Dann ging er um den Wagen herum, trat gegen die Reifen. Sie hielt ihm die Tür auf.

Wenn du mich wirklich liebst, sagte er.

Stichwort NICHTS AUF DEM SCHREIBTISCH ANRÜHREN

Der Schreibtisch genau in der Mitte der Fensterwand, links und rechts die Übergardinen, gerafft. Der Schreibtischsessel, altdeutsch geschnitzt, genau vor dem Schreibtisch. Die Mittellinie durch Schreibtisch und Schreibtischsessel trifft auf der anderen Seite des Zimmers die Hängelampe über dem Couchtisch, teilt Lampenschirm, Kacheltisch und Sitzbank in zwei Hälften, und die tiefen Sessel sind links und rechts gleichmäßig zur Mittellinie hin angewinkelt.

Herr Schmella erschrak, als er die Wohnung besichtigte: Riesenräume, Riesenfenster, lichte Höhe 3,15, rühmte der Makler, ausgesprochen hochherrschaftlich, riesenhaft, Messing, Milchglas, Eichenparkett, repräsentativ! So etwas finden Sie heute eins auf tausend, finden Sie nie mehr, und das zu dem Preis, 129 Quadratmeter reine Wohnfläche, die Balkons noch nicht mal gerechnet – geschenkt!

Die Miete war niedrig, 1957, relativ niedrig. Viereinhalb Zimmer, Küche, Diele, Bad, Garderobe, Toilette. 6500 Mark Verlorener Zuschuß für die Renovierung.

Haben wir nicht.

Maklergebühren drei Prozent der Zehnjahresmiete.

Wie soll ich kann ich.

Aber ein Traum, sein Traum, herrschaftlich weit, blanke Beschläge an allen Türen, Gold auf Weiß, blaue Kachelblumen in Bad und Toilette, fürstlich geschwungene Gitter an den Balkons, leise klirrende Schiebetüren zwischen Wohnzimmer und Eßzimmer, eigentlich Herrenzimmer und Speisezimmer, beide Räume zusammen 60 Quadratmeter groß. Fast ein Saal. Ein richtiges Herrenzimmer. Ein Traum. Ein Hausmeister. Beste Wohnlage, vier Minuten zum Kaiserpark. Also wirklich geschenkt, sage ich Ihnen, einmalig, und wenn Sie nicht, bitte, ich habe mindestens fünfzig Interessenten.

Das Geld lieh Mutti Krüdener, zinslos, schenkte später den Rest zu Clemens' Taufe. Jahre dauerte es, bis die Einrichtung ungefähr vollständig war, Jahre ohne Besuche: Wir können doch nicht in den leeren Zimmern, die lachen uns aus. An eine Wand von fünfeinhalb Metern Breite kannst du nicht Anbaumöbel stellen, unmöglich, nicht unsere kleinen. Ein Wohnzimmerschrank von mindestens zweifünfzig, wenn schon denn schon, mit verdeckter Lichtleiste, Barfach, Stereoblenden. Nein, nicht auf Raten, und die Pfandbriefe rühre ich nicht an, ZINSEN ZINSESZINSEN, das kannst du gar nicht beurteilen. Die Couch viersitzig, natürlich, lose Rückenkissen, Dralonvelours. Teppiche drei mal vier, mindestens, dreieinhalb mal viereinhalb, ohne Fransen, wie sieht das sonst aus. Der Schreibtisch mächtig, überbreit, Versteigerung Nachlaß Direktor. Fernsehschrank Palisander, schließlich muß das zusammenpassen, finde ich. An jedem Fenster zur Straße hin zwanzig Meter Gardinentüll, zwölf Meter Übergardinendamast. Trotzdem.

Die ersten Jahre lebten sie nur im Eßzimmer, die Schiebetüren blieben geschlossen, kaum einmal wurde die Heizung im großen Zimmer angestellt, spart alles mit. Dann las sie von der Auktion, bot 50 Mark: Kein Mensch sonst wollte den Schreibtisch haben, altmodisch klauengeschnitzt viel zu breit, der Transport in die Beselerstraße kostete fast noch einmal die Summe.

Er war glücklich. Zuerst stellte er den Schreibtisch schräg in den Raum, wie im Dienstzimmer des Oberstadtdirektors. Später kamen die Sitzmöbel dazu, der Wohnschrank, zweivierzig breit, und aus dem Eßzimmer wurde die Musiktruhe herübergeräumt, damit es dort Platz gab für eine Nähmaschine. Seitdem steht der Schreibtisch zwischen den Fenstern, genau in der Mitte.

Links die elektrische Uhr, die Lampe mit rosenholzfarbenem Porzellanfuß, das Telefon; rechts im Silberrahmen Karin blond jung damals schön. In der Mitte Wochenkalender und Bleistiftschale, etwas versetzt der nie mehr benutzte Löscher. Auf der grünen Schreibunterlage die Lederschreibmappe, antikbraun gewölbt, Wappen, Stechhelm nach rechts.

Die Schreibtischschublade ist abgeschlossen. Keine Akten, aber Urkunden, Papiere, Sparkassenbücher, Versicherungspolicen, verbundene Hausrat, Haftpflicht, man kann nie wissen, Leben, Unfall, Kranken, Rechtsschutz, Ausbildung, Insassen, Gepäck. Steuerkarte. Bargeld, Reserve. Kontoauszüge. Depotaufstellung zum 31. 12. Rechnungen. Mitgliedsausweise. Quittungen.

Auch die Schreibtischtüren links und rechts sind verschlossen. Keine Akten, keine Urkunden, aber Bücher, Bilder, Hefte, zerlesen, nicht für jeden für niemanden sonst geht dich nichts an FÜR REIFE LESER. Laß mich ich komme später bin noch nicht müde muß noch möchte noch. Lesen. Wünsche. Noch sehen. Mir vorstellen, DIE NACHT VON PARIS. Laß mich allein will allein sein arbeiten lesen. Ausschnitte, farbig blank, Fleisch Körper Körperteile. SONDERANGEBOT. Verboten Beine Brüste SEXUALITÄT VOR DER EHE PROMISKUITÄT SO LOCKTE LUDY DIE KINDER INS VERDERBEN DIE SEXUELLEN WÜNSCHE DES MANNES meine Wünsche bin noch nicht müde LIEBESCOCKTAIL DIE NACHT VON PARIS 30 Francs am Montmartre viel Geld für 6 mal 9 Angst Angst gehabt war mitgegangen SCHÖNE BILDER SEHR SCHÖNE wie du willst wie du wünschst meine Wünsche 30 Francs BILLIG da siehst du KEIN BETRUG SONDERN meine Wünsche. So nackt wie sie so allein. WÜNSCHE. Groß vergrößert was Karin nie tat nie eine getan hatte tat die lacht dabei pervers lächelt jung dunkel PERVERS Franzosen sind alle

Schweine degeneriert aber ich meine Wünsche ich. PARTNERSPIELE EKSTASEN DER LIEBE OHNE KOMPLEX DIE NACHT VON PARIS PRAXIS IN DER LIEBE meine Wünsche INT. FOTOS IST UNSER INTIMLEBEN NORMAL SO KÖNNEN SIE GLÜCKLICH WERDEN glücklich so kann ich endlich so nackt. So nahe. INT. FOTOS. LUSTMÖRDER LUDY. DIE KINDER. Allein.

Er trägt die Schreibtischschlüssel immer bei sich. Bin nicht befugt, über dienstliche Angelegenheiten Obliegenheiten Auskunft. AMTSVERSCHWIEGENHEIT. Du weißt doch, als Beamter, ich muß mich weiterbilden, das Ansehen der Beamtenschaft, tut mir leid aber GEGEN UNEHRENHAFTES VERHALTEN VON FAMILIENANGEHÖRIGEN MUSS DER BEAMTE EINSCHREITEN muß ich schließlich bin ich.

Stichwort FLECKEN AUF DEM MANTEL

Also ich weiß nicht, Frau Schmella, ich glaube nicht, daß das mit dem Benzinbad rausgeht – sehen Sie, hier, wahrscheinlich muß der ganze Mantel chemisch gereinigt werden.

Wenn Sie meinen. Ich dachte.

Bitte. Wir versuchen es erstmal.

Ja. Meinetwegen.

GEGEN UNEHRENHAFTES VERHALTEN VON FAMILIENANGEHÖRIGEN.

Haben Sie die Nummer nicht?

Vergessen verloren aber.

Auf welchen Namen?

Schmella. Ein heller Mantel mit Teddyfutter.

DIE BEAMTENPFLICHTEN ERSTRECKEN SICH AUCH AUF DAS AUSSERDIENSTLICHE VERHALTEN.

Ist noch nicht fertig. Ließ sich nicht ohne chemische Reinigung. Übermorgen vielleicht.

Ja. Danke.

DAS BEAMTENVERHÄLTNIS ERFASST DIE GANZE PERSÖNLICHKEIT DES BEAMTEN.

Sollte aber schon gestern fertig sein.

Fragen Sie morgen.

DER BEAMTE MUSS DURCH SEIN VERHALTEN INNERHALB WIE AUCH AUSSERHALB DES DIENSTES DER ACHTUNG UND DEM VER-

TRAUEN GERECHT WERDEN, DIE SEIN BERUF ERFORDERT.

Die Naht etwas aufgeplatzt, leider, kaum zu sehen.

Aber das Futter, sehen Sie, es war ein neuer Mantel, fast neu!

Ja die chemische Reinigung wegen der Imprägnierung mit aller Sorgfalt das liegt am Material der Mantel muß imprägniert werden das Futter aus Wolle sieht doch wie neu aus sehen Sie am besten Sie bürsten mal kräftig dann ist das wieder wie.

Ich habe alles versucht alles getan, es muß an der Reinigung liegen, das Futter war vorher, aber jetzt. Sie sehen doch, der Mantel ist hin.

GEGEN EIN UNEHRENHAFTES VERHALTEN VON FAMILIENANGEHÖRIGEN MUSS DER BEAMTE EINSCHREITEN.

Leider liegt am Material natürlich nicht garantieren bedauerlicherweise laut Vertragsbedingungen aber entgegenkommenderweise noch einmal versuchen allerdings keine Haftung. Wie war doch der Name?

Bitte? – Schmella.

Stichwort SCHWARZER KOFFER

Ruhig auf dem Rücken liegen ganz ruhig, Decke bis unter das Kinn, tief atmen ganz ruhig man muß nur wollen. Er schluckte. Das Schiff schob ihn langsam unwiderstehlich nach rechts, verschob ihn, er fühlte, wie er gegen die Bettkante gepreßt wurde, hart, kühl, nächstesmal Oberdeck als ob es darauf noch ankommt man soll nicht am falschen Ende. Dann wurde er zur anderen Seite gedrückt, langsam zur Wand hin, kühl ruhig ganz ruhig man muß nur darf sich nicht gehenlassen ich nicht ich bin nicht werde nicht seekrank lächerlich, wieder zur Bettkante zurück, er schluckte den Speichel hinunter, der Fisch gestern abend zuviel gegessen immer zuviel auf dem Schiff Fische bestimmt nicht wieder nie wieder Fische Fisch ekelhaft. Ich habe mich verdorben Tee Zwieback Rührei mein Junge du hast dich verdorben Diät sonst gar nichts. Verdorben mein Junge mein Mann mein ruhig ganz ruhig nicht daran denken im Bett bleiben stramm auf dem Rücken mein Junge unter der Decke. Wieder hob sich der Schiffsleib unter ihm, hob ihn Füße vorweg kippte ihn langsam nach rechts. Tief atmen. Kippte ihn aus beinahe. Tief. Ich habe mich verdorben. Man muß nur wollen. Es klopfte. Jemand klopfte an die Kabinentür, dreimal. Er wagte nicht, den Mund zu öffnen. Wieder das Klopfen. Ja? Ja bitte? Niemand kam niemand, Schritte entfernten sich auf dem Gang, aufgenommen vom Stampfen der Schrauben Maschinen was weiß ich immer das dunkle dumpfe das Dröhnen tagnachts immer. Langsam nach links links nicht bewegen ruhig. Die kühle Wand. Wieder nach rechts nach oben die Luft stickig man müßte sollte nächstesmal Brückendeck wenn überhaupt eine Seereise Karin erholsam Luxus für dich. Er atmete tief. Dieser Fisch die Fische füttern sabbelte Schleim Speichel nicht daran denken zum nicht daran nicht an das Wort. Ruhig. Ich habe mich verdorben. Du hast dich verdorben, mein Junge. Ich bin verdorben worden. Er hat sich verdorben verdorben sie es wir haben uns verdorben ihr habt euch verdorben sie haben sich alle haben uns alles verdorben. Verrückt. Ich habe mich nicht verdorben, es hat mich der Fisch hat mich irgendwas hat mich verdorben. Das Blut stieg ihm zu Kopf fühlte er Druck Wärme heiß stickig die Klimaanlage nichts funktioniert bei diesen billigen Seereisen bildet haben wir viel gesehen. Zum Kotzen. Jawohl zum Kotzen, ich halte das nicht mehr Krampf Schwindel Schwäche hinunter tief halte hinab weiß keiner der es nicht selber mal kann man keinem erzählen zum Kotzen. Nicht daran denken. Diät. Mein Junge. Mein Mann. Karin lacht tanzt dreimal viermal mit diesem widerlichen Champagner echter Champagner billig auf See also prost cheers DU heiße Robert Bob Bobby DU Karin Herbert prost Bob DU altes Haus tanze mit Karin DU Herbert DU Sekt DU Aktenwurm Aktenschnecke nimm's mir nicht übel aber wir in der freien Wirtschaft DU alter Aktenbock prosit sollst leben was wären wir ohne die deutschen Beamten alles nur Spaß vertragen was Herbert DU prost bist müde Büroschlaf gewohnt Herr Oberunterhaupt was Amtmann bist DU die Amtfrau ist mir ehrlich gesagt DEINE Amtfrau ist prima tanzt prima komm Amtfrau Karin DU amüsieren wir amtüsieren wir Spaß muß sein kannst DU nicht Spaß verstehen DU Amtsbruder Amtsbock selten so viel gelacht wie heute abend Küßchen bring noch ne Flasche vom gleichen natürlich auf meine selbstverständlich auf meine Rechnung wir von der freien Wirtschaft phantastisch machen Sie hier mal nen Schnappschuß zusammenrücken Herrschaften eng viel enger mich in die Mitte komm Herbert DU Karin Amtfrau ein bißchen Seegang kann doch einen Seemann einen Amtmann kann das was Herbert das waren noch Zeiten Mensch halt dich fest halt doch die Gläser Hauptsache die Flasche ist auch egal bestellen wir eine neue Steward he Steward noch einmal vom. Widerwiderwiwiderlich. DU. DU dumm DU dumm DU. Wieder hinab hinunter tief nach links links vorn festhalten ruhig hob sich das Schiff die Kabine hob ihn drehte sich ihn warf ihn gegen die preßte ihn kühl an die Wand. Irgend etwas fiel polterte Schritte den Gang entlang hinunter ein Schrei irgendwo Klirren Geschirr Scherben bringen. Ruhig liegen ganz ruhig. Übel Fisch spanischer Fisch kennt niemand den Namen Spanisch niemals gelernt warum auch kein Wort. Speichel. Spanisch. Schleim. Man muß nur muß wollen muß man ruhig ganz ruhig. Er schluckte. Das Schiff tauchte tief zur Seite stickig er wollte er wurde ließ sich über die Bettkante rollen schwankte taumelte Spiegel ich bleich matt ich das Becken grün grünlich. Im Spiegel, festhalten, das bin ich. Ich.

Stichwort 20 M

16 PROZENT MEHR GEPÄCKRAUM ALS DER REKORD glatt blau Straße Nachmittagssonne 16 PROZENT MEHR GEPÄCKRAUM blond weich fließend schön Mutter wie schön 16 PROZENT MEHR aber der paßt nicht auf der von rechts aber wir haben doch Dussel Vorfahrt glatt blau Vorfahrt Idiot natürlich eine Frau ein Rekord keine Frau aufpassen VORSICHT blond blau haben wir haben VORSICHT Vorfahrt blond fließend Mutter muß warten vorbeifahren lassen bremsen VORSICHT gesengte Sau VORSICHT BITTE blond wie Mutter DAS HEILIGE GLÜCK das darfst du nicht Helmuth DIE INSEL DER SELIGEN kannst du nicht Helmuth mußt du erst lernen VORSICHT von rechts Idiot bremsen vorsichtig blond wie das Haar wie dein Haar BITTE ich habe Vorfahrt WIR BEIDE wir haben Vorfahrt wenn was passiert nicht schuld ich habe nicht schuld bin schuldlos geschie-

den dein blondes Mutter mein Traum in Büchern geträumt LIEBE DICH IMMER NUR DICH EWIG NUR blond schön NAHM SIE IN SEINE ARME IN MEINE ARME GELIEBTE Träume geträumt am Nachmittag WIE GEBANNT HING IHR BLICK AN SEINEN STÄHLERNEN AUGEN MEINEN AUGEN Helmuth das darfst du nicht tut man nicht WONNEN DER WOLLUST kannst du nicht SCHAUER DER ERREGUNG FLOGEN ÜBER SIE HIN nicht so hart bremsen VORSICHT BITTE scharf bremsen bissige Bremsen Dussel Vorfahrt IHRE LIEBE TIEFINNERLICH gelesen geträumt gelesen EIN BEBEN FLOG ÜBER BEIDER GESTALTEN AN SEINEM WILD KLOPFENDEN HERZEN DIE STILLE FRAUENGESTALT LIEBLICHE RÖTE BLONDE LOCKEN ZITTERNDE ARME FÜR DICH NUR FÜR DICH Mutter so blonde Haare geträumt UND SIE UMSCHLANGEN UMSCHLINGEN EINANDER aufpassen soll der muß der wird seine Strafe sollte man Zuchthaus endlich mal Ordnung schaffen STURM DER GEFÜHLE schön schönes Blond weich wie geträumt VERZEIHUNG GNÄDIGE FRAU der soll doch vorsichtig bremsen der Affe vorsichtig fahren aber meckern kann er können sie alle UND AUS DES MANNES BRUST BRACH EIN STÖHNEN ALS FÜHLE ER vorhin hat sie vielleicht VON ERREGUNG ÜBERWÄLTIGT darfst du doch nicht tut man nicht VERZEIHUNG GNÄDIGE vorsichtig bremsen DER BREMSKRAFTVERSTÄRKER Dussel Volkswagenfahrer nichts Gutes gewohnt ERFORDERT NATÜRLICH EINE GEWISSE GEWÖHNUNG grade noch gutgegangen sie lehnt sich wieder blond gegen die Hand meine Hand VORSICHT aber du aber WIR BEIDE ich darf nicht du.

Zeitbestimmungen

Am 7. März 1968, wenige Minuten vor 10 Uhr vormittags, verließ Frau Karin Schmella geborene Krüdener ihre Wohnung im zweiten Stock des Hauses Beselerstraße 17; am 14. März 1968, etwa Viertel nach 5 Uhr früh, kam sie wieder nach Hause. Vergebens versuchte sie, die Haustür aufzuschließen; auf mehrfaches Klingeln hin wurde ihr nicht geöffnet. Trotz des regnerischen Wetters entschloß sie sich zu einem Spaziergang im nahe gelegenen Kaiserpark. Als sie kurz vor 6 wieder den Klingelknopf ihrer Wohnung drückte, kam Herr Schmella selbst an die Haustür. Er war schon vollständig angezogen, wenn auch noch unrasiert, und er zeigte sich überrascht.

Zehn nach 6, pünktlich um zehn nach 6. Mein Wecker geht immer genau. Dann habe ich ungefähr noch fünf Minuten Zeit, bis ich aufstehen muß. Wenn meine Schwiegertochter zu Hause ist, kann ich natürlich länger schlafen. Aber sie war ja verreist an dem Morgen. Ich bin um Viertel nach 6 aufgestanden und bin in das Badezimmer gegangen. Gehört hatte ich nichts bis dahin. Das Gästezimmer liegt hinter der Küche, da hört man nichts aus der Wohnung. Ich stehe immer um Viertel nach 6 auf, wenn meine Schwiegertochter verreist ist. Um 20 vor 7 muß das Badezimmer für meinen Sohn wieder frei sein. Dann mache ich ihm das Frühstück, das muß um 7 fertig sein, spätestens zwei Minuten nach 7. Um zehn nach 7 geht mein Sohn aus dem Haus. Dann stehen die Kinder auf, erst Peter, dann Clemens, und ich mache den Kakao. Um zwanzig vor 8 geht Peter zur Schule, er hat dann noch reichlich Zeit, aber Kinder sollen sich auf dem Schulweg nicht hetzen. So hatten wir uns das eingerichtet. Am Donnerstag war sie dann wieder da, ich sah gleich am Morgen den nassen Mantel an der Garderobe. Sie schlief bis mittags.

Das weiß ich genau, jawohl, das kann ich bezeugen: Vor der Eingangstür stand kein Wagen, bestimmt nicht. Ich habe da doch gehalten, ungefähr Viertel nach 5. Wenn da ein Wagen geparkt hätte, dann hätte ich in zweiter Linie halten müssen. Aber da stand nichts, bestimmt nicht, das weiß ich ganz sicher. Ich bin an den Bordstein herangefahren, die Dame stieg aus, die mit dem schmutzigen Mantelärmel, und sie lief zur Haustür hin, es regnete nämlich, das weiß ich genau. Vor der Haustür kann also keiner geparkt haben – jawohl, am 14. März, früh morgens, ungefähr Viertel nach 5. Ich fuhr dann gleich zum Hauptbahnhof zurück; die nächste Fuhre hatte ich aber erst um Viertel nach 6.

Du mußt sagen, daß ich bei dir war, verstehst du, Süße, in der Nacht vom 13. auf den 14. März. Schreib dir das auf, da bin ich ungefähr um Mitternacht zu dir gekommen, verstanden?! Das mußt du dir ganz fest einprägen: kurz vor Mitternacht. Wieso? Natürlich kam ich überraschend, deshalb hast du dir das ja so genau gemerkt, mußt du sagen, und ich war ganz durcheinander, ganz deprimiert und erschöpft wegen meiner Frau, du kennst doch inzwischen die ganze Geschichte, Süße, du mußt dir das nur mal vorstellen, daß sie schon fast eine Woche weg war, und ich saß da zu Hause und wußte nichts und hatte niemanden, mit dem ich darüber sprechen konnte, und da dachte ich natürlich an dich und fuhr einfach mal zu dir, klar? Als der Wagen wieder heil war! Du mußt dir das deutlich vorstellen, ich komme auch bald mal und erkläre dir alles genau, vielleicht schon morgen, nur daß du jetzt schon Bescheid weißt, wenn jemand fragen sollte – ich meine, es könnte immerhin sein, daß jemand dich fragt, deshalb rufe ich an. Also nochmal: In der Nacht vom 13. auf den 14. war ich bei dir, morgens um kurz vor 5 bin ich wieder nach Hause gefahren, nein, halb 5 schon, also von Mitternacht bis halb 5. – Nein, das nicht, gar nichts war zwischen uns, bloß seelisch, verstehst du, daß ich mich mal aussprechen wollte, sonst gar nichts. Auch vorher nicht. Aber daß ich bei dir war, das mußt du bezeugen und notfalls beschwören, verstehst du mich? Nur für den Fall, daß jemand fragen sollte – wahrscheinlich fragt sowieso niemand danach. Sonst bin ich nämlich fertig, dann hat meine Frau mich in der Hand, das mußt du mir glauben, ich werde dir alles erklären, ganz genau – dann wird nie was aus uns beiden, verstehst du, Süße, und deshalb.

Am Mittwoch, dem 8. März, bin ich zu meinem Sohn gefahren, weil meine Schwiegertochter verreist war, mit dem Eilzug um 9.58 Uhr. Ich habe die Wohnungstür zweimal abgeschlossen, das tue ich immer. Da war das Geld noch da, das weiß ich genau. Heute bin ich zurückgekommen, mein Sohn hat mich mit dem Auto hergebracht, obwohl das ja wirklich nicht nötig war, kurz vor 7 waren wir hier, vor einer Stunde ungefähr. Da haben wir das gesehen.

Das war im Sommer 1957.

Sie wollte keine Kinder. Noch nicht, sagte sie, bitte!

Wie du willst, sagte er, die Wohnung ist sowieso zu klein, und dann A 9. Ist mir recht. Aber geh zum Arzt, ein Pessar ist immer noch billiger als.

Damals war das mit Hannes.

Er erwähnte den Namen beiläufig, abends: Marner. Der neue Kollege in der Kämmerei.

Marner?

Ja. Kommt aus Lübeck, glaub' ich.

Du, den kenn' ich vielleicht, Hans Marner, den kenn' ich, mit dem hab' ich damals Tanzstunde gehabt – wenn er das ist. Wie sieht er aus?

Na ja, junger Mann, Mitte 20, nichts Besonderes, blond, ziemlich blond jedenfalls, wie sie alle aussehen heute, und natürlich mit dem spitzen Stein.

Und die Augen? Er ist schüchtern, ja?

Ich weiß nicht – blau wahrscheinlich. So genau kann ich das nicht sagen.

Das könnte er sein, ausgerechnet – Hans Marner! Daß der Beamter geworden ist!

Hattest du was mit ihm?

Sie lachte. Ich war 14, sagte sie, wir lebten damals bei meinen Großeltern Wolters in Lübeck, Mutti und ich. Das kannst du dir nicht vorstellen! Ich hatte mit niemandem was.

Sicher, sagte er, ich meine ja nur, das wäre – na, nicht sehr angenehm gewesen für mich.

Frag ihn doch mal, sagte sie.

Er kann dich ja anrufen. Oder du rufst ihn an, Assessor Marner, Kämmerei, Apparat 158, glaube ich.

Apparat 158, bitte!

Marner. Bitte?

Karin!

Bitte – wer?

Karin Krüdener!

Ja, Frau Krüdener, bitte?

Kennst du mich denn nicht mehr – Hans Marner, aus Lübeck?

Ja, ich weiß nicht, gnädige Frau – wahrscheinlich verwechseln Sie mich.

Aber Sie heißen doch Marner, Hans Marner?

Johannes Marner, gnädige Frau. Allerdings, ich habe einen Vetter zu Hause, vielleicht –.

Der Vetter war es gewesen, damals in Lübeck, 1947, Tanzstunde, Mittelball, Abtanzball, fünf rote Nelken, das war es, mehr nicht. Assessor Marner machte einen Besuch bei Schmellas, Sonntagvormittag, fünf rosa Nelken, er war fast genauso schüchtern wie sein Vetter Hans, verbindlichsten Dank, gnädige Frau, darf ich mich dann empfehlen?

Die Stadtmitte war zerschlagen, Fensterhöhlen geschwärzt, schmutziger Ziegelschutt, helmlose Türme, Unkraut auf Halden und Mauerresten. Aber die alten Gärten an der Trave lagen unberührt, und das Haus meiner Großeltern Wolters, Villa im Schweizer Stil, Wagenremise, Dienstboteneingang, Rosenrondell, Rasenabhang zum Fluß hin, hatte nichts von den Selbstverständlichkeiten, von Wohlstand und Wohlanständigkeit der Jahrhundertwende vergessen, obwohl es bis unter die Dachschrägen vollgestopft war mit Fremden, Flüchtlingen, Zerlumpten, Streit und Geschrei, vier Parteien in der halbhellen Souterrainküche. Meine Großeltern hatten sich nur die beiden Empfangsräume mit dem vorgebauten Wintergarten sichern können, rotblaue Zierglasscheiben mit eingeschliffenen Blumenranken zur Straße hin. Mutter und ich hatten die kleine Seitenmansarde, Ausblick auf Rotbuchenwipfel und Nachbars Kartoffelbeete, und wir versuchten, für uns zu leben, obwohl meine Mutter immer noch Kind im Hause war, wohlerzogene Tochter, behütet, bescheiden, wie es sich gehört. Das Abendessen wurde gemeinsam mit den Großeltern an dem klotzigen Eßtisch eingenommen, der für 24 Personen ausgezogen werden konnte, der aber auch so viel zu groß war für das Zimmer und für das Essen, Rübensuppe, Gerstengrütze, Brennesselspinat, klitschiges Maisbrot in abgezählten Scheiben mit bitterem Hefeaufstrich, mein Großvater wog die Scheiben auf seiner Briefwaage aus. Meine Großmutter legte glänzenden Damast auf, Wäschevorräte für drei Generationen, aus drei Generationen, und dazu gab sie die prunkenden Silberbestecke, die ich viel lieber verkauft hätte, eingetauscht gegen Zucker, Butter, Eier, Zigaretten, Mehl, irgend etwas Genießbares, irgendeinen realen Wert.

Damals begann die Tanzstunde, eine halbe Wegstunde zu dem dörflichen Gasthaussaal außerhalb der Stadt, ein schnarrendes Koffergrammophon, Foxtrott Tango English Waltz bitte die Herren die Damen bitte, der Tanzlehrer in schlotterndem Frack, in den Pausen sacharinsüßes Heißgetränk brandsüß brandrot, an den Fensterscheiben zum Hof neugierige Kindernasen. Selbstverständlich nahm die Enkelin Wolters Tanzunterricht, was heißt 1947: Man muß sich zu allen Zeiten benehmen können, mein Kind, das dürftest du. Selbstverständlich holte der Herr mich zur Tanzstunde ab, brachte mich abends heim, Hans Marner, blond, schlaksig, ein Jahr älter als ich: Selbstverständlichkeiten, Generationen geübt bei Wolters und auch bei Marners, wenn auch nicht ganz so lange in der Familie Marner, meine Großeltern bedauerten das, ohne an der Tatsache irgend etwas ändern zu können, Familie ist eben Familie. Wahrscheinlich war Hans Marner deshalb besonders bemüht, sich immer so zu benehmen, wie man sich in den besten Familien der Stadt betrug. Ich war es, die ihn küßte, und eigentlich küßte ich ihn nur deshalb, weil er von sich aus niemals darauf gekommen wäre, mich anders anzufassen als nach den Regeln von Tanzvorschrift und Anstandsunterricht: Der Herr reicht der Dame, die Dame legt den Arm, der Herr verneigt sich, die Dame –. Da war nichts, überhaupt nichts. Aber mein Großvater sah diesen Kuß, ausgerechnet, durch die blauen und roten Blumenfenster des Wintergartens, abends gegen halb 10, im Mai, es war noch nicht ganz dunkel: seine Enkelin, die Enkelin Wolters! Ich wurde zwei Wochen lang vom Abendbrottisch ausgeschlossen, aß Rüben und Maisbrot und Grütze allein in der Seitenmansarde, ohne Damast, ohne Silber, aus

Dienstbotengeschirr, Aluminium, beinahe Zuchthaus: Schäm dich! Und das war es: Ich schämte mich wirklich.

Hannes Marner, Assessor Marner. Er war ein bißchen kleiner, ein bißchen rundlicher als sein Vetter Hans, aber genauso schüchtern, zuerst. Gnädige Frau. Verbindlichsten. Frau Schmella. Wieder ganz reizend. Du, Karin. Du.

Im Herbst 1957 wurde Assessor Marner versetzt. EIN BEAMTER, DER SEINEN GESCHLECHTSTRIEB NICHT IN DEN GRENZEN HALTEN KANN, DIE SITTE UND ANSTAND GEZOGEN HABEN.

Am 30. November 1957 zogen Schmellas um. Neue Adresse: Beselerstraße 17 II, Telefon 42713

PETER. 3. 6. 1958. Die glückliche Geburt ihres Stammhalters zeigen hocherfreut an.

LADUNG. In der Strafsache gegen Hermannjosef Heisinger ist Termin Ihrer Vernehmung auf den 23. April 1968, 10.45 Uhr, vor dem Amtsgericht, Bergstraße 4, 2. Stockwerk/Saal I, anberaumt. Zu diesem Termin werden Sie als Zeuge geladen.

Auch das noch was soll das geh' ich nicht hin.

WICHTIGE HINWEISE! Ein Zeuge, der ohne genügende Entschuldigung nicht erscheint, ist in die durch das Ausbleiben verursachten Kosten sowie zu einer Ordnungsstrafe in Geld von 1.- bis 1000 DM und für den Fall, daß diese nicht beigetrieben werden kann, zur Strafe der Haft bis zu sechs Wochen zu verurteilen; auch ist die zwangsweise Vorführung des Zeugen zulässig.

Kann ich was dafür was konnte ich denn dafür was geht mich Hermannjosef Heisinger in Stuttgart an Blödsinn Blödmann in seinem Suff.

Genügend entschuldigt ist ein Zeuge nur, wenn er aus wirklich dringenden Gründen (z. B. wegen ernstlicher Erkrankung) nicht zum Termin –.

Was wissen die von ernstlichen nennen die ernstlich sollen die dumme Geschichte doch einfach begraben was soll das ich weiß nicht mehr fast gar nichts mehr am besten aufschreiben was ich weiß so ungefähr:

Während eines geschäftlich bedingten Aufenthaltes in Stuttgart vom 11. März bis zum 13. März 1968 wohnte ich im

Gästehaus Heisinger, An der Uhlandbuche 23. Diese Pension war mir als ruhig gelegen von meiner Firma empfohlen worden. Am 12. März kehrte ich gegen Mitternacht von einer Besprechung zum Gästehaus Heisinger zurück. Vor der beleuchteten Haustür traf ich ein älteres Ehepaar an – der Name war meiner Erinnerung nach Rad oder von Rad –, das von längerem Warten schon sehr ärgerlich gestimmt war. Die Haustür ließ sich nämlich nicht öffnen. Das Ehepaar von Rad hatte gleich mir einen Haustürschlüssel des Gästehauses, der sich aber nicht im Türschloß drehen ließ. Wir hatten den Eindruck, als sei von innen her abgeschlossen und der Schlüssel dann steckengelassen worden. Das Ehepaar hatte schon mehrfach geklingelt, auch mit dem Türklopfer geklopft, und ich versuchte das gleiche; außer dem Bellen eines drinnen eingesperrten Hundes war aber keine Reaktion zu bemerken. Daraufhin fuhr ich zur nächstgelegenen Telefonzelle und rief von dort aus das Gästehaus Heisinger an, ohne eine Antwort zu bekommen. Ich rief dann bei der Polizei an und fragte, ob es uns Gästen unter den gegebenen Umständen – es war eine kühle, regnerische Nacht – erlaubt sei, eine der kleinen Glasscheiben in der Haustür einzuschlagen, um so die Haustür öffnen zu können. Mir wurde gesagt, das sei auf keinen Fall erlaubt; es werde aber gleich ein Polizist kommen und nach dem Rechten sehen. Tatsächlich traf wenige Minuten nach meiner Rückkehr zum Gästehaus Heisinger ein Polizeiwachtmeister ein – wahrscheinlich der, auf dessen Anzeige dieses Verfahren zurückgeht –, dem wir gemeinsam die Lage schilderten. Der Polizist klingelte zunächst einmal selbst, klopfte auch mit dem Türklopfer, und wieder bellte drinnen der Hund. Dann ging er um das Haus herum und stellte dabei fest, daß das Wohnzimmerfenster in der Parterrewohnung des Besitzers erleuchtet war; dort bellte auch der Hund. Vor dem Haus war der Wagen des Besitzers geparkt, wie Herr von Rad bezeugte, dem der Typ am Tage vorher aufgefallen war. Der Polizist pfiff sodann mehrfach auf seiner Trillerpfeife und rief laut zu dem erleuchteten Fenster hinauf, ohne eine Antwort zu erhalten. Nur der Hund bellte. Darauf sagte der Wachtmeister, das sehe ziemlich merkwürdig, wenn nicht verdächtig aus; er dürfe die Haustür aber nur bei Verdacht auf strafbare Handlung öffnen, und auf jeden Fall müsse er erst seinem Vorgesetzten Meldung erstatten. Er fuhr dann fort und kam nach etwa zwanzig Minuten zurück, gegen halb 1: Es bestehe tatsächlich ein Verdacht, sagte er, und er sei befugt, eine der Haustürscheiben einzuschlagen und die Tür zwecks Nachschau zu öffnen. Mit dem Pistolengriff schlug er dann die Scheibe unmittelbar über dem Türgriff ein, entfernte sorgfältig die Splitter aus dem Rahmen, stellte fest, daß tatsächlich der Haustürschlüssel von innen steckte, und schloß die Tür auf. Dann betrat er, zunächst allein und nach Gasgeruch spürend, das Haus, und ich folgte ihm nach einem Augenblick, während das Ehepaar von Rad sofort die Treppe zum Obergeschoß hinaufging, ohne sich um das Weitere zu bekümmern. Der Wachtmeister näherte sich nun mit gezogener Pistole der Tür, hinter der der Hund bellte. Die Tür war ebenfalls verschlossen, und der Polizist meinte zu erkennen, daß auch hier der Schlüssel von innen steckte. Daraufhin versuchte er, die Polizeiwache anzurufen, konnte aber die komplizierte Telefonanlage mit dem Schaltpult hinter dem Empfangstisch nicht richtig bedienen. In diesem Augenblick erschien vor der Haustür der Besitzer des Gästehauses, Herr Heisinger, zusammen mit zwei jungen Männern, vermutlich seinen Angestellten (das Ehepaar von Rad hatte auf Befragen des Wachtmeisters vorher angegeben, der Besitzer habe zwei Söhne; das dürfte auf einem Irrtum beruht haben). Der Polizist bemühte sich nun sogleich, Herrn Heisinger zu erklären, wie es zur gewaltsamen Öffnung der Haustür gekommen sei. Herr Heisinger, der möglicherweise leicht angetrunken war, erregte sich aber sofort sehr stark und beschuldigte den Wachtmeister des Einbruchs. Wiederholt versuchte der Polizeibeamte, die Situation zu erklären, und auch die beiden jungen Männer bemühten sich sehr, Herrn Heisinger zu beruhigen. Dieser erregte sich jedoch bei jedem Wort noch mehr, er wies dem Polizisten laut die Tür, schimpfte auf die deutsche Beamtenschaft und besonders auf die Polizei, die sonst nie den erforderlichen Mut zum Durchgreifen habe, friedliche Bürger aber vergewaltige, er lasse sich das nicht gefallen, man habe ihm schon gelegentlich eines anderen Einbruchs besoffene Polizisten geschickt, die nicht einmal

Spuren hätten sichern können, statt dessen ihn aber unzüchtiger Veranlagungen beschuldigt hätten, das habe er alles in den Akten, und als der Polizeiwachtmeister daraufhin Herrn Heisingers Papiere zu sehen verlangte, wurde der Hotelier so ausfallend und laut, daß Herr von Rad wieder im Treppenhaus erschien, um zu sehen, was da vor sich gehe. Herr Heisinger sagte, so jemand wie der Wachtmeister habe in seinem Elternhaus nur über die Hintertreppe kommen dürfen, so einen Schnösel, der in seine private Sphäre einzudringen versuche, werfe er kurzerhand raus, und im übrigen gehe es die Polizei gar nichts an, ob seine Gäste nachts vor der Tür warten müßten, das hätten die Gäste mit ihm auszumachen, und überhaupt sei er Millionär und habe es gar nicht nötig, ein Hotel zu betreiben. Auf Herrn von Rads Einspruch, das sei doch eine recht seltsame Auffassung für einen Hotelbesitzer, nahm Herr Heisinger auch gegen Herrn von Rad Stellung: Er könne das Haus ja verlassen, wenn ihm irgend etwas nicht passe, sowieso kehre er hier immer mit verschiedenen angeblichen Ehefrauen ein, in Zukunft werde er sich die Ausweise vorlegen lassen. Daraufhin geriet Herr von Rad ebenfalls sichtlich in Erregung, vermied aber eine weitere Auseinandersetzung. Der Wachtmeister notierte sodann Herrn Heisingers Personalien, ebenfalls die meinen sowie die Herrn von Rads, der allerdings keine beleidigende Äußerung gehört haben wollte, und er verabschiedete sich mit dem Hinweis, er werde Anzeige erstatten wegen Beamtenbeleidigung. Anschließend lud Herr Heisinger mich und das Ehepaar von Rad – zuletzt war auch Frau von Rad noch wieder erschienen – zu einem kleinen Umtrunk in seine Wohnung ein, was ich in Hinblick auf die vorgeschrittene Stunde dankend ablehnte, während Herr und Frau von Rad die Einladung akzeptierten, soweit ich weiß.

Ja, liebst du mich denn?

Merkst du das nicht?

Er erschrak: Sie hatte du gesagt. Dann fiel ihm ein, daß er sie zuerst geduzt hatte. PARTNERSPIELE.

Er küßte sie wieder, viel weicher tiefer als Karin viel offener wärmer ganz anders. LIEBE OHNE KOMPLEX OHNE KOMPLEX.

Sie hatte die Augen geschlossen.

Natürlich, sagte er, ich dachte nur, weißt du, ich bin sonst nicht so, daß ich mit Frauen – EKSTASEN DER LIEBE – daß Frauen mich, na ja, und schließlich bist du noch jung, jünger.

Sie lachte. Aber ich mag dich.

Er spürte, wie er rot wurde. DIE SEXUELLEN WÜNSCHE DES MANNES. Er versuchte, den Gesprächsfaden wiederzufinden: Wo waren wir stehengeblieben?

Sie lachte wieder, freundlich. Bei dir, sagte sie. Ich glaube, das ist die zweite Kurwoche. In der zweiten Woche sind alle Kurgäste mies gestimmt, depressiv.

Sie hakte sich unter. Er versuchte, sie abzuwehren: Es könnten andere – versteh mich bitte, ich möchte nicht –.

Wer soll schon, sagte sie. Die Frauen liegen im Moor oder im Liegestuhl, die Männer werden massiert, und außerdem –.

Er fühlte ihre Brüste unter dem Kleid. PARTNERSPIELE.

Aber wenn doch zufällig jemand hier – wirklich, ich möchte nicht, daß du irgendwie, daß die Leute über dich –.

Die reden immer, sagte sie. Aber nun sag mal die Wahrheit, ich glaube dir nämlich nicht, daß du nie mit anderen Frauen –.

Ihre dunklen Augen, schon Falten, das breite Gesicht, Irma fiel ihm ein so lange vergangen so lange nicht mehr an Irma gedacht, warm weich dunkel du.

Ich bin schließlich verheiratet, sagte er, ärgerlich: Sie hatte ihm zu glauben, was er sagte. Und als Beamter – ich weiß nicht, ob Sie wissen ob du weißt, da kann man nicht so wie andere Männer. WARNUNG VERWEIS. Das wäre ein schweres Dienstvergehen.

Und wer weiß das?

Er streifte ihren Arm ab. Das verstehst du nicht. Das ist eben die Ehrauffassung des deutschen Beamten.

Sie lachte, freundlich, verwundert, sie lachte ihn nicht aus. Komisch, sagte sie. Kann ich mir gar nicht vorstellen. Allerdings, sonst habe ich nur mit unserem Steuersachbearbeiter zu tun, der Chef schickt mich immer zum Finanzamt, wenn er Fristverlängerung haben will oder sowas.

Da kämst du bei mir aber falsch, sagte er.

Na –? Sie sah ihn prüfend an.

Ich würde doch nicht, ich bitte Sie, entschuldige bitte, aber irgendwie ist das doch lächerlich, sowas, und ich würde auch gar nicht glauben, daß du meinetwegen, ich meine, daß du mich irgendwie – so etwas würde ich doch sofort merken und dann nur um so unnachsichtiger sein. DIE SEXUELLEN WÜNSCHE DES MANNES WARNUNG VERWEIS SEINEN GESCHLECHTSTRIEB IN DEN GRENZEN.

Warum kannst du dir eigentlich nicht vorstellen, daß jemand dich gern hat – gerade dich?!

Ach – Unsinn, ich bin schließlich verheiratet, jawohl, und glücklich verheiratet, ich kann doch nicht einfach – und außerdem habe ich dafür gar keine Zeit, normalerweise.

Schön, daß du hier Zeit hast, sagte sie.

Er hatte Lust, sie noch einmal zu küssen. EKSTASEN. Aber er tat es nicht. Es konnten Spaziergänger kommen, sie gingen auf einem ausgeschilderten Wanderweg, eingezeichnet im Faltblatt. Er hatte Angst.

Ernst gemeint – ja, was heißt ernst EWIG? Du kennst doch deinen kleinen Bruder, Ingrid! Natürlich hab' ich zuerst wieder gedacht SÜSSES HOFFEN, das gebe ich ja zu: Das ist die Frau für mich, *die* Frau WIE DIE GANZE WELT UM UNS VERSANK. Ich bin eben ein Idealist, was willst du machen, ich glaube an den Menschen, in meinem Alter ändert man sich nicht mehr DIE INSEL DER SELIGEN. Hast du noch eine Tasse Kaffee für mich? – Danke. Aber im Grunde war sie eben doch nichts für mich, weißt du, wenn man sich dann etwas näher kennenlernt EWIG IMMER NUR DU, sie war eben auch nicht mehr die Jüngste und hatte so ihre Mucken DAS HEILIGE GLÜCK NUR DU. Nett war sie wirklich, du hättest sie sicher gemocht, hübsch anzusehen für ihr Alter SCHAUER DER ERREGUNG FLOGEN ÜBER SIE HIN, erste Familie, der Vater General, glaub' ich, Ritterkreuz Deutsches Kreuz in Gold vielleicht sogar Eichenlaub, und ich mag den Typ, blond und irgendwie auch gescheit DEIN BLONDES HAAR, ein bißchen wie du. Aber dann eben doch nicht, ich kann das eigentlich gar nicht so richtig erklären. Sie war eben nichts für mich. Natürlich hatte die Ehe sie einigermaßen fertiggemacht, weißt du, so ein Dussel von Mann, der seine Frau bloß gebraucht EIN BEBEN FLOG ÜBER BEIDER GESTALTEN, du weißt schon, warst ja lange genug verheiratet, eben: gebraucht. Und das zehn Jahre lang oder noch länger EWIG DU, also das merkt man als Mann, kann ich dir sagen, bei aller Liebe NUR DU NUR, irgendwie kommst du nicht mehr dagegen an. Ich jedenfalls nicht EWIG. Ich hab's versucht, wirklich, Ingrid, ich bin gar nicht so, wie du denkst, so oberflächlich ES SCHWELGT DAS HERZ IN SELIGKEIT, schließlich wird man auch älter und reifer. Natürlich hab' ich immer mal eine Affäre EWIG DU, wenn du das so nennen willst, bitte sehr, schließlich bin ich ein Mann AN MEINEM WILD KLOPFENDEN HERZEN, und ich bin nicht gern allein, nicht immer und auf die Dauer, und dann falle ich eben manchmal auf so eine herein, die selbst nicht weiß, was sie eigentlich will – bloß einen anderen Mann als den, den sie hat WIE GEBANNT HING IHR BLICK AN MEINEN STÄHLERNEN AUGEN. – Ja, bitte, ein Stück nehme ich noch, bei dir ist es wieder so richtig gemütlich – das ist es ja, Ingrid, was ich gern habe, du weißt doch, so wie zu Hause bei uns, der Sonntagsspaziergang im Benrather Schloßpark, Mutters großer Sonntagskuchen, und später Doppelkopf mit der ganzen Familie BLOND WEICH DU, das wünsche ich mir, richtig ruhig und schön DAS HEILIGE GLÜCK. So ein Junggesellenleben ist doch nichts Rechtes, im Grunde kommst du immer nach Hause und kommst ins Leere und denkst, daß da jemand warten müßte, irgend jemand FÜR DICH NUR FÜR DICH. Mensch, Ingrid, ich hab' schon gedacht, ob ich mir nicht einen Wellensittich anschaffen soll, weißt du, so einen grünen, dem man ein paar Worte beibringen kann, Guten Abend Guten Morgen FÜR DICH, mehr will man ja gar nicht UND DRINNEN WALTET DIE ZÜCHTIGE. Jedenfalls nicht eine Frau, die bis an die Halskrause voller Probleme steckt, ich brauchte bloß irgendwo anzutippen, so im Gespräch, dann kam es ihr hoch, Vati Mutti ach Gott und alle möglichen Männer, die es mit ihr getrieben hatten VON ERREGUNG ÜBERWÄLTIGT, vor der Ehe und in der Ehe ALLE WONNEN DER WOLLUST, also das war nichts für deinen Bruder. Dabei sah sie irgendwie unschuldig aus WIE EIN GEBILD AUS HIMMELSHÖHN, ich hätte ihr das nie zugetraut und dachte, ich wäre der Erste, nach ihrem Mann natürlich – nein, du auch nicht, bestimmt nicht, Ingrid, irgendwie sah sie gut aus, hübsch und sogar vergnügt, solange wir unterwegs waren EWIG DU NUR DU. – Ja, wir waren fast eine Woche verreist, erst hatte ich in Göttingen zu tun, hab' dann ein paar Tage Urlaub drangehängt, Bodensee, war noch ziemlich kühl, Stuttgart NAHM SIE IN MEINE ARME DU EWIG, immerhin schon ein bißchen Vorfrühling und mal was anderes. – Nein, erst waren wir noch wieder hier, ich hatte einen klapperigen Pontiac nach Göttingen zu verkaufen, wurde nichts draus, leider, da kamen wir also erst wieder zurück, wann war das – letzten Freitag, ja. Da blieb sie dann über Tag alleine in meiner Bude, natürlich nicht angenehm für sie, aber was sollte ich machen DER MANN MUSS HINAUS, Geschäft ist Geschäft, das hätte sie eigentlich doch begreifen müssen, finde ich, hat sie dann auch, halbwegs jedenfalls LIEBE TIEFINNERLICH DU. Beinahe hätte ich dich an dem Nachmittag noch angerufen, daß du mal nach ihr siehst. Aber dann dachte ich, lieber nicht gleich in Familie, und schließlich mußte sie allein damit fertig werden, es war wohl vor allem wegen der Kinder, sie hätte am liebsten mal eben nach ihnen gesehen, aber das ging ja nun nicht, und abends war ich auch wieder da AN MEINEM WILD KLOPFENDEN HERZEN DU. Aber wenn du denkst, sie hätte nun vielleicht saubergemacht, Zeit hatte sie wirklich genug gehabt, aber nichts angerührt, nicht mal die Tassen vom Frühstück gespült UND REGT OHNE ENDE DIE FLEISSIGFN HÄNDE, den ganzen Tag nur gelesen, ausgerechnet in meiner einsamen Männerecke, hab' scharfe schwedische Sachen, sie hatte schon ihre Eigenheiten, kann ich dir sagen. Na, am Sonnabend sind wir dann losgefahren, diesmal mit meinem Wagen, da war sie wieder gut zu haben EWIG DEIN DU NUR DU. Aber verheiratete Frauen, ich sage dir, Ingrid, das war das letzte Mal, ganz bestimmt, das kommt bei mir nicht wieder vor, darauf kannst du dich verlassen DIE INSEL DER SELIGEN BLOND. Meinetwegen geschieden, obwohl die meistens auch schwierig sind – ich sage ja gar nichts, bei dir war das ganz was anderes, das weiß ich doch, Ingrid. Aber meistens reden geschiedene Frauen mit jedem dritten Satz von früher, warum er und warum sie und warum sie nicht und daß er dann, furchtbar, wieso er und weshalb sie und eigentlich, was ich da schon alles hab' hören müssen, danke, wirklich kein reines Vergnügen, das zahlt sich einfach nicht aus. So war sie auch gar nicht DIE LIEBLICHE FRAUENGESTALT, ich meine, sie sagte kein Wort über ihren Mann – normalerweise jedenfalls. Nur manchmal kam etwas raus, und immer gerade dann, wenn du denkst, nun wird es richtig schön SCHAUER DER ERREGUNG, und wenn du das zum zehntenmal erlebt hast und du kannst doch nichts ändern daran, das ist alles längst gewesen und längst geschehen und aus und vorbei, nichts mehr zu ändern, aber sie erzählt dir nochmal und nochmal, wie er und weshalb sie und wieso sie beide niemals – also mir stand zuletzt alles bis dahin, und dann gab es noch Ärger mit einem Hotel in Stuttgart, und am nächsten Tag war sie gar nichts mehr wert,

Kopfweh, Grippe oder hysterisch, Migräne, was weiß ich, jedenfalls war es dann aus mit der Wonne EWIG DU EWIG DEIN DICH DU, und ich merkte eben, es war wieder nichts. Na ja. Außerdem war sie – na, du kennst sie ja nicht und wirst sie auch nicht mehr kennenlernen, dir kann ich's ja sagen: Sie war einfach unersättlich AN MEINEM WILD KLOPFENDEN HERZEN, irgendwie konnte sie nicht genug bekommen ALLE WONNEN DER WOLLUST, und ich bin doch auch Mitte 40, also. Jedenfalls ist Schluß, ENDGÜLTIG EWIG, und ich sage dir, Ingrid, brauchst gar nicht zu lächeln, wirklich EWIG, ich habe dabei was gelernt, das kannst du mir glauben. – Ja, eine Tasse noch – danke, das genügt.

Das verstehst du nicht Süße, also das mußt du schon mir überlassen, ja? ZINSEN ZINSESZINSEN RENDITE Bist doch mein Kleines, komm her na komm schon, ich tu' dir ja hab dich nicht – bißchen runder bist du geworden, da, was? Aber schon ja sehr schön weich du, was lachst du weißt doch, ich mag nicht, wenn du dabei – na komm DIE SEXUELLEN WÜNSCHE tu das mal weg, ich habe schließlich jetzt auch keine Sockenhalter – du mußt dich noch mehr entspannen, ja, so, wer hat dir das eigentlich beigebracht, daß du so – nein, so, siehst du schön, sehr schön PRAXIS DER LIEBE will alles gelernt sein. Langsam du. Ich dich ich auch weißt du ja Kleines Süßes du EKSTASEN in Schlangenbad weißt du noch zuerst hab' ich gar nicht gedacht mich gar nicht richtig getraut, kleine Schlange du ja so. So. WÜNSCHE. Ganz langsam weißt doch ich ja ich auch. Aber ich kann eben nicht so häufig zu dir verstehst du leider. Noch mehr entspannen. PRAXIS. Noch mehr, so. Ich wäre ja schon viel früher das weißt du ja aber der Dienst und dann PARTNERSPIELE meine Frau – warum nicht weißt du doch kann ich doch sagen, das muß ich doch sagen dürfen Kleines du Süßes du LIEBE OHNE KOMPLEX OHNE. Komm. Komm näher. Sage ich ja, du bist wirklich unvergleichlich wirklich du wenn ich könnte wie ich wollte weißt du ja AUSSERDIENSTLICHE LEBENSFÜHRUNG OHNE KOMPLEX. Schön so sehr. Aber erstmal kann ich nicht wirklich nicht daran denken, das mußt du mir glauben, Kleines, sonst bin ich fertig als Beamter DIENSTVERGEHEN, das weiß sie natürlich auch, kann ich auch gar nicht bezahlen einfach zu teuer in meiner Gehaltsgruppe A 11 plus Stellenzulage, und deshalb darf sie nicht wissen, daß ich in der Nacht unterwegs war – nein, aber wo denn, keine Frau bei keiner Frau Ehrenwort ich bin schüchtern weißt du doch, das sind ganz andere Dinge ZINSEN ZINSESZINSEN, ich schwöre dir, Kleines, mußt du mir glauben, außer dir habe ich nie, wirklich nicht niemals du. PARTNERSPIELE das machst du gut, ja. Manchmal denke ich, daß sie vielleicht frigide verstehst du: Sie kann das nicht EKSTASEN DER LIEBE. Eigentlich kann sie gar nichts, obwohl sie – schrecklich, sage ich dir DIE SEXUELLEN WÜNSCHE. Ja komm gib mir. Ja so. Ich muß ein felsenfestes Alibi haben für diese Nacht, wenn sie doch rauskriegen sollte, daß ich nicht zu Hause war NICHT NUR DER ZINS AUCH DER ZINESZINS – sonst macht sie mich fix und fertig, endgültig, deshalb erzähle ich dir ja alles so genau, wann ich gekommen bin, kurz vor Mitternacht, meinetwegen hast du da schon geschlafen, sagen wir mal, du hast schon geschlafen DIE NACHT VON PARIS, aber als du dann meine Stimme gehört hast in der Sprechanlage, nicht wahr, du mußt dir das richtig vorstellen, bis du selbst daran glaubst, abends war Starparade im Fernsehen, Rex Gildo und Heino, sowas siehst du dir sonst doch auch manchmal an, das ging bis halb 10 – hast du sogar gesehen, um so besser, dann weißt du ja, wie das war und daß du den Abend zu Hause warst, und dann die Kreml-Runde, das hast du bestimmt nicht gesehen, oder doch? Siehst du, und dann bist du schlafen gegangen, genau wie jeden Tag – jetzt bitte nicht, Kleines WÜNSCHE EKSTASEN, bitte ruhig, wir wollen das eben mal durchsprechen, ja? Ich lauf' dir doch nicht weg jetzt, Süßes, komm gleich machen wir weiter PARTNERSPIELE, na komm du komm schon. Ja ich dich auch. – Gut, also noch einmal von vorne, alles war ganz normal, weil du ja auch am anderen Morgen ins Büro mußtest wie immer, hat er nun eigentlich dein Gehalt erhöht HAST DU WAS DANN BIST DU? Du mußt da scharf dranbleiben, sonst bleibst du zurück, und du bist doch immerhin – na, geschätzt 28, ja? Brauchst du mir nicht zu sagen, Kleines, wir feiern die nächsten zehn Jahre deinen 29., Süße, Mensch nicht so schnell sonst EKSTASEN. – Das mußt du dir ganz deutlich vorstellen, die Nacht vom 13. auf den 14., kurz vor Mitternacht klingelt es, du schreckst hoch, denkst zuerst – meinetwegen, du denkst also, jemand macht Unsinn will dich ärgern, aber dann stehst du doch auf, beim zweiten Klingeln, und du fragst in der Sprechanlage, und weil meine Stimme so traurig klingt – also du mußt dir das vorstellen, ich wußte nicht aus noch ein, und weil ich gerade den Wagen wiederbekommen hatte, fast 500 Mark hat die Chose gekostet, gemein, da bin ich also einfach losgefahren in die dunkle Regennacht und bin einsam umhergeirrt auf den nächtlichen Straßen DIE NACHT VON PARIS, und dann ist mir plötzlich der Gedanke gekommen, daß ich dich mal besuche, weil wir uns letzten Herbst so gut verstanden haben in Schlangenbad PARTNERSPIELE, von allem anderen brauchst du nichts zu sagen, im Gegenteil, das würde nur ein schiefes Licht, also das möchte ich keinesfalls, schon deinetwillen nicht DER BEAMTE MUSS SICH EINWANDFREI VERHALTEN DIENSTVERGEHEN VERWEIS. Ja, so ist schön du, du machst mich wieder ganz also komm schon noch ein bißchen mehr jetzt ja du. – Du auch? Siehst du, wir beide. Wenn ich könnte, ich sage dir ja SO KÖNNEN SIE GLÜCKLICH WERDEN, aber auch wegen der Kinder weißt ja. Na ja mal sehen Geduld. Erstmal müssen wir das jetzt klarkriegen, daß ich ein bombensicheres Alibi habe, verstehst du? Du, jetzt darfst du nicht einschlafen, Kleines, hör mir gut zu! Um 9 muß ich sowieso zu Hause sein, also in einer halben Stunde spätestens muß ich fahren, sonst wird Karin noch mißtrauisch GEGEN UNEHRENHAFTES VERHALTEN VON FAMILIENANGEHÖRIGEN MUSS DER BEAMTE EINSCHREITEN. Also hör zu Süße, nochmal – ich wollte also gar nichts von dir, verstehst du, nur daß mich mal jemand anhörte in meinem Leid wie mir zumute war, daß meine Frau weggelaufen war mit irgendeinem Mann PARTNERSPIELE, ich wußte ja nicht mal mit wem, und ich saß da mit den Kindern, Clemens war sogar schwer krank, und meine alte Mutter mußte den Haushalt machen und durfte nichts wissen davon, was meinst du, was ich von Mama zu hören bekommen hätte, sie hat schon damals gesagt, vor der Hochzeit, daß das nichts werden konnte, aber ich wollte nicht auf sie hören – siehst du, und so ein verzweifelter Mann, der keinen Ausweg mehr wußte, der kam bei dir an um Mitternacht und wollte nichts als mit dir sprechen, ein einsamer verlassener Mensch, also nichts von Bett und so, kein Wort, haben wir nie was zusammen gehabt PARTNERSPIELE EKSTASEN OHNE KOMPLEX, das mußt du notfalls beschwören. – Ach was, das weiß doch niemand außer uns beiden, jeder Richter muß dir das glauben, auch wenn er's nicht glaubt, und ich werde doch nicht und würde irgendwas sagen, ich bin doch nicht wahnsinnig EIN BEAMTER DER SEINEN GESCHLECHTSTRIEB. Wir müssen uns nur genau abstimmen, daß nichts passieren kann, daß wir immer beide dasselbe sagen, wenn einer fragt. Also es war nichts und ist nichts, davon gehen wir aus – nimm mal dein Bein runter, nanu, du hast doch nun alles gehabt –, und wir haben die Nacht hier verklöhnt. – Klar, das versteht jeder Richter, zumal wo meine Frau noch nie das richtige Verständnis für mich gehabt hat, da kann ich Sachen erzählen, das kann ich beweisen, und nun war sie auch noch weggelaufen, und vielleicht hatte sie früher auch schon mal was, ich hatte mal einen bestimmten Verdacht, möglich wäre das schon. Hör zu, Kleines. Du hast dann Kaffee gekocht, erstmal natürlich dich angezogen, das ist ja klar, was hast du angezogen? – Gut, das rote Wollkleid mit den blauen Ranken auf den Ärmeln, das du damals in Schlangenbad immer, weiß ich Bescheid. Also Kaffee getrunken haben wir, zweimal – ja? So eine Nacht ist lang. Und gegen halb 5 bin ich dann wieder gefahren, du warst natürlich total erschöpft PARTNERSPIELE, aber trotzdem bist du morgens wie jeden Tag ins Büro gegangen, und niemand hat etwas gemerkt – klar, ja? Und ich hab' dir eben ausführlich von allem erzählt, von meiner Frau, wie das immer schwieriger geworden ist mit ihr, du kennst die Geschichte ja DAS PFANDBRIEFEINMALEINS, aber ich habe mich eben immer wieder bemüht, daß ich die Familie erhalte VERBRIEFTE SICHERHEIT, schon wegen der Kinder – hab' ich ja auch, wirklich, und auch jetzt wollte ich nichts anderes als meiner Frau den Weg zurück ebnen, daß sie wieder vernünftig wird. Aber natürlich hat mich das sehr bedrückt, ich war ganz down in der Nacht, wie damals in der zweiten Kurwoche, weißt ja, total depressiv, so mußt du dir das vorstellen, Kleines, und ich hab' dir natürlich leid getan, weil du mich schon in Schlangenbad sehr geschätzt hast – nur geschätzt, mehr war nicht! –, und deshalb hast du dir alles angehört und hast mich sprechen lassen und hast mir gut zugeredet, daß ich Geduld haben soll mit meiner Frau, verstehst du? Damit kein schlechtes Licht auf dich fällt!

Ja, ich liebe ihn, verrückt, ja, ich weiß, aber ich liebe ihn immer noch, immer mehr, je länger ich ihn nicht sehe. Hast du denn nie – ich meine, Gertrud, hast du immer nur deinen Mann –? – Ich sage ja gar nichts dagegen, du bist eine glückliche Frau, wirklich, und wenn du das aushalten kannst, daß er – du hast mir doch erzählt, daß er manchmal andere Frauen? Wenn dir das nichts ausmacht? Wirklich, ich könnte dich beneiden. Aber ich liebe ihn, gerade diesen, verrückt, und ich weiß nicht mal, weshalb gerade den, die Nase tut es bestimmt nicht, einen Bauch setzt er auch schon an, und er ist nicht mal besonders, du weißt schon, er schläft lieber. Aber ich – ich bin verrückt nach ihm, und ich sage mir selbst, daß ich verrückt bin und daß ich zwei Kinder habe und einen Mann, und Herbert ist nicht der Schlechteste, das weißt du doch auch, und eigentlich sollte ich ihn nicht betrügen – was heißt Betrug, betrügen: Auch wenn ich nicht mit einem anderen schlafe, betrüge ich ihn, weil ich ihn nicht liebe. Nicht richtig liebe. Nicht so. Ich denke immer an ihn, an den anderen natürlich, immer noch, immer wieder, immer, was soll ich machen, bitte, Gertrud, weißt du, was ich tun soll, kannst du mir das sagen? – Das hilft nicht, nichts gar nichts hilft, das habe ich immer wieder versucht. Ich denke einfach zu ihm hin, es denkt mit mir, er denkt in mir, wie du willst, obwohl ich nicht einmal weiß, ob er noch an mich denkt. Wenn ich mir wenigstens sagen könnte: Er ist eben der Mann für mich, der einzige Mann, den ich jemals geliebt habe, den ich je lieben werde, der einzige, der es verdient, geliebt zu werden. Nicht einmal das! Wenn du ihn sehen würdest, wahrscheinlich würdest du mich für dumm halten, verrückt, sicher würdest du sagen, daß so einer den Aufwand nicht lohnt – ein Mann Mitte 40, geschieden, seit achtzehn Jahren schon, und immer Frauengeschichten, hat er mir gar nicht erzählt, aber ich kenne den Typ, er braucht mir gar nichts zu sagen: so jemand, der es gewohnt ist, daß man ihn liebt, irgendwie geht das bei solchen

Männern schon bei der Mutter los, das hübsche Kind, der reizende Junge, ein schöner Junge, so lieb, und so lieben sie sich dann durch ihr Leben, so werden sie geliebt, und das Verrückte ist, wirklich, du mußt mir das glauben, Gertrud: Irgendwie ist es schön, ihn zu lieben, gerade diesen Mann, so einen, ich weiß auch nicht warum, wirklich nicht. Aber ich liebe ihn, und wenn er morgen anrufen würde – er ruft nicht mehr an, Gott sei Dank, aber wenn er anrufen würde, ich weiß nicht, was ich tun oder nicht tun würde, ich könnte alles tun, noch einmal, genau wie vorher, genauso verrückt, genauso sinnlos, obwohl ich weiß, wie er ist und wer er ist und daß das nur für einen Augenblick ist, für diesen kleinen Augenblick, und hinterher dann der dikke Kater, und rundherum habe ich alles kaputtgemacht. Hast du nie einen so geliebt? Er kann machen, was er will, ich würde ihn immer noch lieben – er tut ja auch, was er will, was er mag, und wenn ich's nie gewollt habe, du, es gibt Dinge, die tut man für den, den man liebt, ich habe alles getan. Und dabei liebt er mich nicht so wie ich ihn liebe, das weiß ich auch, er kann gar nicht so lieben, einer liebt immer mehr als der andere, und er ist immer der andere. Vielleicht liebt er mich überhaupt nicht und hat mich niemals geliebt und ich war nur jemand, mit dem er spielen konnte – Gott, und er hat mit mir gespielt, und ich liebe ihn trotzdem, immer noch.

Es tut mir aufrichtig leid, aber ich habe, offen gestanden, doch recht erhebliche Zweifel, ob aus Ihrem Romanentwurf – der ja in den mir bisher vorliegenden Teilen eine ganze Reihe von verschiedenen Entwürfen und Ansätzen beinhaltet – das werden kann und werden wird, was wir uns ursprünglich davon erhofften. Was Sie mir jetzt wieder zugesandt haben, noch nicht einmal durchgehend paginiert und damit doch wohl in der Reihenfolge nicht festgelegt, das sind im Grunde, meine ich, nicht viel mehr als Materialien zu einem Entwurf, lose Skizzen und Aufrisse, mehr oder weniger zufällige Teilaspekte der Figuren und Geschehnisse. Die eigentliche Handlung, die Liebesgeschichte nämlich mit den schicksalhaft darin verwickelten Menschen, bleibt weithin unscharf, unklar und viel zu wenig konturiert; gelegentlich rückt sie sogar ganz in den Hintergrund. Bei allem persönlichen Wohlwollen, das ich Ihnen entgegenbringe – Ihre Frau wird Ihnen das bestätigen können –, möchte ich doch einmal ganz deutlich feststellen: Was Sie bisher geschrieben haben, wirkt auf mich als eine recht beliebige Reihung beliebiger Ausschnitte, ein Stückwerk im eigentlichen Wortsinn und als solches gewiß nicht für meinen Verlag geeignet, der sich, bei bewußter Aufgeschlossenheit für das Moderne, der großen deutschen literarischen Tradition zutiefst verpflichtet weiß. Ich kann leider wirklich nicht sehen, wie aus diesen Bruchstücken ein Ganzes werden könnte, sofern Sie sich nicht endlich zu einer überzeugenden Gesamtkonzeption entschließen wollen, und das nicht für mich oder irgendeinen gedachten Leser – obwohl es meiner Meinung nach von geistigem Hochmut, wenn nicht von schlichter Ignoranz zeugt, gar keine Rücksicht auf den Leser nehmen zu wollen! –, sondern vorerst und vor allem für Sie selbst.

Was Sie mir bisher an Proben und Fragmenten geliefert haben, beweist mir, daß Sie durchaus nicht ohne Talent sind, Talent für die Darstellung von Einzelheiten, Stimmungen, kurzen Szenen, Details. Daß Sie aber einen Roman schreiben können, das müssen Sie mir und sich selbst erst noch beweisen! Wenn ich Ihnen heute noch einmal einen Vorschlag machen darf, und ich möchte wirklich hoffen, daß Sie darauf eingehen werden: Schreiben Sie doch erst einmal ganz schlicht auf, ganz sachlich und konkret, wie Sie sich Ihre Figuren denken. Es genügt eben nicht – das müßte inzwischen eigentlich Ihnen selbst klargeworden sein –, daß man eine Reihe von möglichen Begebenheiten skizziert, wie Sie das seinerzeit in Ihrem Exposé – zugegebenermaßen recht geschickt – getan haben. Ein richtiger Roman verlangt handfeste Tatsachen und Geschehnisse, ein eindeutiges So oder So im Gitter von nachvollziehbaren Spannungslinien und Spannungsbögen – jedenfalls ein Roman, wie ich ihn mir im Strombett unserer historisch gewachsenen deutschen Erzähltradition einzig vorstellen kann. Was wir brauchen – was auch der gemeine Leser braucht und deshalb mit Recht verlangt –, das ist ganz einfach eine saubere Realitätsbezogenheit: mehr Fleisch, möchte ich sagen, mehr Volumen, volkstümlich ausgedrückt: mehr Butter bei die Fische. Das Spielen mit beliebigen Partikeln, wie Sie es bisher mir und sich selbst vorgemacht haben, reicht eben auf die Länge für einen Roman nicht aus. Wenn Sie sich zum Beispiel ehrlich fragen, was der Leser bisher tatsächlich über die Liebenden und ihre Liebe erfahren hat, dann werden Sie zugeben müssen, daß das recht wenig ist – viel zu wenig jedenfalls, um irgendeine nachhaltige Anteilnahme des durchschnittlichen Lesers zu bewirken. Wenn ich mich recht entsinne, dann haben wir bisher noch nicht einmal von einem Kuß zwischen den Liebenden gehört beziehungsweise gelesen! Sie werden aber doch wohl mit mir einer Meinung sein, daß gewisse Liebesbezeigungen in einen Liebesroman gehören, so „modern“ dieser Roman auch angelegt sein mag. Wir hören kaum, wo die Liebenden sich – nach der ersten Begegnung bei der Probefahrt, von der wir immerhin etwas erfahren – gesehen, wo sie sich wirklich „gefunden“ haben, wissen im Grunde nicht einmal, weshalb sie sich überhaupt lieben! So kann das wirklich nicht weitergehen, so – ganz kraß gesagt – wird nichts daraus, zumal Sie auch noch eine unglückliche Neigung haben, Nebenhandlungen zu erfinden und breit auszuspinnen, die nicht nur nicht zur Klärung beitragen, sondern im Gegenteil verwirren und vom Kern des Geschehens ablenken. So erscheint mir zum Beispiel die Tatsache, daß Herr Schmella seiner eigenen Mutter das Spargeld stiehlt – anscheinend aus keinem anderen Beweggrund als dem, das Geld zinsgünstig anzulegen! –, doch recht abwegig und unglaubwürdig, auf jeden Fall aber sehr weit hergeholt und im Zusammenhang Ihrer Liebesgeschichte ausgesprochen überflüssig, zumal Frau Schmella ja nicht einmal etwas davon erfährt. Sie werden gut daran tun, diesen Handlungsschnörkel zu eliminieren, zumal da sich darin, so ist mein Eindruck, nichts anderes ausdrückt als die Absicht, unsere gegebene demokratische Grundordnung zu denunzieren, die ja nun einmal eine kapitalistische ist, was immer man darunter verstehen mag. Die gleiche Tendenz scheint mir übrigens auch in Ihrer Zeichnung des Hauses und der Familie Dr. Krüdener vorzuherrschen. Natürlich gab es und gibt es noch heute derartige Familien, die im wesentlichen von dem durch die Vorväter erarbeiteten Vermögen leben; repräsentativ dürften solche Menschen aber in unserem sozialen Rechtsstaat durchaus nicht sein, und die von Ihnen unterschobene Querverbindung Kapitalismus-Nationalismus (Dr. Krüdener: Aufsichtsratsvorsitzender, Major, Ritter des königlichen Hausordens des Hauses Hohenzollern!) scheint mir denn doch recht oberflächlich und unreif, auf jeden Fall von zweifelhaftem Aussagewert. Ebenso wären zu streichen einige anscheinend parodistisch gemeinte Einschübe im Stile des billigen Trivialromans, mit denen Sie den Durchschnittsleser höchstens irritieren könnten, ohne etwas anderes zu erreichen als – verzeihen Sie das Modewort – eine Frustration eben des Lesers.

Das sind aber nur Kleinigkeiten, über die wir uns auch noch bei der Schlußredaktion Ihres Manuskripts einigen könnten. Was mir im Augenblick wichtig erscheint – wichtig und dringend, damit etwas aus Ihrem Roman wird, dessen interessante Ansätze ich durchaus nicht verkenne! –, das ist die notwendige Konkretisierung Ihrer Geschichte in einer überzeugenden realistischen Konzeption.

Frau Karin Schmella, geborene Krüdener, wurde am 23. Mai 1932 in Berlin geboren als Tochter des Doktors der Rechte Adalbert Krüdener und seiner Ehefrau Helene, geborene Wolters. Von 1938 bis 1942 besuchte sie die Volksschule, anschließend bis zur Reifeprüfung 1952 verschiedene Oberschulen und Gymnasien in Berlin, Bromberg, Lübeck und Berlin. Anschließend studierte sie Kunstgeschichte in Berlin, Marburg und Bonn. 1955 heiratete sie den städtischen Beamten Herbert A. Schmella, Inspektor in der Stadtsteuerabteilung.

Im August 1967 lernt Frau Schmella anläßlich einer Probefahrt den 44jährigen Automobilverkäufer Helmuth von Rath kennen. Bei mehrfachen, teilweise ausgedehnten Besprechungen über Preis, Verkaufs- und Zahlungsbedingungen des zur Verhandlung stehenden Vorführwagens vom Typ Ford 20 M entwickelt sich eine Bekanntschaft, später eine freundschaftlich getönte Beziehung zwischen dem Ehepaar Schmella und dem allein lebenden Autoverkäufer, die zu gelegentlichen Besuchen von Raths bei der Familie Schmella führt, schließlich zu seiner Teilnahme an einem von Schmellas veranstalteten Karnevalsfest Mitte Februar 1968. Die aufgelockerte Stimmung während des Karnevalstrubels in allen Räumen der Wohnung Schmella – die beiden Söhne schlafen in dieser Nacht bei der Familie des Oberamtmanns Schüller, da Schüllers wegen einer leichten Erkältungskrankheit der Einladung selbst nicht folgen mögen – ermöglicht nähere Beziehungen zwischen Frau Schmella und Herrn von Rath, die in den folgenden Tagen und Wochen aus- und weitergesponnen werden, ohne daß Herr Schmella etwas davon weiß. Am 7. März entschließt sich Frau Schmella, ihren Mann und die Kinder zu verlassen und mit Herrn von Rath zu verreisen, ohne ihrem Mann mehr zu hinterlassen als eine kurze Nachricht von ihrem Entschluß; am 14. März kehrt sie, müde und krank, zurück.

Du?

Ja.

Ausgerechnet!

Wieso?

Nun komm doch erstmal ins Haus, es muß ja nicht die ganze Straße sehen, daß du – wie siehst du überhaupt aus?!

Sind die Kinder gesund?

Interessiert dich das?

Was macht Clemens?

Komm doch schnell, wenn dich jemand im Treppenhaus sieht – wie du aussiehst!

Es regnet.

Und – und? Mußt du denn ausgerechnet, ich meine, um diese Zeit, naß und schmutzig – da, du bist schmutzig!

Ja?

Das siehst du doch – komm!

Was ist eigentlich?

Was ist was ist – also du, wenn jemand was merkt, Mama steht auch gleich auf, du hättest wenigstens anrufen können, ich sorge mich um dich –.

So?

Natürlich. Wo kommst du denn jetzt her?

Ich kam nicht rein. Der Haustürschlüssel, das neue Schloß. Und du hast nicht aufgemacht.

Ich? Wieso? Ich habe doch gleich –.

Jetzt, ja. Aber vorhin.

Wann denn?

Vor einer halben Stunde. Da stand dein Wagen noch nicht vor der Tür, glaube ich.

Unsinn! Ich habe den Wagen gestern abend aus der Werkstatt geholt, und weil ich den Garagenschlüssel nicht bei mir hatte, habe ich ihn vor der Haustür abgestellt, da steht er doch, mußt du doch gesehen haben!

Ja? Jedenfalls habe ich geklingelt, vorhin.

Habe ich nicht gehört. Wer denkt denn auch – ich kann doch wirklich nicht wissen, daß du – wo warst du überhaupt?

Im Kaiserpark.

Nein, ich meine – du weißt schon.

Interessiert dich das?

Hör mal, du verläßt uns, und ich – also ich – wirklich, du hast eine Art, statt daß du –.

Soll ich mich entschuldigen?

Ach was, aber wenigstens – ich meine, ich muß doch wissen, wo du bist, schließlich sind wir verheiratet, da kann doch nicht jeder tun, außerdem bin ich Beamter und als solcher verpflichtet – aber das begreifst du ja doch nicht. Komm rein, rasch! Mama habe ich gesagt – nicht so laut, bitte, die Kinder! –, daß du bei einer Freundin bist – komm, geh erstmal ins Bad, damit du – sie darf nichts merken, am besten, wir sagen ihr –.

Was?

Ist ja egal, am besten vielleicht, daß du schon in der Nacht nach Hause gekommen bist, gestern abend spät, ich such' dir den Zug 'raus, sonst glaubt Mama dir nicht. Wo warst du denn, ich meine, was wollen wir sagen?

Ist mir gleich.

Nein, nicht ins Schlafzimmer – ins Bad, bitte, erstmal, du kannst doch nicht so schmutzig – nicht ins Schlafzimmer!

Warum denn nicht?

Ich sage dir doch – gib mir den Mantel!

Was hast du eigentlich?

Was soll ich haben?! Ich möchte, daß die Kinder nichts merken, daß Mama – sei leise, bitte! Und eil dich, Mama kommt in fünf Minuten, ich wühl' schon dein Bett um, dann sieht es so aus, als ob – mach schnell!

Mir ist kalt.

Helmuth von Rath, Automobilverkäufer, 44 Jahre alt, ohne abgeschlossene Berufsausbildung. Aus der letzten Klasse der Oberschule wurde er 1941 zur Wehrmacht einberufen – wie alle seine Klassenkameraden hatte er sich freiwillig gemeldet –, sein Abgangszeugnis enthielt einen Reifevermerk, der ihm im Sommer 1944 ein Semester Jurastudium in Berlin erlaubte, als er nach einer Verwundung noch nicht wieder frontdienstfähig war. Im Wintersemester 1945/46 nahm er sein Studium wieder auf, diesmal an der Christian-Albrechts-Universität in Kiel, da er bei Kriegsende nach Schleswig-Holstein verschlagen worden war (Leutnant von Rath, von Mitte Mai bis Mitte Oktober einquartiert auf einem ehemals adeligen Gut im Landkreis Oldenburg, beschäftigt als landwirtschaftlicher Hilfsarbeiter). Zum Sommersemester 1946 traten neue Zulassungsbedingungen der britischen Militärregierung für die Universität in Kraft, die ihn – als ehemaligen Scharführer der Hitler-Jugend – vom weiteren Studium zunächst ausschlossen. Da seine Mutter, deren Leihbücherei stark dezimiert worden war – kurz vor Kriegsende durch Artilleriebeschuß, nach dem Waffenstillstand durch einschneidende Bestimmungen über die Ausmerzung nationalistischer und militaristischer Literatur –, ihn gerade zu dieser Zeit um seine Hilfe beim notwendigen Ausbau ihrer Bestände gebeten hatte, widmete er sich zunächst dem Ankauf, später auch dem Verkauf von alten Büchern. Dabei machte er die Erfahrung, daß gewisse bebilderte Werke der sexualkundlichen Literatur, welche auch sein privates Interesse fanden, erhebliche Gewinne abwarfen, zumal im Tauschverkehr mit Angehörigen der britischen Besatzungsmacht (Zigaretten, Zeltbahnen, Tubenkäse). Deshalb verlegte er den Schwerpunkt seines Handels, den er von einem möblierten Zimmer aus betrieb, auf diesen Sektor, und er war damit so erfolgreich, daß er das Studium zwar wieder aufnahm, als die Zulassungsbestimmungen ihm das erlaubten, seine ganze Arbeitskraft aber weiterhin seinem Geschäft widmen mußte, so daß er sich im Winter 1947/48 schon nur noch deshalb einschreiben ließ, um gewisse Vergünstigungen des studentischen Lebens – vor allem einen dank der Spenden amerikanischer Sektierer kalorienreicheren Mensatisch – nicht einzubüßen. Damals lebte er schon zwei Jahre lang als Untermieter bei einer um wenige Jahre älteren Dame, deren Ehemann, wie Anfang 1948 amtlich bestätigt wurde, im Mai 1945 in einem Dorf bei Magdeburg erschossen worden war. Im Juni 1948, kurz vor der Währungsreform, heiratete er seine Vermieterin, weil er sich sonst eine andere Bleibe hätte suchen müssen – sie bestand auf einem Entschluß, so oder so. Die Ehe wurde allerdings schon 1950 wieder geschieden, nachdem sich der Verdacht seiner Frau bestätigt hatte, daß er ihr nicht nur nicht treu war – das hätte sie wahrscheinlich noch verschmerzt –, sondern daß er sich mehr als üblich und erlaubt mit seiner damals gerade 16jährigen Stieftochter beschäftigt hatte. Nach der Scheidung und dem damit unabwendbar gewordenen Wohnungswechsel gingen Herrn von Raths verschiedenartige Handelsgeschäfte stark zurück, zumal die Rückkehr zu normalen Wirtschaftsverhältnissen das Feld seiner kaufmännischen Betätigung ziemlich rasch einengte. Erschwerend kam hinzu, daß er im Jahr der Ehescheidung noch eine Verurteilung zu einer siebenmonatigen Gefängnisstrafe hinnehmen mußte, obwohl das Delikt (Schwarzhandel) damals schon längere Zeit zurücklag, und die Unterhaltszahlungen an seine geschiedene Frau belasteten ihn schwer. Unter diesen Umständen war er froh, als er im Jahre 1951 eine Aushilfsstellung im Büro einer Autoreparaturwerkstatt erhielt, wo er im Laufe der Jahre unentbehrlich zu werden verstand, obwohl er auf Annäherungsversuche der Frau, später Witwe des Werkstattinhabers, nicht einging. Er blieb dann in der Branche.

Stell doch mal lauter, Karin, das möchte ich hören!

GRAU DAMALS SCHMUTZ DAMALS TRÜBE ASCHE SCHLACKE MÜLL

Ja, so war das damals.

GLANZ HEUTE SAUBERKEIT ORDNUNG HEUTE

Kommen wir noch bis Göttingen?

Hör mal – weiß nicht!

HOCHHAUSFASSADEN HELL UND HEITER

Interessiert dich das?

Ich war damals in Kiel, gleich nach dem Krieg.

HALB VERNAGELTE FENSTER DAMALS

Ach so.

DAS MACHT NICHT DEN ABSTAND AUS ZWISCHEN GESTERN UND HEUTE

Stell doch ein bißchen lauter, der linke Knopf, bitte. Da hab' ich studiert.

SCHON VERGANGEN LÄNGST VERGANGEN

Studiert hast du?

Natürlich, was denkst du, Jura.

JAHRE DIE BEFRAGT WERDEN KÖNNEN IN ALTEN ZEITUNGEN

Bin bloß nicht fertig geworden, ich durfte 46 nicht weiterstudieren, weil ich Bannführer war, und nachher –.

GLEICH NACH DEM KRIEGE.

Sonst wäre ich heute

DER LANGE UNIFORMMANTEL DUNKELBRAUN GEFÄRBT AUF BEFEHL DER BRITISCHEN MILITÄRREGIERUNG

vielleicht Ministerialrat, was weiß ich.

UND DIE GEFÄRBTEN HOSEN UND JACKEN VERLOREN NICHT DEN DUMPFEN KOMMISSGERUCH NIE

Möchtest du das?

Warum nicht? Immer mein gutes Einkommen, dann die Pension, und totgearbeitet hat sich ein Beamter noch nie.

NA JA DAMALS

Ich weiß nicht, ob du der richtige Mann dafür bist.

WIESO WIESO DENN

Ich kann mich auch dumm stellen, wenn du das meinst. Aber ich habe eben damals aufhören müssen, schließlich war ich auch Offizier gewesen,

SEKUNDEN SEKUNDEN

mein Vater war tot, gefallen, die Buchhandlung meiner Mutter war auch hin, was sollte ich anfangen damals?

IN KIEL GLEICH NACH DEM KRIEGE

Wir haben damals in Lübeck gewohnt.

Wenn ich dich da gekannt hätte!

Ich war doch erst 14!

Ja? So alt war die Tochter meiner Wirtin auch INSEL DER SELIGEN, nettes Mädchen VON ERREGUNG ÜBERWÄLTIGT, ganz hübsch. DIE BLINDEN DIE OFFENEN JAHRE GLEICH NACH DEM KRIEGE

Blödes Geschwätz Radiogeschwätz!

Soll ich abstellen?

Laß mal, vielleicht wird es noch.

DAMALS GLEICH NACH DEM KRIEGE ALS WIR ZU LEBEN BEGANNEN ALS WIR PLÖTZLICH BEGINNEN DURFTEN ZU LEBEN UND NICHT MEHR ZU STERBEN HATTEN ERST EINMAL DAS UND NUR DAS NICHT MEHR STERBEN

War eine miese Zeit.

IRGENDWO UNTER ANGESCHLAGENEN ZIEGELN

Ja, aber jetzt – freust du dich?

Worüber?

Daß wir zusammen sind.

Natürlich, das weißt du doch.

WOLLTEN ETWAS MACHEN AUS UNSEREM LEBEN DAS BIS DAHIN KAUM MEHR GEWESEN WAR ALS EINSATZ GEHORSAM BEFEHL

Unsinn alles, sentimental, der hat das nicht mitgemacht, glaube ich, da könnte ich dir was anderes erzählen.

UND WIR WOLLTEN DIE WELT ANDERS MACHEN GANZ ANDERS

Ja, denkste!

Dreh doch ab, meinst du nicht?

Bitte, ja.

Bist du müde?

Wieso? Nein. Ein bißchen vielleicht. Der Ärger mit dem Vergaser.

Ich dachte nur NAHM SIE IN MEINE ARME GELIEBTE – ist ja egal, ich fürchte, den Wagen werd' ich nicht los.

Wird schon noch werden, morgen.

Jedenfalls schön, daß du mitgekommen bist, wirklich EWIG NUR DICH DU. Sonst wäre ich jetzt allein, und diese Hotels, man nimmt dann eben doch das billigere und ein billiges Zimmer, damit man noch drei Mark Spesen spart, das geht dann wieder für Trinkgelder drauf, weil die Bedienung dir hübsche Augen macht SCHAUER DER ERREGUNG, aber im Bett bist du doch wieder allein STÜRZTE MICH AUF SIE – ist alles nichts, kannst mir glauben.

Ich bin bei dir.

Ja, du bist mein Traum EWIG DU EWIG.

Wirklich? Sag das noch einmal.

Ewig du.

Das andere, bitte.

Ich sag's doch!

Herbert A. Schmella, geboren am 12. April 1922 in Kolberg als erstes Kind des Reservelokomotivführers Eberhard Schmella und seiner Ehefrau Bertha, geborene Klitzke.

Ich wollte Berufssoldat werden dem Vaterland dienen alle für einen Gemeinnutz geht vor Gott mit uns.

1939/40 Unteroffiziersschule. 1941 Teilnahme am Balkanfeldzug, EK II, 1942 Feldwebel. Verwundet bei Stalingrad, ausgeflogen am 12. Januar 1943 – Oberfeldwebel 1944, EK I. Nach der Heimkehr aus russischer Kriegsgefangenschaft im Jahre 1947 war ich zunächst gezwungen. Im Jahre 1949 erhielt ich eine Anstellung bei den hiesigen Stadtwerken, zunächst im Außendienst. Später wurde ich in die Rechnungsabteilung übernommen. Nach Bewährung und Bereitstellung einer Planstelle. 1954 Inspektor. 1959 Oberinspektor. Rechnungsprüfungsabteilung. 1965 Amtmann, büroleitender Beamter. 1968 Oberamtmann.

Finde ich aber nett, daß du mir gratulierst, Kurt, komm 'rein – wirklich, das hätte ich gar nicht erwartet, komm, setz dich, weil doch diese dämliche Geschichte, na, du weißt schon – Mensch, und ich sag' noch zu Kalefeld: Wie können wir das bloß deichseln, daß Schüller nicht mit 'reinrutscht?! Also wirklich, finde ich prima, daß du gratulieren kommst, Kurt – danke, das ist eben noch die alte Kameradschaft durch dick und dünn, was trinkst du? Ist alles noch da, erstmal ein Klarer, ja? Also prost, Kurt, wirklich, du glaubst nicht, wie ich mich freue, ganz ehrlich, das ist eine große Freude für mich, wo sonst immer so viel Neid und Mißgunst unter Kollegen, nicht wahr, da zeigt sich eben, was alte Freunde sind. Prost, Kurt! Und daß du mir das nicht übelgenommen hast, ehrlich, das rechne ich dir ganz hoch an! Aber was sollten wir da auch machen? Der Lagerverwalter, und es war eben besonders ärgerlich, weil er dein Vetter war – ja, ich weiß, jedenfalls aber doch entfernte Verwandtschaft, wenn der sich da nicht so dämlich benommen hätte, entschuldige, aber das war ganz einfach dämlich, sonst wäre gar nichts gekommen danach. Aber was sollte ich machen, als Prüfer, schon wegen Kalefeld, ich konnte doch gar nicht anders, die Überbestände mußten vereinnahmt werden, da paßte schon Kalefeld auf, und natürlich ging das dann nicht ohne Prüfungsvermerkung, das weißt du selber am besten – so leid mir das tut, Kurt, das mußt du mir glauben. Um so mehr freue ich mich, daß du heute kommst und hältst mir die Hand hin, Mensch, Kurt, was! So weit haben wir das nun geschafft, wer hätte das damals gedacht, vor 15 Jahren, weißt du noch? Als wir froh waren, daß wir die Wasseruhren ablesen durften! Noch mal vom gleichen? Ich hab' auch einen guten Whisky – klar doch, Kurt, auf einem Bein kannst du nicht stehen, die anderen waren alle schon vormittags da zum Gratulieren, war sehr vergnügt, ich kann dir sagen, beinahe wäre ich schon nach Hause gegangen, aber Pflicht ist eben Pflicht, da muß man gerade bei den jungen Leuten muß man Vorbild, jawohl, so haben wir das gelernt und immer gehalten, was?! Auf unsere alte Freundschaft, Kurt! Du glaubst ja gar nicht, was ich mich freue über deinen Besuch, daß du kommst und machst einen dicken Strich unter die dumme Geschichte, so darf ich das doch auffassen, ja? Ist ja auch weiter nichts nachgekommen, wie ich gehört habe, das freut mich, Kurt, du konntest ja nichts dafür, und das wird bestimmt nicht wieder passieren, ich meine, wenn wir alten Kameraden schon nicht zusammenhalten, wer soll dann, nicht?! – Jawohl, das sage ich auch, Kurt, wenn ich denke, wie wir im Kessel von Wjasma – und da sind wir auch rausgekommen und haben weitergemacht als alte Soldaten und haben nach dem Krieg wieder ganz von vorn angefangen, trotz der verlorenen Jahre, aber nun haben wir es geschafft – ich sage dir ehrlich, der Oberamtmann ist mir genug, was soll der Verwaltungsrat, wenn ich doch in A 12 bleibe, ist ja doch alles nur Schmus, das lohnt sich nicht, sollen sie sich andere dafür suchen. Und deshalb – natürlich nimmst du noch einen, Kurt, du wirst mich doch nicht allein saufen lassen! Und morgen mache ich blau, jawohl, das will ich mir einmal erlauben, Zahnweh oder Verdauungsbeschwerden, was weiß ich, und dann fahr' ich mit Karin ins Grüne, wir ganz allein, und das bei dem Wetter! – Wieso? Wie meinst du das, Kurt? Inwiefern? Wer hat das – wer sagt das? – Also Kurt, nun mal raus damit, also damit kommst du bei mir nicht, bitte, nun mal raus mit der Sprache! Wieso soll was mit Karin gewesen sein? Kurt, sieh mich an, also da kenne ich keinen Spaß, das mußt du verstehen, da bin ich empfindlich, und keine Ausreden, bitte! Wer hat was über Karin gesagt? – Also Kurt, damit kannst du mir nicht kommen, meine Ehre, jawohl, als Beamter, und auch die Ehre meiner Frau, die lasse ich von niemandem und auch von meinem besten Freund lasse ich sie nicht besudeln, dafür mußt du Verständnis haben, du weißt doch selbst, daß ich gegen ein unehrenhaftes Verhalten meiner Frau – jawohl, erzähl mir nichts, Kurt, im Grunde hast du das eben angedeutet, das kann ich mir auf keinen Fall auf gar keinen Fall lasse ich mir das gefallen, das wollen wir erst mal sehen, wer mir an die Ehre, der soll mich kennenlernen! – Wieso? Wer? Karin – sie soll das selbst gesagt haben? Also das ist das glaube ich nicht das kann sie ja gar nicht, Kurt, das ist doch Lüge Verleumdung, da werde ich, also, Maßnahmen. – Das kann ich einfach nicht glauben, Kurt, von Karin nicht, ich meine, schließlich ist sie doch meine Frau und geht nicht hin und sagt etwas, das mir schaden könnte. – Deiner Frau hat sie das erzählt, Gertrud hat sie –? Aber Kurt, Mensch, das sind doch Frauengeschichten, Klatsch und Tratsch, wer nimmt denn so etwas ernst?! Frauen, Kurt! Ich möchte bloß wissen, wie sie dazu kommt! Ich habe ihr nichts getan, wirklich nicht. Also bitte, Kurt, das muß unter uns Männern bleiben, ja? Karin ist nämlich manchmal, du kennst sie doch auch, zu Hause war sie eben die Einzige und verwöhnt, und sie neigt nun mal dazu – gelegentlich ist sie einfach ein bißchen hysterisch, irgendwie hängt das mit dem Mond zusammen, glaube ich, und dann kann es natürlich mal vorkommen, daß sie was sagt – zugegeben, auch mal was tut, das ist nicht so einfach mit einer Frau aus besseren Kreisen, Kurt, was meinst du, weshalb ich so grau geworden bin? Aber das bleibt unter uns, ja? Selbst wenn was dran wäre – ich sage dir, Kurt, Ehrenwort, natürlich ist nichts daran, sie bildet sich so etwas ein, ich meine, wenn sie ihre Zustände hat, du kennst die Frauen doch auch, wir wollen uns doch gegenseitig nichts vormachen, Kurt, richtig zuverlässig sind eben nur Männer, nicht, ein Wort ist ein Wort und damit basta. Aber selbst wenn was dran wäre – was hat sie gesagt? – Im März? Letzten März? Aber das ist doch Unsinn, die reine Einbildung, Kurt, sie war nämlich damals ziemlich nervös, die Pillen waren ihr nicht bekommen, sie hat sich dann andere verschreiben lassen, und damals hab' ich sie eine Woche zu einer Freundin geschickt, nach Coburg, damit sie mal ausspannen konnte. – Das hat sie Gertrud erzählt? Also das verstehe ich nicht, wirklich, Schüller, das mußt du mir glauben, das ist mir völlig unverständlich. Ich hätte nichts dagegen gehabt, soll sie gesagt haben? Na, da siehst du doch selbst, daß das hysterisch ist – ich meine, schon als Beamter, ich hätte sofort einschreiten müssen, das weißt du doch auch, das wäre ein schweres Dienstvergehen gewesen, ich mache mich doch nicht unglücklich, Kurt, sag selbst, oder was hättest du getan? – Also ich nicht, Kurt, bestimmt nicht, da bin ich anders als du, da bin ich eisern und greife durch, alles andere ist Mumpitz. Ich glaube, ich geh' mal mit ihr zum Psychologen, irgend etwas muß in ihr sein, das ist nicht in Ordnung und muß ausgeräumt werden mit Stumpf und Stiel, ich vermute, so eine Kriegsendegeschichte, darüber kommt sie nicht weg, da muß mal ein Fachmann ran. – Wieso? Den Namen hat sie genannt? Wer? – Ach ja, ja doch, natürlich kenne ich den, der hat mir vor einem Jahr meinen Wagen verkauft, wirklich günstig, ein netter Mann, er war sogar ein paarmal bei uns, du kennst ihn vielleicht, auf unserem Karnevalsfest der Haremswächter – ach so, da warst du ja krank. Aber das ist – das ist doch einfach lächerlich. Das glaubst du doch nicht, oder? – Wieso bewiesen? Mensch, Kurt, ich muß fast annehmen, daß du mich fertigmachen willst, sonst könntest du doch nicht so, nicht sowas –. Kurt, also das kannst du doch nicht wollen, das gibt es doch nicht unter alten Kameraden, oder? Willst du vielleicht Rache nehmen wegen der Lagerbestandsaufnahme? Das kannst du doch nicht tun, Kurt, außerdem müßtest du dich dann an Kalefeld wenden, der war es schließlich, der darauf bestanden hat, ich konnte doch gar nicht anders. Und überhaupt – Mensch, Kurt, selbst wenn etwas gewesen wäre, also ich meine mal angenommen, sie hätte wirklich was mit dem Heini gehabt – was sollte ich denn da machen, ich meine, was hätte ich denn machen können? Maßnahmen ergreifen, jawohl! Aber du kannst doch nichts machen, wenn deine Frau dir wegläuft und du stehst da und weißt nicht warum. Ich habe ihr alles geboten, Kurt, immer, natürlich in unserem Rahmen, aber sie hatte, was sie nur haben konnte, das kannst du mir glauben, und auch sonst, als Mann, also unter Freunden, Kurt, sie kann sich bestimmt nicht beklagen, ich habe doch auch den Kinsey gelesen und weiß, wie oft andere – also sie hatte wirklich keinen Grund zur

Klage, wirklich nicht. Aber was willst du denn tun, wenn sie plötzlich durchdreht und läuft dir weg? Soll ich sie durch die Polizei suchen lassen? Oder eine Anzeige in die Zeitung setzen: Bitte, komm doch zurück, wir warten alle auf dich? So etwas kann dich fertigmachen, Kurt, das wünsche ich keinem – ich meine, immer vorausgesetzt, nur mal angenommen, es wäre wirklich etwas gewesen. Nein, Kurt, das kannst du mir nicht antun, das mußt du für dich behalten, sonst bin ich fertig, das weißt du besser als ich, dann ist endgültig Schluß mit dem Verwaltungsrat, und dann die Kinder, wenn das rauskommen würde, die Leute würden mit Fingern auf meine Kinder zeigen, Kurt, so etwas kannst du doch auch nicht wollen, bitte, als Vater und als Kollege und Kamerad, der Kinder wegen, und damals in Wjasma, weißt du noch, da haben wir uns geschworen, wenn wir aus dieser Scheiße rauskommen, weißt du noch, in der kleinen Kate, du hast genauso gebibbert wie ich, da ging uns der Hintern mit Grundeis, und wir haben uns geschworen, das hast du doch auch nicht vergessen, Kurt, nicht?

Mir ist, offen gesagt, nicht recht verständlich, inwiefern die skizzenhaften Teilstücke, die Sie mir jetzt geschickt haben, irgend etwas Neues gegenüber dem bedeuten sollen, was mir vorher vorgelegen hat. Ich kann nur noch einmal wiederholen, was ich Ihnen schon in meinem letzten Brief dargelegt habe: daß ich nur noch recht wenig Hoffnung auf die Vollendung Ihres Romans setzen kann, wenn Sie sich nicht endlich zu einer soliden, tragfähigen Konzeption entschließen wollen. Ich habe, meine ich, wahrhaftig Geduld bewiesen und mir alle Mühe gegeben, Ihnen mögliche Wege und Auswege zu zeigen. Manchmal habe ich aber den Eindruck, Sie würden meine Briefe nicht einmal lesen! So leid mir das tut – ich fürchte, Sie sollten sich langsam schon einmal Gedanken darüber machen, wie Sie mir den Ihnen gewährten Vorschuß zurückzahlen wollen. Mit besten Empfehlungen!

Die Abenddämmerung hängte ihre zarten Gardinen aus Dämmergrau und letztem Tagesgold vor die nüchternen Bürofenster. Befriedigt lehnte Herr Schmella sich in seinen harten Schreibtischstuhl zurück. Wieder war ein schweres Tagewerk pflichtgemäß vollbracht, wieder hatte er einen übervollen Arbeitstag lang für Sauberkeit und Ordnung in der städtischen Verwaltung gewirkt. Versonnen sah er auf die vor ihm liegende Mappe, die ihm der Bote noch am späten Nachmittag gebracht hatte, nachdenklich machte er seinen Kringel auf den Vorgang. Nichts blieb bei ihm unbearbeitet bis zum anderen Tag liegen, wenn er nur irgend die Zeit und die Kraft fand, die Eingangsmappe durchzuarbeiten. Beiläufig sah er auf die Uhr: Er wußte, daß die Dienstzeit wieder längst überschritten war, wie jeden Tag.

Erschöpft von den Mühen des Tages, erhob er sich und reckte die müden Glieder. Einen Augenblick lang erfaßte ihn ein leichter Schwindel, unwillig schüttelte er den Kopf: Schon wieder war der hohe Grad seiner Erschöpfung spürbar, obwohl die letzte Kur, der er sich zur Erhaltung seiner Arbeitskraft hatte unterziehen müssen, kaum mehr als ein halbes Jahr zurücklag. Ich darf mir nichts anmerken lassen, dachte er entschlossen, während er das sorgfältig zusammengefaltete Butterbrotpapier in seine Aktentasche schob, sparsam auch in kleinen und kleinsten Dingen; keiner soll merken, dachte er weiter, daß ich nur unter Aufbietung aller meiner Kraftreserven auf meinem Arbeitsplatz aushalten und für das Gemeinwohl tätig sein kann.

Als er den Mantel überzog, dessen Kragenrand die Spuren von mehr als zehn entbehrungsreichen Alltagsjahren nur zu deutlich verriet – immer noch hatte die karge Besoldung nicht für einen neuen Mantel gereicht! –, glitt ein leises Lächeln über sein angespanntes Antlitz. Wie gut ist es doch, dachte er bei sich, wenn der Mensch Zufriedenheit erlangt, zufriedenes Glück in der Vollendung seiner beruflichen wie auch seiner familiär bedingten Aufgaben, und ein männlicher Zorn stieg in ihm hoch, wenn er daran dachte, wie sich so manche Menschen – teilweise sogar Kollegen unter Verleugnung ihres Berufsethos' – von einer aufdringlichen Werbung ebenso verführen ließen wie durch die Schlagworte verantwortungsloser Gewerkschaften, unzufrieden mit ihrem Los zu sein. Er war grundsätzlich zufrieden, wahrhaftig, auch wenn vielleicht dieser oder jener Kollege bei der Beförderung ihm ungerechtfertigt vorgezogen war, das focht ihn nicht an.

Der Heimweg war für Herrn Schmella nur ein Spaziergang von wenig mehr als einer halben Stunde. Ein paarmal hatte er gezögert, ob er sich nicht eine Monatskarte der Städtischen Verkehrsbetriebe leisten sollte. Doch nein, er wußte, daß seinem vom Büroalltag strapazierten Körper und Geist nichts dienlicher war als ein frischer, beherzter Gang durch die Morgen- wie auch durch die Abendluft, ganz abgesehen von den ersparten Kosten, die ihm alle fünfeinhalb Monate den Kauf eines zusätzlichen Pfandbriefes für die Versorgung seiner Familie ermöglichten. Wohlgemut strebte er seiner Wohnung entgegen, die, wie er wohl wußte, mit ihren viereinhalb Zimmern eigentlich ein wenig zu luxuriös für einen Beamten der gehobenen Laufbahn war, dem Bescheidenheit zuvörderst anstand. Am Bismarckplatz sah er, wie jeden Abend, die alte Blumenfrau, deren frische Fliederdolden von dem langen Tag in Staub und Lärm und giftigen Abgasen der verkehrsreichen Ampelanlage ein wenig welk geworden waren. Für Karin!, dachte er blitzschnell, und nach kurzem Handeln wurde er sich mit dem Mütterchen, das auch einmal bessere Tage gesehen haben mochte, handelseinig: Zum auf die Hälfte ermäßigten Preis durfte er die letzten Blüten mitnehmen, und so hatte er gleich zwei Menschen eine Freude gemacht, der alten Blumenfrau, die ihm ein herzliches „Vergelt's Gott!" mit auf den weiteren Weg gab, ebenso wie seinem geliebten Weibe, das ihn freudig umarmte, als er in den blitzend sauberen Flur trat. Frisch gewaschen tollten die beiden Knaben aus ihrem Spielzimmer herbei und wirbelten um seine Füße. Für dich, Liebste!, sagte er und wäre fast ein wenig errötet, als er die bisher im Mantel versteckten Fliederdolden hervorzog.

O wie schön!, strahlte Karin, und wieder überflog jenes zauberhafte Lächeln ihr immer noch mädchenhaftes Antlitz, welches ihn schon vor mehr als zwölf Jahren unwiderstehlich angezogen hatte. Vati, hast du uns auch etwas mitgebracht?, ertönte das kecke Stimmchen von Clemens, seinem zweiten Sohn, von unten her. Er nickte, ein wenig mit dem erhobenen Zeigefinger scheltend: Kannst du nicht warten, mein Junge? Dann zog er aber aus seiner Rocktasche jene Rolle saurer Drops hervor, die er heute in der Kantine in einer fast leichtsinnigen Anwandlung als Nachtisch erstanden und die er dann doch für seine Kinder aufbewahrt hatte. Danke, lieber Vati – Vielen Dank, lieber Vati!, jubelten die Kinder und zogen sich bescheiden in ihr Zimmer zurück, von wo sie, wie sie das gewohnt waren, in spätestens einer Viertelstunde die liebe Mutter zur wohlschmekkenden Abendmahlzeit rufen würde.

Ich möchte etwas mit dir besprechen, Karin, sagte Herr Schmella ernst, nachdem er seine Hände sorgfältig vom anhaftenden Staub des Tages gewaschen und sie abgetrocknet hatte.

Ja, lieber Mann?, blickte sie ihn erwartungsvoll an. Hast du vielleicht ein Problem, bei dessen Lösung ich dir behilflich sein könnte?

Nichts Schlimmes, antwortete er beruhigend und trat auf sie zu, sie mit festem Griff um die zarten Schultern fassend. Ich frage mich nur bisweilen, ob denn wohl dieses dein Leben als Hausfrau und Mutter der Kinder für dich wirklich im tiefsten Sinne befriedigend sein kann, zumal deine gehobene Schulbildung dich ja zu weit Höherem befähigt gehabt haben würde. Gewiß, gewiß, wehrte er vorsorglich die Argumente ab, die ihr auf der Zunge lagen, ich weiß es wohl und weiß es wahrhaftig zu würdigen, wie sehr du dich mit jener Innigkeit, die die deutsche Mutter seit jeher auszeichnet, den Deinen unermüdlich widmest. Trotzdem frage ich mich aber immer einmal wieder in stillen Stunden, und ich denke, daß du das als Zeichen meiner Liebe zu dir wie auch meiner Aufgeschlossenheit gegenüber allen drängenden Zeitfragen recht verstehen wirst, ob denn dieses dein Leben dich wirklich voll und ganz ausfüllt. Wäre es nicht zum mindesten angezeigt, wenn wir etwas häufiger interessanten Besuch zu uns einladen würden? Ich dachte an jenen alleinstehenden Herrn von Rath, der uns kürzlich so preisgünstig einen Vorführwagen verkaufen wollte. Ich könnte mir vorstellen, daß so jemand – noch dazu aus bester Familie wie du selbst – anregend für dich sein würde, zumal da ich ja meinen Feierabend meistens noch für meine dienstlichen Belange sowie für meine Weiterbildung in Anspruch nehmen muß.

Stumm schüttelte sie den Kopf, lächelnd ob seines liebenswerten Unverstandes. Du Lieber, du Dummer!, sagte sie, und eine tiefe Zärtlichkeit schwang leise in ihrer warmen Stimme mit. Wie kannst du nur so etwas denken? Siehst du denn nicht, wie mir das Glück aus den Augen strahlt?! Nein, Geliebter, du mußt wissen, ein für allemal, daß es mir schönste und tiefste Erfüllung bedeutet, wenn ich am Abend Strümpfe stopfend im Nebenzimmer sitzen und hören darf, wie deine fleißige Schreibfeder rastlos über das Papier gleitet. Mir, deiner vor Gott dir angetrauten Ehefrau, solltest du wirklich nicht mit derartigen Vorschlägen einer fast frivolen Modernität kommen, zumal sich, wie du ja auch wissen wirst, unsere eheliche Liebe durch nichts anderes ersetzen läßt.

Laß es nur gut sein, beschwichtigte er ihren plötzlichen Redefluß, und die heimliche Freude über ihre temperamentvolle Antwort leuchtete ihm aus den gütigen Augen. Es war nur ein Gedanke, den ich doch nicht unerwähnt lassen wollte, um mir nicht vielleicht eines Tages vorwerfen zu müssen, ich hätte deiner geistigen Entwicklung nicht alle erforderliche Sorgfalt zugewendet. Nun sag, was hast du denn Schönes heute abend für deine Lieben?

Oh, eine Überraschung!, versetzte sie schelmisch, und er las in ihren geliebten Augen, daß es Spiegeleier geben würde.

Nein, wirklich, das ist einfach albern, das ist –.

Nein, keinesfalls. Sie überfordern damit auch den gutwilligsten Leser. Wenn Sie wirklich nichts weiter zu sagen haben –.

Wieso? Das können Sie mir nun wirklich nicht vorwerfen! Ich habe Ihnen bisher jede, aber auch jede Freiheit gelassen. Sie wissen überhaupt nicht –.

Bitte, bitte, wenn Sie das nicht merken, dann ist Ihnen nicht zu helfen. Jedenfalls, das geht nicht! Diese Art von Albernheit, also mir ist das zu billig –.

Jawohl, billig.

Nein, durchaus nicht. Ich darf wohl auf meine ausführlichen Briefe verweisen, in denen ich wiederholt – jawohl: wiederholt darauf hingewiesen habe –.

Nein. Also irgendwo ist eine Grenze des guten Geschmacks, das müssen Sie einsehen, und wenn Sie das nicht begreifen –. Was soll das heißen? Erpressung?! Also ich zahle Ihnen jeden Monat eine erkleckliche Summe, auf mein Risiko, und Sie –.

Nein. Tut mir leid. Aber ich will Ihnen noch eine Chance geben – warten Sie mal – ja, sagen wir: bis zum nächsten Ersten, wenn Sie mir bis dahin etwas Überzeugendes vorlegen, und das sind immerhin noch drei Wochen, dann –.

Also ich verstehe Sie nicht. Haben Sie nicht den Eindruck, daß Ihr Verhalten – also ich habe manchmal den Eindruck, daß Sie mein Wohlwollen doch etwas zu sehr strapazieren!

Ich denke, wir beenden dieses Gespräch.

Gut. Bitte. Also –.

Ja. Guten Morgen.

Zum erstenmal trafen wir uns, Jahre her, und ich dachte nicht daran, daß ich sie lieben könnte, bei irgendwelchen Bekannten, angenehm, meine Frau, danke, ein reizender Abend. Sie war anders als alle anderen. jeder ist anders, aber sie war besonders, für mich. Was sie tat, tat sie anders. Sie schwieg anders, sprach anders, ging, stand, lachte, liebte anders als alle anderen Menschen. Das weiß niemand wie ich.

Manchmal sehen wir uns noch, zufällig, bei einem Empfang, hallo, erschrocken, wie geht's denn, die Kinder, ja, netter Abend, oder auf der Straße, Guten Tag, ja, lange nicht mehr, bis bald mal, du, Wiedersehen. Aber die meisten Straßen sind breit, man kann aneinander vorbeigehen, ohne sich sprechen zu müssen.

Du ich aber nein.
Nie du nein.
Bitte nein wir.

Wenn Erwin nach Hause kommt.
Wenn Helga nach Hause kommt.
Mir gleich.
Mir nicht.
Nicht.
Du.

Nicht einmal mit Bruchwörtern lassen sich die Zwischenräume bezeichnen:

Du.
Ich.
Du.

Die Leerstellen sagen anderen nichts. Null ist unendlich, aber unendlich ist mehr als null. Wir waren nicht da: verrückt.

Meine Frau war verreist, zwei Wochen, Dienstreise, irgendein Verleger-Kongreß in einem sonnigen Kurort in Kärnten. Als sie wiederkam, war alles geschehen. Sie sah das, sie sagte nichts. Seitdem ist es kühler bei uns, temperiert, im allgemeinen nicht unangenehm.

Ich verstehe Dich nicht. Warum erzählst Du nicht einfach das, was war, wie es war? Ich verstehe das nicht, wirklich nicht, das ist alles für mich so verwirrend, eigentlich stimmt überhaupt nichts. Natürlich mußt Du Dir andere Namen ausdenken, und daß es in Krefeld war, brauchst Du auch nicht zu sagen. Aber alles andere: Warum erzählst Du das so, so falsch? Es war doch nicht so, das weißt Du selbst, nichts ist so gewesen, kein Wort, kein Tag, und so ist keiner von uns: Ich bin nicht so, so ist auch Erwin nicht, das müßtest Du wissen, und Du selbst: Warum hast Du aus Dir so einen Mann gemacht? Den hätte ich nie geliebt. Weißt Du das nicht? Das müßtest Du eigentlich wissen. Liebe ist doch kein Zufall. Und diese Karin Schmella liebt nicht diesen Helmuth von Rath, bestimmt nicht, sie kann ihn nicht lieben. Aber ich, ich habe Dich geliebt. Deshalb meine ich, wenn Du erzählen willst von dem, was damals zwischen uns war, dann solltest Du einfach das aufschreiben, was gewesen ist, ein Bericht. Verstehst Du, was ich meine. Die Wirklichkeit, unsere Wirklichkeit, zwei Wochen oder zwei Monate lang, diesen kleinen Ausschnitt Zeit, den wir gelebt haben, der uns gehört hat, vielleicht, davon solltest Du erzählen. Statt dessen denkst Du Dir andere Menschen aus, andere Situationen, alles ist anders, nichts stimmt – obwohl man spürt, daß irgendwo hinter den Masken und Kulissen etwas anderes, etwas Wirklicheres sein muß. Hast Du denn nicht gesehen, damals, was war – siehst Du gar nicht, was ist? Wenn ich lese, was Du da aufgeschrieben hast, dann sehe ich nicht das, was Du meinst, nicht die Menschen, die Häuser, Wohnungen, Autos, Straßen, so genau Du sie manchmal zu zeichnen versuchst, sondern ich sehe darin nur Dich: Dich im Spiegel einer künstlichen Welt, die Du Dir ausgedacht hast, um die Wirklichkeit zu verbergen, eine Kulissenwelt, in der Du Deine Figuren agieren läßt, und sie spielen uns, ja, aber sie spielen nur. Vielleicht bin ich befangen, das ist schon möglich, wer wäre das nicht, auch Du bist befangen. Aber ich frage mich: Wenn ich Dich nicht so gut kennen würde, was würde ich dann daraus lesen? Vielleicht werden andere Leser auch nichts anderes darin finden als Dich – nicht eine Welt, eine Zeit, eine Gesellschaft, nicht sich selbst im Spiegel dieser Welt. Genügt Dir das? Wäre es nicht besser, Du würdest uns alle hineinnehmen in Deine Erzählung, so wie wir waren und sind, Erwin genauso wie Dich und mich – uns, unser Gestern, unsere Welt? Warum das gewesen ist, darüber brauchst Du kein Wort zu verlieren, das weißt Du sowenig wie ich, Liebe erklärt sich vielleicht aus sich selbst. Aber wie es war mit uns, zwischen uns, wie es tatsächlich gewesen ist, das solltest Du sagen.

Nichts ist so gewesen, meinst Du, und so ist keiner von uns. Das müßte ich wissen, meinst Du: Es war nicht so.

Vielleicht. Sicher. Nichts stimmt. Aber ich frage Dich: Weißt Du genau, was war, weißt Du ganz sicher, ganz zuverlässig, jetzt, heute, in diesem Augenblick, was ist, was nicht ist? Und weißt Du wirklich, ganz ohne Zweifel, wie wir sind, wer wir sind?

Die Wirklichkeit, unsere Wirklichkeit, diesen Augenblick, den wir zusammen gelebt haben: Das habe ich zu schreiben versucht. Natürlich wird alles anders, wenn man es umsetzt in Worte: Nichts stimmt mehr. Natürlich habe ich Deinen Mann anders gezeichnet, als Du ihn kennst: Das ist mein Bild, und dieses Bild ist notwendig gefärbt, verzerrt, unvollständig, unvollkommen. Daß Du Dich selbst nicht wiederfindest, brauchte Dich auch nicht zu wundern: Du weißt so viel mehr von dieser Frau, von Dir selbst, und Du weißt zur gleichen Zeit so viel weniger als ich, daß die Umrisse sich unmöglich decken können. Vielleicht ein Schatten, eine Farbe: Bilder sind nicht mehr als Bilder. Bedeutet das aber, daß keiner von uns so ist? Für mich, vielleicht wirst Du das nicht glauben können, stimmen diese Menschen, Du und er und ich und wir, für mich stimmt vor allem auch das Bild des Dritten: mein eigenes Bild. Diesen Mann, schriebst Du, hättest Du niemals lieben können. Aber dieser Mann bin ich, wirklich, auch wenn Du mich nicht erkennst. Du schriebst mir: Aber ich, ich habe Dich geliebt. Vielleicht war das Dein Irrtum? Vielleicht hast Du jemanden geliebt, den es in der Wirklichkeit, die wir zusammen gelebt haben, gar nicht gegeben hat?

Manchmal denke ich, es kommt gar nicht darauf an, was die Wirklichkeit war oder ist – unsere Wirklichkeit, über die wir uns eine kurze Zeit lang einigen konnten –, und es ist vielleicht nicht einmal wichtig, ob zwei sich lieben oder sich nur zu lieben meinen. Jeder, fürchte ich, ist austauschbar, keiner kann aber für den anderen stehen. Ich habe den Verdacht, daß wir gar nicht wissen, was der andere – jeder andere – mit dem Wort Liebe meint. Wahrscheinlich bezeichnen wir damit nur etwas, das wir brauchen, um die Wirklichkeit aushalten zu können, und jeder braucht etwas anderes, weil für jeden die Wirklichkeit etwas anderes ist. Deshalb kann ich nur für mich selbst sagen, was ist, mit meinen Figuren, meinen Bildern, meinen Kulissen; meine Wirklichkeit ist darin, meine Wahrheit. Vielleicht können andere ihre Wahrheiten darin finden.

Damit komme ich nun zum letzten Punkt meines Briefes, nämlich zu der schon früher einmal von mir angerührten Frage, wie Sie den von meinem Verlag erhaltenen Vorschuß zurückerstatten wollen. Da ich wohl nicht damit rechnen kann, daß Sie das Geld zur Verfügung haben, möchte ich Ihnen noch einmal entgegenkommen und Ihnen vorschlagen, daß Sie Ihren ersten Entwurf zu dem mißglückten beziehungsweise nicht zustande gekommenen Roman – jenes Exposé, das Sie mir Ende vergangenen Jahres sandten und auf Grund dessen wir uns zur Zahlung des Vorschusses bereitfanden – als eigenständigen Beitrag zur Verfügung stellen für eine repräsentative Anthologie deutschen Gegenwartsschrifttums mit dem Titel *Liebe*, die in einer Erstauflage von 18 000 in unserem Verlag herauskommen wird (die hohe Auflage ermöglicht eine günstige Kalkulation, was wiederum dem Umsatz und der Verbreitung des Werkes zugute kommen dürfte). Ich habe Ihre Zustimmung zu diesem Vorschlag vorausgesetzt und das Manuskript bereits in Satz geben lassen, da wir mit den Vorbereitungsarbeiten etwas in Rückstand geraten waren. Den Ihnen gezahlten Vorschuß wollen wir entgegenkommenderweise zu einem Drittel als Pauschalhonorar für den Abdruck dieses Beitrages sowie alle damit zusammenhängenden Nebenrechte anrechnen; über die Restsumme müssen wir dann einmal miteinander sprechen. Vielleicht gelingt Ihnen ja doch einmal eine Arbeit, die sich in unser Verlagsprogramm einfügen läßt. Andernfalls wäre ich auch mit einer Rückerstattung des Restbetrages in niedrigen Monatsraten einverstanden. Auf jeden Fall geht Ihnen ein Verlagsvertrag über Ihren Beitrag zu unserer Anthologie demnächst zu. Für Ihre weitere Arbeit wünsche ich Ihnen alles Gute. Mit besten Empfehlungen.

Ein Kritiker, dem Sie ein ungebundenes Vorausexemplar Ihrer Anthologie *Liebe* zur Besprechung geschickt hatten, fragte vor kurzem bei mir an, ob die Erzählung *Zu dritt* tatsächlich von mir sei: Er finde sie stellenweise zusammenhanglos, im ganzen unklar, die Charaktere verschwommen, zudem ohne jede Relevanz. Daraufhin erbat ich mir von Ihrem Verlag die Druckfahnen, zumal ich bis dahin keine Korrekturfahnen erhalten hatte, und zu meinem großen Erstaunen mußte ich feststellen, daß mein Manuskript stark gekürzt und dadurch entstellt worden ist, ohne daß ich dazu auch nur gehört worden wäre. Gegen diese unrechtmäßigen Kürzungen erhebe ich entschieden Einspruch. Ich habe mir die Mühe gemacht und in dem beiliegenden Manuskript – ein Durchschlag Ihres Exemplars – alle die Stellen angemerkt, die Ihrem Lektor zum Opfer gefallen sind. Sie können selbst sehen, daß fast ein Viertel meiner Erzählung gestrichen worden ist, und Sie werden mir zustimmen, daß der verbliebene Text für mich völlig unzumutbar ist: Das ist nicht mehr meine Geschichte, zumal ganz offensichtlich in der Absicht gekürzt worden ist, alle irgendwie zeit- oder gesellschaftskritischen Andeutungen auszumerzen.

Unter diesen Umständen muß ich nachdrücklich darauf bestehen, daß alle Streichungen rückgängig gemacht werden. Nur der ungekürzte Text in der Form, wie ich ihn Ihnen Ende des vergangenen Jahres gegeben habe, war Gegenstand unseres Vertrages; nur dieser Text darf in Ihrer Anthologie erscheinen. Die Auslieferung der Anthologie muß so lange eingestellt werden, wie nicht meine Erzählung *Zu dritt* darin in vollem Umfang abgedruckt ist. Hochachtungsvoll!

Anlage:

Zu dritt

Eine alltägliche Geschichte – so etwas, das jeden Tag passiert und überall, gar nichts Besonderes, hundertmal jeden Tag: Das kennt man, das hat man gehört, gelesen, das hat man erlebt, und wer es noch nicht erfahren hat, der wacht vielleicht morgen auf, er reibt sich den Schlaf aus den Augen, versteht zuerst nicht: Was sagst du – kann es nicht glauben: Wie denn? Wieso?

Aber es ist schon geschehen dann ~~es ist schon zu spät, nichts zu machen~~: Sie liebt einen anderen, oder einfach: Sie liebt ihn nicht mehr ~~– nein. Nein!~~

Das ist nichts Besonderes, man kennt das, immer die gleichen Worte: Versteh doch, bitte, du mußt mich verstehen, wirklich, es hat keinen Sinn mehr, ich liebe –. Wen immer. Es ist geschehen. ~~Nichts hilft mehr.~~ Aber du kannst doch nicht einfach – einfach so! Denkst du denn nicht an die Kinder?

Was man so sagt, dann, wenn man nicht weiß, was man sagen soll. Und später, am Ende, nach allem, was man weiß oder bis dahin nicht wußte von Himmel, Verzweiflung, ~~Eherecht, Scheidungsrecht,~~ und eigentlich war schon vorher alles so angelegt, daß das Ende gar nicht anders sein konnte, du und ich und er und wir und ich und ich und du und ich: Gewöhnung zuletzt oder Versöhnung, irgendwie, ~~vielleicht auch Trennung, Trennung auf Zeit oder Scheidung, je nachdem, was soll man machen – irgend etwas von dem Esmußjadochweitergehen~~ irgendeine überfällige Entscheidung zuletzt, in der versickert, was Welle schien, Brandung, Meer. So eine Geschichte. Man merkt kaum, daß sie geschieht, nebenan vielleicht, wie sie geschieht. Plötzlich sieht die Frau aus dem zweiten Stock – wie heißen die Leute noch? – sie sieht fröhlicher aus, ihre Haare schimmern, man hört sie lachen, für Augenblicke vergißt man die Jahre in ihren Augenwinkeln, eigentlich noch ganz hübsch, ganz passabel. Oder der graue, korrekte Kollege, der am Schreibtisch unter dem Fenster links, beginnt in der Mittagsstunde, Witze zu erzählen – oder er sagt gar nichts mehr, plötzlich, wenn er sein Frühstücksbrot kaut: Ich? Wieso bin ich anders? Oder man trifft Freunde nicht mehr, die man sonst alle zwei Wochen sah, ~~oder spät in der Nacht fährt gegenüber ein frem-~~ der Wagen vor, Türenschlagen, man schreckt aus dem Schlaf, was ist denn, wie spät? Pflasterschritte, heftige Stimmen, Schreien, ein Schrei. Oder ein Krankenwagen versperrt die Straße, unsicheres Blaulicht, Augen aus allen Fenstern – Sie soll ja wirklich! –, und die schmale Bahre, die weißen Kittel, und dann eine Todesanzeige beim Morgenkaffee: unfaßbar. Tatsächlich, ~~gleich nebenan, weißt du,~~ die Blonde mit den großen Füßen.

Oder die Frau aus dem zweiten Stock steht eines Morgens wieder im Milchladen oder beim Bäcker: Ja, ein bißchen verreist. Aber die Haare sind wieder stumpf: Danke, gut, ganz gut. Und plötzlich denkt man an seine Mutter, damals, als Vater gestorben war: so ein Gesicht. Oder am Sonntagnachmittag trifft man sich zufällig beim Spaziergang: Lange nicht mehr gesehen, wirklich – hinter dem Friedhof oder am Fluß: Und was machen die Kinder? Soso, das freut mich. Wollt ihr nicht wieder mal kommen?

So etwas wird das gewesen sein, so ähnlich wie immer, die gängigen Worte paßten: ~~Er kann einem wirklich leid tun. Na-~~ türlich, sie hatte schuld. Verstehe ich garnicht. Wie kann man nur. Sie hätte bestimmt keinen Pfennig bekommen und auch ~~nicht die Kinder, das hat sie natürlich gewußt. Er soll ja.~~

Wie so etwas passiert: Zuerst habe ich gar nichts gemerkt, wer achtet denn schon auf sowas? Nur, daß sie verreist war, und die Großmutter hütete dann die Jungens, man trifft sich ja immer mal auf der Treppe oder beim Schlachter. Aber sonst war eigentlich nichts.

Unauffällig, alltäglich, wie so etwas geht nach zehn oder zwölf Jahren Ehe, vielleicht waren sie auch schon länger verheiratet und hatten mit Kindern gewartet, bis sie die größere Wohnung bekamen – der Erste ist jetzt neun, der Kleine kommt im Herbst in die Schule. Oder sie hatte zuerst noch mitverdient, Sekretärin bei einer Versicherungsagentur oder Hilfsreferentin im Kulturamt, vielleicht hatte sie Kurse geleitet bei der Volkshochschule. Wer achtet schon darauf im Haus. Guten Tag, guten Weg, freundlich, gleichgültig, ~~auch zur Beerdigung wäre ich~~

~~nicht gegangen.~~

Eine Frau in dem Alter, wenn das Jungsein vorbei ist, endgültig, aber sie weiß das noch nicht, will es nicht wissen, noch nicht: Mitte 30, 36 schon oder 37 – gerade noch Mitte 30, in den Hüften wird sie etwas zu dick, trotz Joghurt, Grill und Massage, die letzte Mode steht ihr nicht mehr, die Augenschatten sind nicht nur gezeichnet. Sie ist nicht häßlich, durchaus nicht: blond und beinahe noch schlank; aber besonders schön war sie nie, das weiß der Spiegel, das weiß sie selbst, jetzt.

Ihr Mann ist zehn Jahre älter. An der Tür seines Dienstzimmers hängt ein Schild: Amtmann Schmella, Anmeldung Zimmer 223: Wen darf ich melden? Sind Sie gemeldet?

Ein Mann Mitte 40, Glatze, etwas beleibt, in einem grauen Anzug, Pfeffer und Salz, eine unauffällige Brille mit schwachen Gläsern, ein unauffälliges Gesicht – Kennen wir uns nicht? –, die Lippen etwas zu blaß, die Nase nicht ganz in der Mitte, Querfalten über der Stirn, aber nicht unsympathisch, bestimmt nicht, nur manchmal vielleicht ein bißchen zu forsch: Machen wir, klar – aber selbstverständlich wird das gemacht! Auf dem Parkplatz hinter dem neuen Verwaltungsgebäude – Nur für Bedienstete der Stadtverwaltung! – steht sein Wagen, weiß, alabasterweiß, blank gepflegt, das Lenkrad aus griffigem Holz, rote Kunstledersitze, und eigentlich ist der Motor um einige hundert Kubikzentimeter zu groß für ein Amtmann-Gehalt, A 11; aber jeder hat eben sein Hobby, und wenn es 30 überflüssige PS sind.

Auch menschlich – also wir haben eigentlich nie was miteinander gehabt, obwohl er ja über mir steht, seit zweieinhalb Jahren. Aber er ist im Grunde kein schlechter Kerl, das kann man wirklich nicht sagen. Wenn man jeden Tag miteinander zu tun hat, dann kennt man sich schon. Natürlich ist immer mal was, das kommt ja überall vor, und vielleicht ist er auch ein bißchen zu wendig – sagen wir mal~~: im Umgang mit Vorgesetzten.~~ Verstehn Sie? Aber ich will nichts gesagt haben, wirklich, in seiner Art ist er bestimmt tüchtig, und sauber, also sauber ist er und sehr genau, von selbst macht einer nicht so schnell Karriere, schließlich hat er nicht mal das Abitur, und die Geschichte mit seiner Frau – also das hatte er nicht verdient, bestimmt nicht.

Ein Mann, der weiß, was er will: Das ist noch keineswegs ausgestanden, sage ich Ihnen, und notfalls gehe ich durch die Instanzen! Natürlich kam er von rechts, das gebe ich zu, das habe ich gleich eingeräumt, das war ja eindeutig und klar. Aber ich konnte ihn einfach nicht sehen, zumal kurz vor der Einmündung der Lieferwagen parkte – das Kennzeichen habe ich gleich notiert, bei sowas kann man gar nicht genug aufpassen –, eigentlich müßte da längst ein Halteverbot stehen, man kann doch wirklich nicht ahnen, daß plötzlich – er schoß direkt aus der Straße heraus, jawohl, das habe ich polizeilich feststellen lassen, Zeugen habe ich auch gesichert, ich werde doch meinen Schadenfreiheitsrabatt nicht einfach verschenken!

~~Oder sie war nicht die richtige Frau für ihn – ich meine ja nur.~~ Er liebt eben Ordnung, seine Ordnung. Wir machen jeden Tag zusammen die Post und alles, was sonst noch ist, was ich ihm abnehmen kann, vor allem die Prüflisten, da kommt es auf jede Null an. Sind Sie gemeldet? Da lernt man jemanden kennen und weiß, was er ist und weshalb er so ist, wie er ist. ~~Ich will ihr bestimmt nichts nachsagen, meine Mutter war auch ein bißchen so, großzügig, würde ich sagen, mein Vater lachte darüber. Aber Herr Schmella lacht nicht, er ärgert sich. Er kann darüber einfach nicht lachen, obwohl~~ – wenn man ihn nimmt, wie er ist, dann kann man schon mit ihm auskommen.

Mir ist nichts aufgefallen, jedenfalls lange nicht. Unser Klaus spielt immer mal mit den Jungens, und vormittags, wenn sie einkaufen ging – oder sie hatte sonst in der Stadt zu tun –, dann brachte sie manchmal den Kleinen zu mir. Da ist mir nichts aufgefallen. Vielleicht hat sie ihn in der letzten Zeit häufiger gebracht, das kann schon sein. Aber ich habe nicht darauf geachtet. Sie war immer eine angenehme Nachbarin. Natürlich war es schon mal etwas laut, wenn sie Besuch hatten, in diesem Haus hören die Wände, und neulich im Karneval ging es einmal sogar bis zum Morgen, mein Mann wollte sich schon beschweren. Aber es war eben Karneval.

Vielleicht hat es da begonnen, wer will das sagen, nachher? Man sieht sich, man trifft sich, man tanzt, lacht, trinkt, ist ein paar Stunden lang wieder jung – oder jedenfalls jünger als sonst: Ach, hab dich nicht so! Vielleicht ist es so gekommen: Hab dich nicht so! ~~Sie sah nicht sehr glücklich aus.~~

Wir haben immer eine gute Ehe geführt, vorbildlich, möchte ich sagen, schließlich bin ich Beamter, ~~und auch sonst – also ich stehe schon meinen Mann, da kenne ich keine Schwierigkeiten.~~

Oder es hat schon im Herbst begonnen, da war Herr Schmella vier Wochen zur Kur, Herz und Kreislauf: Ich muß mal was für mich tun, man reibt sich total auf im Dienst – und wofür?

Damals war sie vier Wochen allein mit den Kindern, und vier Wochen können lang sein für eine Frau, die nicht mehr ganz jung ist und noch nicht alt ~~und nicht sehr glücklich~~.

Sag mal, wieso war eigentlich unsere Telefonrechnung so hoch?

Aber das hätte ich doch gemerkt, bestimmt hätte ich das gemerkt, wenn man so Tür an Tür wohnt!

Oder noch früher, vielleicht schon vor einem Jahr, als Schmellas die Mittelmeerreise machten, zwei Wochen Mallorca, Nordafrika, Spanien. Er wurde seekrank, lag zwei Tage lang in der Kabine im A-Deck, die Betten übereinander, obwohl ihm der Steward sagte und jeder, daß frische Luft gegen die Seekrankheit hilft, nur frische Luft.

Vielleicht hat sie damals jemanden getroffen, abends beim Tanz oder im Deckstuhl oder beim Cocktail, jemanden, der anders war als der Amtmann Schmella, ~~Herbert A. Schmella, das A. für Adolf, leider.~~

Er ist eben so, wie er ist. Seit eineinhalb Jahren bin ich sein Vorzimmer, ich weiß Bescheid, und wenn einer erst auf die 50 zugeht, dann muß man ihn nehmen, wie er ist. Sie hätte ihn auch so nehmen sollen. Aber sie schaffte das nicht, irgendwie – sie konnte das nicht.

Ein Mann, der ist, was er ist: Juristisch könnte das vielleicht zutreffen, ich will das keineswegs zur Gänze ausschließen, man hat schließlich nicht alle Entscheidungen der Oberlandesgerichte im Kopf. Aber nach der Lebenserfahrung, nicht wahr, das sieht doch ein Kind: Er hätte vor dem Einbiegen anhalten müssen, Paragraph 1 der Straßenverkehrsordnung, Jeder Teilnehmer am öffentlichen Straßenverkehr hat sich so zu verhalten, daß kein anderer gefährdet, geschädigt und so weiter – nicht wahr, das ist das Erste, was man in der Fahrschule lernt, und auf jeden Fall durfte er nur sehr vorsichtig und unter Beachtung des fließenden Verkehrs in die Straße hineinfahren, auch wenn er Vorfahrt hatte – sehen Sie hier, ich habe das aufgezeichnet, maßstabgetreu: Von hier aus kann man nämlich nichts sehen, zumal der Lieferkombi da parkte, man ist ja beinahe blind, wenn aus der Nebenstraße – wenn also von dort her jemand einbiegt. Ich habe sofort gebremst – bitte, die Bremsspur, hier, genau ausgemessen 12 Meter 45, ich kann also gar nicht schneller gefahren sein als höchstens vierzig, das ist durchaus angemessen, und ich bin überzeugt, daß das Gericht das bei der Urteilsfindung auch würdigen wird.

Ja, genau ist er, penibel genau, würde ich sagen, so leicht macht ihm keiner was vor. Demnächst soll er ja wieder befördert werden, im Haushaltsentwurf ist die Stelle schon ausgewiesen, obwohl er so tut, als ob er nichts davon wüßte – er ist eben tüchtig in seiner Art~~, und die besseren Beziehungen hat er auch~~. Schon deshalb hat er darauf gesehen, daß nichts bekannt wurde, ich meine die Sache mit seiner Frau, irgendwie schadet einem so etwas doch, das ist eine Erfahrungstatsache, ~~und gerade bei den Mehrheitsverhältnissen in unserem Stadtrat~~, da soll man sich garnichts vormachen. Er hat überhaupt nicht darüber gesprochen, einfach getan, als wäre nichts und niemand wüßte etwas davon, und das war bestimmt das einzig Richtige. Dabei hat ihn die Geschichte ziemlich mitgenommen, sie war seine große Liebe, glaube ich, obwohl sie ja gar nicht besonders hübsch ist, mein Typ jedenfalls nicht~~, und irgendwie hochmütig, finde ich, eigentlich paßt sie gar nicht zu ihm~~.

Wie das so geht, an einem Morgen, grau oder sonnig, irgendein Morgen, Winter, Sommer, Herbst, irgendwann, irgendein Alltagsmorgen: Du mußt mich verstehen~~, es hat keinen Sinn mehr, ich habe dich nie –~~. Und er wußte nicht, was er sagen sollte an diesem Morgen, der zufällig ein Märzmorgen war, der 7. März 1968: Aber du – du kannst doch nicht so – einfach so!

~~Glücklich – nein, glücklich war er wohl nicht. Nicht richtig.~~

~~Manchmal sah er mich an – wissen Sie, so sieht keiner seine~~ Sekretärin an, der glücklich verheiratet ist. Und in der letzten Zeit war er oft mit seinen Gedanken nicht bei der Arbeit, zum Beispiel, wenn er diktierte, das merkt man natürlich, manchmal vergaß er beim Diktieren, an wen der Brief gehen sollte. Er ~~wird schon gewußt haben, daß etwas war.~~

Ein Mann wie jeder: Aber natürlich habe ich aufgepaßt – elf Jahre fahre ich unfallfrei, ich passe immer auf! Sie sehen ja: Ich habe sofort gebremst, kaum daß ich ihn sah. Wenn ich am Steuer sitze, dann denke ich an nichts anderes – da kann mir keiner kommen, mir nicht, und die Bremsspur ist ein ganz klarer Beweis. Meines Erachtens nach ist der andere mindestens 50 Prozent schuldig, wenn nicht mehr, und das werde ich auch durchbringen, verlassen Sie sich darauf, weshalb zahle ich sonst meine Rechtsschutzversicherung?

Vielleicht war es wirklich nur Zufall, daß der Unfall am gleichen Tage passierte, an diesem Morgen im März, als er aufwachte wie jeden Tag und dachte, es sei noch alles wie immer, alltäglich, in Ordnung, soweit, und seine Frau sah ihn an, und er wußte plötzlich: Jetzt wird sie es sagen, jetzt sagt sie es.

Seit elf Jahren fährt Herr Schmella die gleichen Straßen zum Dienst, morgens um 7. 10 Uhr holt er den Wagen aus der Garage, nachmittags gegen halb 6 kommt er zurück – freitags schon eine Stunde früher –, und er kennt die Strecke mit allen Nebenstraßen und allen Verkehrsschildern genau, Kreuzung, Engpaß, Achtung, Kinder, Schule, Halteverbot. Wahrscheinlich hat der andere wirklich nicht aufgepaßt, und wenn ihm die Vorfahrt zustand – über Schuld und Recht und Versäumnis läßt sich streiten.

~~Haben Sie? Unterstreichen Sie: unverantwortlich. Damit die~~ Versicherung nachher nicht mit Ausreden kommt. Und darüber – nicht vergessen, bitte: Gedächtnisprotokoll, Datum und Zeit – ~~das Datum von vorgestern natürlich, das macht sich besser.~~

Der Unfall erregte ihn sehr. Zwar konnte er weiterfahren, nachdem der Kotflügel zurechtgebogen war – irgend jemand in schmutzigblauer Arbeitskleidung trat kräftig gegen die Ausbeulung, bis das Rad wieder frei lief, das dumpfe Geräusch ließ ihn noch Nächte später aus dem Schlaf hochschrecken.

Aber der Ärger machte ihm lange zu schaffen, und die Schadenssumme fiel gerade noch in die Selbstbeteiligungsspanne seiner Kaskoversicherung: Er mußte die Rechnung allein bezahlen.

Man sollte das ganze Werkstättenunwesen mal hochgehen lassen! Wenn ich Zeit hätte, ich kann Ihnen sagen! Und ich sage dem Meister noch, daß meine Versicherung nicht bezahlt, machen Sie's billig – die Stoßstange habe ich nur zurechtbiegen lassen, das fällt kaum auf, wenn man's nicht weiß, aber man sieht es natürlich doch und ärgert sich. Und trotzdem 483 Mark und 70!

Wahrscheinlich deckte der Unfall nur zu, was ihn in diesen Tagen bewegte. Er wagte nicht darüber zu reden. Er sprach nur von dem Zusammenstoß, immer wieder.

Der kann doch nicht einfach – verstehen Sie: einfach so – rücksichtslos einbiegen!

Ich habe dich nie geliebt.

Wir werden schon sehen, wer recht bekommt! Der soll mich noch kennenlernen!

~~Freunde hat Herr Schmella nicht, jedenfalls niemanden, dem~~ er wirklich vertraut. Er verläßt sich nicht gerne auf andere Menschen: Es macht ihn unsicher, wenn irgend jemand etwas von ihm weiß – etwas wissen könnte von ihm. Außerdem war er – sein Kollege deutete das gelegentlich an – um seinen Ruf besorgt. Auch wenn ihn selbst keinerlei Schuld traf – und keinen Augenblick lang sah er einen Anlaß, daran zu zweifeln –, konnte das ehe- und sittenwidrige Verhalten seiner Frau ihm schaden. Deshalb war er bemüht, Gerüchte gar nicht erst aufkommen zu lassen; schließlich rechnete er damit, daß seine Frau zurückkehren würde. Er war verzweifelt, daß trotzdem nahezu jeder von der Geschichte zu wissen schien; er zuckte zusammen unter verständnisvollen Blicken, ein freundschaftlicher Schulterschlag in der Kantine konnte ihn aus der Fassung bringen, die bösen Spitzen scheinbar ganz beiläufiger Bemerkungen zwischen Flur und Fahrstuhl ließen ihn bis morgens um 2 ~~nicht zur Ruhe kommen.~~

Ja, verreist – ich denke, so an die zwei Wochen, mal sehen, sie ist zu einer Freundin gefahren, das wollte sie längst schon mal. Meine Mutter betreut solange die Kinder, das geht tadellos, und ich – na ja, man ist auch nicht mehr der Jüngste und richtet sich ein, kann man ja gern mal tun, nicht, schließlich war ich Soldat. Wissen Sie, Frauen haben doch immer mal, nicht wahr, besonders in dem Alter, da haben sie manchmal ihre eigenen Probleme, das kennen Sie sicher auch, das muß man als Mann berücksichtigen, nicht wahr. Sicher fährst du, habe ich gesagt. Nun fahr doch schon, um uns brauchst du dir keine Sorgen zu machen, wir werden schon fertig. Man soll dann ruhig mal großzügig sein.

Vielleicht war sie ein bißchen nervös in der letzten Zeit, das kann schon sein. Einmal sagte ich zu ihr, wir trafen uns gegen Mittag im Treppenhaus, sie stieg herauf und sah etwas angestrengt aus, und ich sagte: Ist Ihnen nicht gut, Frau Schmella? Aber sie sagte: Nein, nein – vielleicht hat sie etwas zu hastig gesprochen, wenn ich jetzt daran denke, kommt mir das fast so vor: Nein, nein, es geht mir gut, sagte sie, sehr gut sogar. Da habe ich nichts mehr gesagt. Vielleicht war ihr auch nur die Einkaufstasche zu schwer, und es ging mich schließlich nichts an.

Wer es zuerst gewußt hat, wer zuerst darüber sprach, blieb ungeklärt. Eigentlich hätte außer Herrn Schmella kein Mensch etwas wissen können, und er wußte wenig genug.

Also mir fiel das gleich auf, gleich an dem Morgen – ich merkte sofort, daß etwas nicht ganz in Ordnung war, wenn er auch nichts davon sagte. Er war richtig blaß – meistens ist er ja etwas blaß, aber an dem Morgen war er blasser als sonst, und ich glaube, er hatte auch rote Augen. Verstehn Sie? ~~Obwohl~~ ~~er bestimmt nicht der Typ ist, der sich wegen~~ ~~so~~ ~~etwas in die Ecke setzt und weint, das glaube ich~~ ~~nicht~~ ~~, der weint nicht – er versteht sich auf die~~ ~~Welt~~ ~~und läßt sich so leicht nichts vormachen, sonst~~ ~~wäre~~ ~~er ganz bestimmt nicht so schnell befördert~~ ~~worden~~ ~~, im Herbst wird er Oberamtmann, der kennt~~ ~~sich im Leben aus. Aber~~ das fiel mir auf an dem Morgen, wenn ich auch dachte – das mußte ich damals ja denken –, es war der Unfall gewesen, so etwas kann einen schon umwerfen, auch wenn es nur Blechschaden war, und gerade, wo er so einen Autotick hat.

~~Einfach auf und davon! Und die Jüngste war sie doch auch~~

~~nicht mehr und hatte den Mann und die Kinder und eine schöne Wohnung und alles, was man sich wünschen kann, und~~ ich finde wirklich, man kann mit ihm auskommen.

So eine Geschichte. Der andere blieb ein Name darin, den er nicht glauben wollte, nicht glauben konnte – ein Vorname nur, irgendeiner, beinahe belanglos: irgendein Mann um die 40, vielleicht auch schon etwas älter, vielleicht etwas jünger, irgendein Mann, der Zeit hatte zu verreisen. ~~Vielleicht ein Handelsvertreter.~~ Vielleicht war ~~er selbst~~ verheiratet und nicht sehr ~~glücklich, wer ist schon glücklich. Du auch? Auch bei dir?~~ Oder ein Junggeselle, dreimal verlobt, dreimal betrogen, wer oder wen~~, sie war die wievielte Frau – Keine Ahnung, wer zählt denn sowas?~~ Vielleicht hatte er nur ein bißchen gespielt, hab dich nicht so, wie man so spielt, wenn man älter wird, Liebelei, Liebe, ~~daß bloß dein Mann nichts erfährt~~ – sie hatten beide gespielt, vielleicht, bis sie aufwachte, eines Abends~~, eines Nachts, irgendwo. Du ich habe noch nie – du, noch nie so geliebt~~.

Vielleicht war sie ihm zu dieser Zeit schon etwas lästig geworden, jedes Spiel hat seine Dauer. Vielleicht wußte er nicht, was er antworten sollte: Ja, du – natürlich. Was man so sagt, wenn man nicht weiß, was man sagen soll~~. Ja doch, gewiß, ich~~ auch – meinetwegen können wir reisen, wohin ~~denn?~~

Oder er war ein geschiedener ~~Mann,~~ endlich frei, und es gab noch Frauen, die sich ~~in ihn~~ verlieben konnten, so eine Frau, eigentlich ~~doch~~ ganz hübsch, und sie läßt ihren Mann und die ~~Kinder und die Sicherheit und geht mit ihm fort.~~ Oder es war ihm auch ernst gewesen, ernst geworden, plötzlich; kein Spiel mehr, keine Verwirrung auf Zeit, keine Regeln mehr, sondern etwas, was er noch nie erfahren hatte, er hatte es nicht gewußt bis dahin~~: blind bis dahin, taub, alles vergebens bis dahin, bis~~ er sie fand, diese Frau. Wie im Traum. Wie im ~~Schlager~~, alles x-mal gehabt und gehört, aber was ~~willst~~ du machen? Und er sprach ihr das Wort nach ~~und~~ glaubte daran. Traum, vielleicht einen Augenblick nur: Ich habe das auch nicht gewußt. Daß es ~~das gibt.~~

So ein Großer, Grauer, Schlanker, nicht mehr ganz jung, aber doch – sportlich, würde ich sagen. Einmal traf ich ihn auf der Treppe, sie stand in der Wohnungstür und sah ihm nach; doch als sie mich kommen hörte, schlug sie die Tür rasch zu. Sein Gesicht – nein, ich wüßte nicht, wie er aussah. Groß und grau und – ja, sportlich. Ich würde ihn nicht einmal wiedererkennen, außer, er käme die Treppe herunter. Was sollte ich auch auf ihn achten, er hätte ja ein Hausierer sein können, ein Vertreter oder sonst irgend jemand, vielleicht ein Verwandter – das konnte ich doch nicht wissen. Vielleicht ist er das auch gar nicht gewesen. Ich dachte nur, später, das hätte er sein können.

So eine Geschichte. Wahrscheinlich hat sie viel früher angefangen, an irgendeinem Tag, als die Frau vor dem Spiegel stand und sah, daß sie Mitte 30 war – gerade noch Mitte 30, beinahe noch schlank –, als sie merkte: Der Spiegel gab nicht mehr das gewohnte Bild, der Alltag hatte sie eingefärbt – jeden Morgen das Frühstück, willst du ein Ei, ich muß mich beeilen, wie ist das Wetter, nun mach schon, jeden Abend die Zeitung, die Tagesschau, Flaschenbier, war was heute, auch mal ein Buch, ein Fachbuch, Verwaltungsrecht Haushaltsrecht Kassenwesen, ich muß mich weiterbilden, wenn ich den Sprung zum Verwaltungsrat noch schaffen will, von nichts kommt nichts.

Und Stille dann, jeder auf seinem Platz unter der Lampe, er links, sie rechts, keine Antworten mehr, zuletzt schon nicht mehr gefragt, nur noch das Doppelbett und das Dunkel dann, Weckerticken, schläfst du schon? Er schläft. Vielleicht hat es so begonnen.

Ja, in ein paar Tagen kommt sie zurück. Sie schreibt sehr vergnügt. Das ist mal eine richtige Erholung für sie, ohne die Kinder, und meine Mutter schafft den Haushalt noch tadellos. Wir haben ja auch unsere Putzfrau, und im übrigen kann man ruhig mal großzügig sein, finde ich.

~~Herr Schmella weiß: Gefühle sind nicht mehr so ewig, wenn~~ man erst Mitte 30 ist, Illusionen verlieren dann schneller ihre Magie, und für die Großen, Grauen, Schlanken ist eine Frau Mitte 30 nicht mehr so attraktiv, nicht auf die Dauer, vor allem, wenn es noch Ärger mit einem Ehemann gibt, und manchmal denkt sie an ihre Kinder zuhause. Weshalb sollte sie ~~nicht heimkehren? Schließlich, sie sind aneinander gewöhnt.~~

~~Nicht wahr,~~ man ist eben ~~verheiratet –~~ glücklich verheiratet!

Sie kann damit rechnen, daß er ihr verzeiht, trotz allem, und wenn ihm einmal so etwas passieren sollte, dann wird sie ihm auch verzeihen – allerdings ist der Fall nicht sehr wahrscheinlich: Er ist jetzt Mitte 40, er hat, was er braucht, normalerweise, Unordnung ist ihm zuwider, was soll das, und auch die Kosten stehen – nach seinen Erfahrungen – in keinem vernünftigen Verhältnis zu dem erzielbaren Gewinn.

Dann ist der Schaden ja wieder behoben!

Im Grunde der bare Betrug – ich bitte Sie: 483 Mark und 70 für das bißchen Lack und Blech! Aber was wollen Sie machen? Sie müssen bezahlen; Sie können nichts machen. Immerhin, mein Rechtsanwalt ist sehr zuversichtlich, und wenn wir durch die Instanzen gehen müssen – so billig kommt mir der andere nicht davon!

Wie so etwas läuft und verläuft, am Ende, und ~~wenn es vorbei ist,~~ später:

Hast du etwas gesagt?

Ich sagte nur – bitte, hör mir doch zu, wenn ich etwas sage! –, also die Versicherung hat dem Vergleich jetzt zugestimmt, immerhin 130 Mark. Man soll sich eben nichts vormachen lassen.

Ihren Brief vom 19. d. M. habe ich erhalten. Leider ist die erste Auflage unserer Anthologie *Liebe* inzwischen schon ausgedruckt und zum größten Teil versandfertig, 300 Rezensionsexemplare sind schon hinausgegangen, so daß Sie mit Ihren Einwänden zu spät kommen. Es ist mir allerdings, offen gesagt, wirklich nicht ganz verständlich, weshalb Sie den relativ geringfügigen, auch sehr behutsam vorgenommenen redaktionellen Kürzungen, die einzig und allein durch die Raumverhältnisse bedingt waren, ein so großes Gewicht beizumessen scheinen. Meiner Ansicht nach hat Ihre Erzählung, die ja doch nicht mehr als ein flüchtig hingesetztes Exposé war und schon deshalb zu einer redaktionellen Bearbeitung geradezu herausforderte, durch den einfühlsamen Rotstift unseres Lektors – zu dessen Arbeit ich voll und ganz stehe – eigentlich nur gewonnen: Das Ganze ist wesentlich gestrafft, viel Überflüssiges ist fortgefallen, und dabei ist doch die recht eigenwillige Struktur aus verschiedenartigen Erzählstimmen völlig erhalten geblieben. Ich bin überzeugt, daß die Kritik gerade deshalb Ihre Arbeit in der richtigen Weise würdigen wird, und ich wäre von Herzen froh, wenn Sie sich meiner Auffassung nach abermaligem und ruhigem Überlegen würden anschließen können. Rückgängig zu machen sind die Streichungen im übrigen jetzt sowieso nicht mehr, weil das praktisch einen Neudruck fast des ganzen Werkes bedeuten würde – ein ganz ungeheuerlicher Kostenaufwand, der in gar keinem Verhältnis zum möglichen Wert der wenigen Zeilen steht, die Sie Ihrer Meinung nach zu Unrecht eingebüßt haben. Nebenbei darf ich Sie darauf hinweisen, daß Sie mit dem Verlagsvertrag, in dem Sie uns alle Rechte gegen ein Pauschalhonorar übertragen haben, Ihre Zustimmung zum Abdruck Ihres Manuskriptes in unserer Anthologie gegeben haben; das Honorar dafür war Ihnen ja schon vorher ausgezahlt worden. Die Rechtslage erscheint mir daher ganz eindeutig, um so mehr, als nach § 39, Absatz 2 des Urheberrechtsgesetzes Änderungen des Werks und seines Titels zulässig sind, „zu denen der Urheber seine Einwilligung nach Treu und Glauben nicht versagen kann" – ein solcher Fall liegt meiner Meinung nach und auch nach der Auffassung unseres juristischen Beraters hier vor, so daß Ihr Einspruch gegen die Auslieferung der Anthologie sinnlos und zwecklos, weil ohne Rechtsgrundlage, sein würde. Daß Sie irrtürmlicherweise keine Korrekturfahnen von Ihrem Beitrag erhalten haben wollen – ein Umstand, der übrigens von der dieserhalb befragten Druckerei als sehr unwahrscheinlich hingestellt wird –, ist sehr bedauerlich; das ändert aber gar nichts an der Rechtslage, zumal die vorgenommenen Kürzungen – nach Ihren eigenen Angaben noch nicht einmal ein Viertel des Textes! – für den Gesamtcharakter Ihrer Arbeit zweifellos ohne besonderes Gewicht sind. Ich darf daher auf Ihr Verständnis und Ihre Einsicht rechnen und annehmen, daß ich Ihre Einwände ausgeräumt habe. Vielleicht ergibt sich ja bei Gelegenheit einmal wieder die Möglichkeit zu einer Zusammenarbeit. Sie dürfen sicher sein, daß ich Ihren weiteren dichterischen Werdegang mit starkem persönlichem Interesse verfolgen werde – Ihre Frau erzählte mir kürzlich schon von interessanten neuen Plänen. Vorerst wünsche ich Ihnen für Ihre Arbeit weiterhin alles Gute. Mit besten Empfehlungen!

In allen wesentlichen Punkten bin ich anderer Meinung als Sie. Vor allem hat mein Text keineswegs gewonnen „durch den einfühlsamen Rotstift" Ihres Lektors, im Gegenteil: Er ist durch die von einer kleinbürgerlich engen, muffigen Ideologie bestimmten Kürzungen entstellt, verfälscht, ist absichtlich manipuliert und dadurch unklar und unkritisch geworden.

Zu den Streichungen, die ganz offensichtlich durchaus nicht „einzig und allein durch die Raumverhältnisse bedingt" waren, und zu den Vorstellungen und Absichten von Lektor und Verlag, die darin deutlich werden, stelle ich im einzelnen fest:

1 Die in meiner Erzählung dargestellten Tatbestände, vor allem der Ehebruch, werden planmäßig verunklärt. Alle Probleme werden durch die Kürzungen verharmlost und eingeebnet. So bemüht sich der Bearbeiter von vornherein, Hinweise auf die Unabwendbarkeit des Ausbruchs der Frau aus der äus-

serlich gesicherten gutbürgerlichen Beamtenehe zu streichen. Gleich zu Anfang werden aus dem Text herausgenommen die Sätze „Es ist schon zu spät“ und „Nichts hilft mehr“, später, wieder mitten aus zusammenhängenden Abschnitten heraus: „Oder sie war nicht die richtige Frau für ihn – ich meine ja nur“, „eigentlich paßt sie gar nicht zu ihm“, „Es hat keinen Sinn mehr, ich habe dich nie –“, „Ich habe dich nie geliebt“. Irgendwelche Zweifel an der bürgerlichen Ehe als Institution sollen dem Leser gar nicht erst kommen; gestrichen wird deshalb das eingeschobene „Eherecht, Scheidungsrecht“, Worte, die Assoziationen an eine Scheidung auslösen könnten, gestrichen wird auch der unmittelbare Hinweis auf die Möglichkeit einer Scheidung: „vielleicht auch Trennung, Trennung auf Zeit oder Scheidung, je nachdem, was soll man schon machen – irgend etwas von dem Esmußjadochweitergehen.“ Auch der gesprächsweise Hinweis scheint dem Bearbeiter in diesem Sinne gefährlich zu sein, er streicht: „Sie hätte keinen Pfennig bekommen und auch nicht die Kinder, das hat sie natürlich gewußt.“

2 Überkommene gesellschaftliche und soziale Strukturen will der Bearbeiter nicht in Frage gestellt wissen. So hat eine Ehe grundsätzlich glücklich zu sein; auf jeden Fall soll sie so dargestellt werden. Konsequent werden gestrichen Sätze wie „Sie sah nicht besonders glücklich aus“, „und nicht sehr glücklich“, und auch die Aussage über den Ehemann fällt fort: „Glücklich – nein, glücklich war er wohl nicht. Nicht richtig. Manchmal sah er mich an – wissen Sie, so sieht keiner seine Sekretärin an, der glücklich verheiratet ist.“ Nicht einmal dem alleinlebenden Dritten in dieser Liebesgeschichte erlaubt der Bearbeiter, möglicherweise unglücklich zu sein; gestrichen wird: „ein Handelsvertreter. Vielleicht war er selbst verheiratet und nicht sehr glücklich, wer ist schon glücklich: Du auch? Auch bei dir?“

3 Die letzte Konsequenz der zerrütteten Ehe und des Ehebruchs der Frau, ihr möglicher Selbstmord, wird vom Bearbeiter nicht einmal andeutungsweise zugelassen. Er streicht: „Oder spät in der Nacht fährt gegenüber ein fremder Wagen vor, Türenschlagen, man schreckt aus dem Schlaf, was ist denn,

wie spät? Pflasterschritte, heftige Stimmen, Schreien, ein Schrei. Oder ein Krankenwagen versperrt die Straße, unsicheres Blaulicht, Augen aus allen Fenstern – Sie soll ja wirklich! –, und die schmale Bahre, die weißen Kittel, und dann eine Todesanzeige beim Morgenkaffee: unfaßbar. Tatsächlich, gleich nebenan, weißt du." Auch eine beiläufige Äußerung des Erzählers, die auf einen gescheiterten Selbstmordversuch hindeuten könnte, wird fortgenommen: „auch zur Beerdigung wäre ich nicht gegangen". Im übrigen schwingt bei diesem Halbsatz Kritik an der nur noch formalen bürgerlichen Gesellschaftsordnung und ihren Gebräuchen mit, die dem Bearbeiter unerwünscht erschienen sein dürfte.

4 Ebenso unerwünscht und deshalb zu streichen waren für den Bearbeiter auch andere gesellschaftskritische Randbemerkungen, vor allem dann, wenn sie in die Politik hinüberzuweisen schienen. So wurde aus meinem Text herausgenommen: „Herbert A. Schmella, das A. für Adolf, leider", ein Nebensatz, mit dem auf die verbreitete Unsicherheit vor der nationalsozialistischen Vergangenheit und auf verborgene Schuldgefühle gedeutet wird, bezeichnend gerade für das geschilderte kleinbürgerliche Milieu. Ebenso wurde gestrichen ein Hinweis auf den politischen Klüngel in der Stadtvertretung, zuerst: „die besseren Beziehungen hat er auch", dann, beziehungsreich in bezug auf die im Stadtrat vorherrschende bürgerlich-„christliche" Haltung: „und gerade bei den Mehrheitsverhältnissen in unserem Stadtrat".

5 Die drei Hauptpersonen meiner Erzählung, die alle schuldig-unschuldig in die Liebesgeschichte verstrickt sind, werden durch die Streichungen des Bearbeiters wesentlich eindeutiger auf bestimmte individuelle Typen festgelegt, so daß der Leser sie leichter beurteilen und schneller über sie nach den gängigen Moralgesetzen urteilen kann – gerade das aber sollte nach meiner Absicht nicht möglich sein. Aus dem Amtmann Schmella wird so ein solider, ehrenwerter und anständiger Bürger, „positiv" durch und durch. Sein labiles Verhalten „im Umgang mit Vorgesetzten" wird nicht mehr erwähnt, und einige nicht sehr günstige Charakterisierungen fallen fort: „Aber Herr Schmella lacht nicht, er ärgert sich", Schmellas unsympa-

thisches Protzen mit seiner sexuellen Potenz: „Und auch sonst – also ich stehe schon meinen Mann, da kenne ich keine Schwierigkeiten“, der ganze Abschnitt, in dem Schmellas möglicherweise nicht ganz saubere Rückdatierung eines Gedächtnisprotokolls dargestellt wird, und ganz und gar wird auch gestrichen der Absatz: „Freunde hat Herr Schmella nicht, jedenfalls niemanden, dem er wirklich vertraut –“. Natürlich fällt auch der wichtige Hinweis darauf weg, daß Schmella selbst es mit der ehelichen Treue nicht immer so genau genommen hat: „- die Kosten stehen – nach seinen Erfahrungen – in keinem vernünftigen Verhältnis zu dem erzielbaren Gewinn.“ Die Ehefrau dagegen wird durch die Streichungen stärker in die Rolle der Schuldigen gedrängt. Deshalb wird, wie schon dargestellt, nicht mehr gesagt, daß sie in ihrer Ehe nicht glücklich ist, daß sie ihren Mann nie richtig geliebt hat, und der Leser erfährt auch nicht, daß sie den anderen Mann leidenschaftlich geliebt haben könnte – gestrichen wird: „eines Nachts, irgendwo: Du, ich habe noch nie – du, noch nie so geliebt“.

Der Liebhaber, in meinem Text nur leicht skizziert als Hintergrundfigur mit verschiedenen möglichen Umrissen, wird durch Streichungen zu einer bloßen Schablone. Die Version, er könne auch unglücklich verheiratet sein, wird ebenso gestrichen wie die, er könnte geschieden sein, und ebenso wird die von mir offengelassene Möglichkeit ausgeschaltet, der Liebhaber könnte die Frau selbst genauso leidenschaftlich geliebt haben wie sie ihn – es fällt weg: „Wie im Schlager, alles x-mal gehabt und gehört, aber was willst du machen? Und er sprach ihr das Wort nach und glaubte daran: Traum, vielleicht einen Augenblick nur: Ich habe das auch nicht gewußt. Daß es das gibt.“

6 Die Streichungen sind zu alledem oft noch ausgesprochen ungeschickt gemacht. Wichtige Übergänge werden gestört, und zuweilen entstehen unsinnige Satzfolgen, etwa: „Oder man trifft Freunde nicht mehr, die man sonst alle zwei Wochen sah, die Blonde mit den großen Füßen“, oder: „Vielleicht ist er auch ein bißchen wendig, sagen wir mal, verstehn Sie?“

Unter diesen Umständen muß ich nachdrücklich auf meiner Forderung bestehen, daß alle Streichungen in meinem Text rückgängig gemacht werden. Die Auslieferung Ihrer Anthologie *Liebe* mit meinem entstellten Text werde ich notfalls durch gerichtliche Schritte verhindern lassen.

BESCHLUSS

1 Dem Antragsgegner wird untersagt, die von dem Antragsteller verfaßte Erzählung *Zu dritt* ohne die nachfolgend im einzelnen aufgeführten Berichtigungen zu veröffentlichen und zu verbreiten.

2 Dem Antragsgegner wird für den Fall der Zuwiderhandlung gegen das ausgesprochene Verbot eine Geldstrafe in unbeschränkter Höhe oder eine Haftstrafe bis zu sechs Monaten angedroht.

3 Der Antragsgegner hat die Kosten dieses Verfahrens zu tragen.

Gründe:

Der Antrag auf Erlaß einer einstweiligen Verfügung ist begründet. Nach § 12 des Urheberrechtsgesetzes vom 9. September 1965 (Urh.G.) ist der Antragsteller Urheber der Erzählung *Zu dritt.* Ihm steht das Recht der Bestimmung zu, ob und wie sein Werk zu veröffentlichen ist. Dieses Recht wird nur durch § 39 Urh.G. eingeschränkt. Nach Abs. 1 des § 39 Urh.G. darf der Inhaber eines Nutzungsrechts das Werk, dessen Titel oder Urheberbezeichnung nicht ändern, soweit nichts anderes vereinbart ist.

Eine Zustimmung des Antragstellers zu Veränderungen liegt nicht vor. Gemäß § 39 Abs. 2 Urh.G. sind Änderungen des Werkes und seines Titels, zu denen der Urheber seine Einwilligung nach Treu und Glauben nicht versagen kann, zulässig.

Diese Ausnahmevorschrift ist eng auszulegen. Nicht unter diese Ausnahmevorschrift kann fallen, wenn beispielsweise dem Verlagslektor der Stil des Autors nicht paßt.

Nach Auffassung der Kammer kommt §39 Abs. 2 Urh.G. hier nicht zur Anwendung. Bei den beabsichtigten Streichungen ist nicht zu erkennen, weshalb diese vorgenommen werden *müssen.*

WIDERSPRUCH

Zunächst beantragen wir gemäß §§ 924 in Verbindung mit 707 ZPO die einstweilige Anordnung zu treffen, daß das im Beschluß ausgesprochene Verbot aufgehoben wird und die Auslieferung der Anthologie *Liebe* fortgesetzt werden kann.

Sodann beantragen wir, den Beschluß aufzuheben und die Anträge des Antragstellers kostenpflichtig zurückzuweisen. Die vorgenommenen Änderungen sind gegenüber dem Gesamtwerk ohne wesentliches Gewicht. Vor allem können keinerlei Veränderungen des Gesamteindrucks des Werkes oder eine Sinnentstellung einzelner Teile dieses Werkes festgestellt werden. Daher verstößt das Verlangen des Autors gegen Treu und Glauben.

BESCHLUSS

Der Widerspruch gegen die einstweilige Verfügung ist zulässig und nicht offensichtlich unbegründet. Der Antragsgegner hat glaubhaft gemacht, daß eine Befolgung des Verbots für ihn mit unverhältnismäßig hohem Aufwand verbunden wäre. Unter diesen Umständen erschien es angemessen, das Verbot bis zur Entscheidung über den Widerspruch aufzuheben.

AUF VORSCHLAG DES GERICHTS SCHLOSSEN DIE PARTEIEN FOLGENDEN VERGLEICH:

1 Der Beklagte verpflichtet sich, dem Kläger zum Ausgleich für die an seiner Erzählung *Zu dritt* vorgenommenen Kürzungen ein Honorar zu zahlen, das der Summe des bereits früher von ihm erhaltenen Vorschusses abzüglich des vereinbarten Druckhonorars entspricht.

2 Der Kläger verzichtet gegenüber dem Beklagten auf die Geltendmachung aller weiteren Ansprüche.

3 Damit sind sämtliche gegenseitigen Ansprüche der Parteien aus der Veröffentlichung der Erzählung *Zu dritt* in der Anthologie *Liebe* abgegolten.

4 Der Beklagte übernimmt die Kosten des Rechtsstreits.

TIEF BETROFFEN UND BEWEGT STEHEN WIR AN DER BAHRE UNSERES VEREHRTEN CHEFS, DER MITTEN AUS RASTLOSER ARBEIT HERAUS EINEM HEIMTÜCKISCHEN LEIDEN ZUM OPFER FIEL.

Der Barbitursäurering, mit Malonsäure kondensierter Harnstoff, ist pharmakologisch inaktiv, wird aber je nach der Substitution am C5- und am N1-Atom mit aliphatischen oder zyklischen Radikalen zum Schlafmittel unterschiedlicher Wirkungsart und -dauer.

WAS ER IN NAHEZU VIER JAHRZEHNTEN, UNTER DER WECHSELNDEN GUNST BEWEGTER ZEITEN, IN UNERMÜDLICHEM IDEALISMUS FÜR SEINEN VERLAG UND FÜR DAS DEUTSCHE KULTURELLE LEBEN ÜBERHAUPT GEWIRKT UND GESCHAFFEN HAT, DAS WIRD ALS EIN LEUCHTENDES DENKMAL SEINER STARKEN, SCHÖPFERISCHEN PERSÖNLICHKEIT WEITERLEBEN IN UNSERER ARBEIT.

Vergiftungsmöglichkeiten mit Schlafmitteln ergeben sich bei versehentlicher Überdosierung (medizinale Vergiftung), bei Vergiftungsunfällen (akzidentelle Vergiftung), vor allem aber auch bei Selbstmordversuchen.

SEIN KLARER GEIST, SEIN NIE VERSIEGENDER OPTIMISMUS, SEIN UNTERNEHMERISCHER WAGEMUT UND SEINE STETS GLEICHBLEIBENDE MENSCHLICHE GÜTE, WÄRME UND HILFSBEREITSCHAFT SOLLEN UNS AUCH IN ALLER ZUKUNFT VORBILD UND ANSPORN BLEIBEN.

Es gibt keinen für Schlafmittelvergiftung charakteristischen Sektionsbefund. Daher steht und fällt die gesicherte Diagnose mit der chemischen Untersuchung der Leiche. Allgemein herrschen hypoxämische Schädigungen und Kreislaufstörungen vor, besonders am Gehirn.

Beim Durchsehen der Hinterlassenschaft meines Vaters fand ich die Unterlagen zu dem unerfreulichen Rechtsstreit zwischen Ihnen und unserem Verlag. Ich bin froh, daß diese leidige Geschichte durch einen Vergleich beigelegt werden konnte, der Ihnen wenigstens eine materielle Entschädigung eingebracht hat,

MIT WENIG GELD VIEL GELD VERDIENEN

so unbefriedigend es auch für Sie gewesen sein mag, daß Ihre Erzählung *Zu dritt* in der verstümmelten Form gedruckt und verbreitet worden ist; Sie wissen aber, daß unser Urheberrecht nichts anderes vorsieht als einen materiellen Ausgleich Ihres Schadens.

HAST DU WAS DANN BIST DU WAS

Beim Überlesen Ihrer Texte – auch die umfangreicheren Abschnitte sind hier in Fotokopien aufbewahrt worden – ist mir nun ein Einfall gekommen, wie sich eventuell aus Ihren verschiedenen Vorarbeiten doch noch etwas eigenständig Literarisches entwickeln lassen könnte, und deshalb schreibe ich Ihnen heute.

DIE BESTEN ZINSEN SIND DIE WIEDERANGELEGTEN ZINSEN

Vorweg: Ich bin, wie Sie sich vorstellen können, durchaus nicht in allem einer Meinung mit dem, was mein Vater Ihnen seinerzeit zu Ihren Entwürfen geschrieben hat, im Gegenteil: Was ihm wenig oder gar nicht gelungen erschien, das sagt mir – teilweise wenigstens – durchaus zu, wogegen ich das, was meinem Vater gefallen zu haben scheint, durchweg für die schwachen und schwächsten Stellen Ihrer im Grunde doch noch recht konservativ angelegten Arbeit halte.

IM STROMBETT UNSERER HISTORISCH GEWACHSENEN DEUTSCHEN FRZÄHLTRADITION VIEL GELD VERDIENEN

Darüber sollten wir uns vielleicht gelegentlich ausführlicher unterhalten. Heute nur soviel: Ich könnte mir vorstellen, daß Ihnen und uns jetzt gerade das zugute kommen könnte, was damals die Ursache des ärgerlichen Rechtsstreits gewesen ist –

die Kürzungen nämlich in Ihrem Exposé.

NATÜRLICH WILL ICH IHNEN KEINESWEGS IN IHRE SCHÖPFERISCHE ARBEIT SCHÖPFERISCHE EIGENVERANTWORTLICHKEIT SCHÖPFERISCHE FREIHEIT IN GAR KEINER WEISE

Ich habe nicht nur Ihren Beitrag in unserer Anthologie *Liebe* noch einmal kritisch gelesen – ein Buch übrigens, das unserem Verlag sehr teuer zu stehen gekommen ist, weil der Bedarf an literarisch höherwertigem Eros längst nicht so groß und drängend war, wie mein Vater und seine Herren das seinerzeit kalkuliert hatten! –, sondern vor allem auch Ihr Manuskript, und dabei ist mir aufgegangen, daß die seinerzeit herausgestrichenen Stellen möglicherweise ein tragfähiges Gerüst abgeben könnten für ein Buch, das würdig am Beginn einer neuen Ära unseres Verlages stehen könnte.

IN GOETHE UND SCHILLER, DIE IN EDLER FREUNDSCHAFT VERBUNDEN ZUSAMMEN EIN HERRLICHES BILD DEUTSCHEN BÜRGERTUMS VERBRIEFTE SICHERHEIT

Ob das nun Roman zu nennen wäre oder wie sonst immer, darüber wäre später zu reden (ich möchte nicht gern als verlegerischer Nachläufer dieser epischen Form gelten, die ja wohl doch für unser Zeitbewußtsein keine Möglichkeiten mehr bietet, obwohl ich andererseits, offen gesagt, nur ungern auf das zweifellos verkaufsfördernde Kennwort „Roman“ auf dem Titelblatt verzichten würde). Urteilen Sie doch selbst einmal, ob nicht die folgenden Zeilen –Ihre eigenen Zeilen, die damals gestrichen und jetzt von mir nur noch etwas mehr komprimiert, zuletzt dann in umgekehrter Reihenfolge zusammengestellt worden sind – so etwas wie einen strukturellen Grundriß abgeben könnten,

DER GROSSEN DEUTSCHEN LITERARISCHEN TRADITION ZUTIEFST VERPFLICHTET

ein Netz von Stichworten, aus dem sich in Sprachetüden, Reibungen, Variationen, möglicherweise auch in ganz neuen Stilfiguren ein Werk entwickeln ließe, bei dem im Hintergrund immer noch die Liebesgeschichte durchscheinen würde, die Sie in Ihrem Roman entwickeln wollten,

WIE EIN GEBILD AUS HIMMELSHÖHN

aus dem aber primär jene neuen und neu erfahrenen Wirklichkeiten sprechen würden, die wir Jungen heute sehen und suchen, gerade auch in der Kunst.

wenn es vorbei ist
gewinn
verhältnis
Unordnung ist ihm zuwider
normalerweise
hat was er braucht
verzeihen
so etwas
trotz allem
nicht wahr
aneinander gewöhnt
heimkehren
manchmal denkt sie an ihre kinder
nicht auf die dauer
eine frau mitte 30
magie
ewig
gefühle sind nicht mehr so
habe das auch nicht gewußt
einen augenblick nur
was willst du
alles x-mal gehabt
im schlager
im traum
diese frau
blind bis dahin taub
mit ihm fort
sie läßt ihren mann und die kinder
endlich frei und es gab noch frauen
ich habe noch nie du noch nie so
wer zählt denn sowas
die wievielte frau
auch bei dir
wer ist schon glücklich
was man sich wünschen kann

auf und davon
kennt sich im leben
bestimmt nicht
so leicht nichts
das glaube ich nicht
wegen so etwas in die ecke
bis morgens um 2 nicht zur ruhe
aus der fassung
verzweifelt
seine frau
gerüchte
das ehe- und sittenwidrige verhalten
keinen augenblick lang
keinerlei schuld
er verläßt sich nicht gern
ich habe dich nie geliebt
das datum von vorgestern
nicht vergessen
nicht mit ausreden
unverantwortlich
merkt man natürlich
glücklich war er wohl nicht
es hat keinen sinn mehr
eigentlich paßt sie gar nicht zu ihm
bei den mehrheitsverhältnissen
die besseren beziehungen
das a. für adolf leider
nicht sehr glücklich
sehr glücklich
glücklich
ich stehe schon meinen mann
er ärgert sich
großzügig würde ich sagen
sie war nicht die richtige frau für ihn
im umgang mit vorgesetzten
er soll ja
sie hatte schuld
er kann einem wirklich leid tun

unfaßbar
augen aus allen fenstern
heftige stimmen schreien ein schrei
in der nacht gegenüber
es muß ja doch weitergehen
trennung auf zeit oder scheidung
nichts hilft mehr
nein
es ist schon zu spät.

Dies habe ich Ihnen nur einmal als ein Muster herausgeschrieben, wobei ich die durchgehende Kleinschreibung zur weiteren Abstraktion eingesetzt habe. Meinen Sie nicht auch, daß dieses Material eine Fülle von Anregungen geben könnte?

DIE SCHÖPFERISCHE EIGENVERANTWORTLICHKEIT UNSERER VERLAGSAUTOREN

Gerade die Sprachlosigkeit unserer Zeit wird darin, scheint mir, auf verblüffende Weise ausgedrückt.

HAST DU WAS DANN BIST DU WAS DU BIST

Allerdings, wenn Sie die Arbeit an diesem Stoff noch einmal wiederaufnehmen sollten, dann dürfen Sie das natürlich keinesfalls nur unter ästhetischen Aspekten tun; sonst würden Sie nur wieder der manipulativen Ideologie verfallen, die zu überwinden – wie ich meine – auch Sie sich zur Aufgabe gesetzt haben. Daß die Zeit der schönen Kunst vorbei ist, endgültig und für immer, darüber brauchen wir uns gewiß nicht zu unterhalten (mit meinem Vater darüber zu diskutieren, erwies sich als grundsätzlich unmöglich). Kunst heute, wenn sie überhaupt noch eine Daseinsberechtigung hat im Zeitalter der Konsumindustrien, zu denen ja auch die Kulturindustrie gezählt werden muß, Kunst heute muß das Bewußtsein der Unterdrückung artikulieren.

DAS VOLK BESTAND AUS FREIEN UND UNFREIEN EIN HERRLICHES BILD DEUTSCHEN BÜRGERTUMS

In dem oben zusammengefügten Sprachmuster – im Grunde nicht viel mehr als eine Reihung von Reizwörtern unterschiedlicher Intensität – scheint mir nun insofern ein fruchtbarer Ansatz zu liegen, als hier die notwendige Zerschlagung des

Alten, Abgelebten, Überständigen bereits vollzogen ist, und das nun nicht mit dem Hammer des revolutionären Soziologen oder mit dem Meißel des Ästheten, sondern mit dem Faustkeil des rechtschaffenen Bürgers selbst, der damit unbewußt seine repressiven Verhaltensnormen entlarvt. In und mit diesen Restbeständen einer vergangenen, nicht mehr lebensfähigen Welt, wie sie unser früherer Verlagslektor unabsichtlich aus Ihrem Text herausgearbeitet hat (inzwischen ist er in die Redaktion einer christkonservativen Wochenzeitung übergewechselt), lassen sich vielleicht am ehesten die Traditionszwänge darstellen, in denen die große Mehrzahl der Menschen heute noch lebt und die bewußt zu machen die Aufgabe progressiver Gegenwartsliteratur sein sollte.

BEIM TODE DES HAUSHERRN TÖTETE MAN AUCH SEIN ROSS UND SEINEN KNECHT DAS WAR FÜR DEN KNECHT DIE HÖCHSTE EHRE

Nicht nur dieser „Abfall" interessiert mich aber an Ihrem Romanentwurf, den Sie, wie Ihre Frau mir sagte, nicht mehr weiterverfolgt haben, sondern auch – immer noch! – die Handlung und die Gestalten, die ich durchaus nicht gänzlich zu Hintergrundschemen degradieren würde.

WIR MÜSSEN EBEN MIT DEN LESERN RECHNEN WIE SIE SIND

Sie werden selbst am besten wissen, daß jede Ihrer drei Hauptfiguren ein Beispiel ist für ein Bewußtsein, das in bereitwilliger Anpassung und Unterordnung sein Genüge, ja, seinen Lustgewinn findet: Der Subalternbeamte Schmella ebenso offensichtlich wie seine Frau, für die der jeweilige Liebhaber der angebetete Herrscher ist, dem sie sich bedingungslos unterordnet, zeitweise sogar ausliefert (in gewisser Weise scheinen ihre Geliebten auch so etwas wie ein negatives Statussymbol jener herrschenden Klasse zu bedeuten, aus der sie selbst stammt!), und Helmuth von Rath schließlich ist seiner ganzen Anlage nach ein gestriger, vorgestriger Mensch, dessen Bewußtsein geprägt ist von den früh eingeübten autoritären Verhaltensweisen seines Elternhauses, in denen sich zugleich die reaktionäre Gesellschaft der Vergangenheit manifestiert (selbst in der Frau sucht er – Vorbild für ihn seine ältere Schwester – immer wieder auch die Führerin und Herrscherin, der er sich unterwerfen darf und unterwerfen möchte, sofern er nicht selbst auf völlige Unterwerfung trifft).

EIN HERRLICHES BILD DEUTSCHEN BÜRGERTUMS

Das Verharren dieser drei Menschen in abgelebten Bewußtseinsformen, die als höchsten Wert nur eine fragwürdige subjektive Freiheit hervorbringen konnten, schließt von vornherein eine tiefere menschliche Beziehung zwischen ihnen aus. Insofern hat, meine ich, Ihre Geschichte einen schwachen Punkt von der Anlage her. Natürlich ist ihr Thema nicht, wie mein Vater wohl annahm, die vordergründige Liebesgeschichte,

DEUTSCHE INNIGKEIT

sondern die indirekte Darstellung der Herrschenden und ihrer Herrschaft über die Unterdrückten in einer scheinliberalen Gesellschaft, die der Kapitalismus bis tief ins Private hinein verdorben hat.

Trotzdem sollten Sie sich vielleicht noch einmal überlegen, ob es nicht für das Ganze Ihres Buchs dienlich wäre, wenn eine der Hauptfiguren etwas ins Positive hinein umfunktioniert würde.

EINE GEWISSE POSITIVE GRUNDEINSTELLUNG ZU DEN ZWISCHENMENSCHLICHEN WERTEN

Ich meine, die bürgerlich-reaktionäre Hoffnungslosigkeit gleich in allen drei Gestalten so eindeutig aufzuzeigen, ist für den Leser allzu reizlos.

WIR MÜSSEN EBEN MIT DEN LESERN RECHNEN WIE SIE SIND

Wenigstens einer davon – und das könnte nach der ganzen Anlage nur die Frau sein – sollte sich etwas aus der trostlosen Determination lösen.

Wie Sie im einzelnen verfahren wollen, das bleibt natürlich ganz Ihnen überlassen. Ich hoffe vorerst nur, daß Sie meine Anregungen aufgreifen werden.

ICH WILL IHRE DICHTERISCHE FREIHEIT KEINESWEGS IN IHRE SCHÖPFERISCHE ARBEIT IN GAR KEINER WEISE

Im übrigen könnte die Entlarvungsfunktion Ihres Romans, die Sie in den Vorentwürfen mehr oder weniger zu verbergen trachteten – wahrscheinlich deshalb, weil sie damit rechneten, ihr Buch in einem bürgerlichen Verlag herauszubringen –, in dem neuen Buch viel intensiver, bewußt auch einmal schockierender zum Ausdruck kommen. Dabei sollten Sie gewiß nicht so extrem werden wie einige unserer radikalen Weltverbesserer, die die gegenwärtig bestehende Gesellschaft völlig mißachten zu können meinen: Wir können ja doch das Bewußtsein nur dann verändern, wenn wir zunächst einmal die gegenwärtig lebenden Menschen – und das sind unsere Leser! – erreichen und ansprechen.

DAS VERLEGERISCHE RISIKO

Die Umstrukturierung unserer Verhältnisse ist nicht von einem Tag zum anderen zu erreichen, darüber sind wir uns gewiß einig. Deshalb hätte ich auch gar nichts dagegen, wenn Sie – im Sinne meiner Anregungen – ein Buch konzipieren und schreiben würden, das im ganzen doch noch das Prädikat „lesbar" verdient.

DAS VERLEGERISCHE RISIKO

Natürlich darf es nirgendwo so weit ins Subjektive und Subjektivistische absinken, wie das in einigen Abschnitten Ihres zuweilen doch peinlich sentimentalen früheren Entwurfs der Fall gewesen ist. Trotzdem wäre aber eine gewisse menschliche Teilnahme und Anteilnahme des Lesers zu wünschen. Eines sollte das andere nicht ausschließen.

NATÜRLICH WILL ICH IHNEN KEINESWEGS IN IHRE SCHÖPFFRISCHE ARBEIT HINEINREDEN

Nun, das werden Sie selbst am besten wissen, ebenso, daß mit billigen Parodien heute nichts mehr bewirkt werden kann. Auf jeden Fall würde ich mich freuen, wenn wir zu einer guten Zusammenarbeit kommen könnten. Bitte, teilen Sie mir doch bald einmal mit, wie Sie zu meinen Vorschlägen stehen – wir stecken schon wieder tief in den Vorbereitungen für die kommende Frühjahrsproduktion, und ich würde Sie gern in unsere Pläne mit einbeziehen. Mit guten Grüßen!

Stichwort GEWINN

Merke: Das Huhn, das goldene Eier legt, bekommen Sie schon zum Nennwert von 100 DM.

Merke: Das Huhn, das goldene Eier legt, legt zweimal im Jahr ein goldenes Ei.

Merke: Wenn das Huhn, das goldene Eier legt, ein goldenes Ei legt, ist es reine Temperamentssache, ob Sie das Ei gleich auf den Kopf hauen oder abwarten, bis es ausgebrütet ist. In diesem Fall haben Sie bald viele Hühner, die goldene Eier legen.

Merke: Je preisgünstiger Sie das Huhn, das goldene Eier legt, einkaufen, desto größer sind die goldenen Eier.

Merke: Die Zahl der goldenen Eier wächst schneller und immer schneller, sobald ein Huhn zum anderen kommt.

Merke: Die Besitzer des Huhns, das goldene Eier legt, sind dem Staat eine Prämie wert.

Merke: Dem Huhn, das goldene Eier legt, ist der Fiskus freundlich gesonnen.

Merke: Das Huhn, das goldene Eier legt, kommt nur „aus besten Ställen“.

Merke: Mit dem Huhn, das goldene Eier legt, haben Sie überall Kredit.

Ein stilvolles Geschenk.

Wenn Sie zu festlichen Anlässen Ihren Kindern, Patenkindern oder Ihrer Frau einen Pfandbrief oder eine Kommunalobligation schenken, sind Sie Ihre Geschenksorgen für alle Zeiten los. Wem Sie einmal ein Wertpapier geschenkt haben, dem können Sie immer wieder eines schenken, ohne einfallslos zu erscheinen.

Stichwort MANCHMAL DENKT SIE AN IHRE KINDER

Sie drückte den Klingelknopf, gleichzeitig hörte sie das Klingeln, laut, niemand machte die Tür auf, sie drückte wieder den Knopf SCHMELLA., die Klingel wurde schrill beinahe schmerzhaft SCHMELLA nahe, sie klingelte klingelte es muß doch einer muß die Haustür einer muß öffnen unerträglich das Schrillen SCHMELLA, sie wachte auf. Die Sonne zeichnete Schattenkreuze gegen die Übergardinen.

Das Telefon klingelte, wieder, noch einmal, drüben auf Helmuths Schreibtisch. Immer noch Kopfweh, müde. Einen Augenblick lang wartete sie. Halb eins. Das Telefon war unerbittlich. Langsam ging sie hinüber, einmal mußte das Schrillen doch aussetzen, sie nahm den Hörer ab, überlegte 5-60-69, sagte: 5-60-69.

Da bist du ja, Schatz, ich dachte schon – hast du bis jetzt geschlafen?

Ja.

Na also, ich wollt' nur mal hören, wie es dir geht. Also besser jetzt?

Danke, ja.

Na bitte, wer sagt's denn. Aber zum Essen kann ich unmöglich, ich habe einen Termin, einen neuen Interessenten für unseren Pontiac, nichts zu machen, den muß ich nachher gleich wahrnehmen, tut mir leid, du weißt ja, sonnabends ist für mich.

Natürlich. Du.

Aber morgen fahren wir dann in den sonnigen Süden, die Sonne ist schon da. Freust du dich?

Ja. Natürlich.

Hast du was? Du sprichst so –.

Ich bin eben erst aufgewacht.

Na fein, schlaf ein bißchen auf Vorrat, dann haben wir heute nacht – also ich freu' mich, Schatz, bis dahin, ja? Vor Abend wird's nichts mit mir. Wenn ich Zeit habe, rufe ich nochmal an. Du bleibst doch zu Hause, ja?

Sicher. Was soll ich sonst?

Wenn du was essen willst, oben rechts im Kühlschrank stehen verschiedene Dosen. Whisky ist auch im Kühlschrank, wenn du möchtest.

Danke, nein.

Also dann, Schatz – bis heute abend!

Ja, bis dann.

Zwanzig vor eins. Viertel vor eins kommt Peter aus der Schule. Ob Clemens noch Fieber? Mutti hat keine. Ob Oma. Frau Diepenbrook. Sie schüttelte sich.

Später trank sie Tee, blätterte in einem Prospekt, ohne zu wissen, was sie las VIELE WEGE ZU SCHÖNHEIT UND GESUNDHEIT die Blonde auf dem Titelblatt höchstens 20 jung und gesund jung jung blond GESUNDHEIT IST UNSER HÖCHSTES GUT OHNE NACHNAHME FÜR 10 TAGE ZUR ANSICHT UND PROBE DIENT IHREM WOHLBEFINDEN ob Clemens wieder gesund nicht zu früh aufstehen ob Peter den Aufsatz Frau Diepenbrook Herbert Mama mein Junge LEISTEN SIE SICH KOMFORT WARM HALTEN VON NACKEN- UND SCHULTERPARTIEN SCHUTZ VOR UNLIEBSAMEM vielleicht doch einmal anrufen kann ich nicht nein oder Frau Diepenbrook fragen kann ich nicht darf ich nicht NATÜRLICHE ABWEHRKRÄFTE MOBILISIEREN BEGLÜCKT WERDEN SIE BEGLÜCKT WERDEN SIE BEGLÜCKT du darf ich nicht habe nein gesagt endgültig nein du nein nie mehr die Kinder für dich du nie wieder MODELLIEREN SIE IHRE FIGUR SELBST ZU HAUSE zu Hause AUF DER REISE IM URLAUB AUF BESUCH ZU HAUSE ZU HAUSE ÜBERALL GELINGT IHNEN NUN DIE ABSOLUT HAARSCHONENDE ONDULATION AUF BESUCH ZU HAUSE wo was wann wieder wo FRÖHLICH IN DEN TAG TURNEN wann wo wie IN DEN TAG IN DEN TAG DAS PRAKTISCHE HEIMRECK wo bin ich zu Hause daheim HEIMRECK HEIMTURNMATTE DIE GANZE FAMILIE MACHT BEGEISTERT Peter Clemens Herbert Karin Herbert Peter Clemens Peter Clemens Herbert ich werde NACHNAHMEFREI FÜR 10 TAGE werde verrückt ZUR PROBE ich werde verrückt ZUR PROBE wo bist du PONTIAC UNSER PONTIAC mußt mich du mußt mich bei dir was soll ich sonst wo bin ich ZU HAUSE wo sind sind die Kinder DIE GANZE FAMILIE die Kinder die Kinder Peter Clemens wo bin ich SCHON MORGENS GUTGE-

LAUNT ich werde ich will Frau Diepenbrook muß mir SORGT FÜR IHR WOHLBEFINDEN kann das nicht die Kinder was die Kinder Frau Diepenbrook muß mich verstehen die Kinder Clemens Peter ich muß du.

Später saß sie Frau Diepenbrook gegenüber.

Sie sehen aber gar nicht gut aus, Frau Schmella!

Bitte, sagen Sie nichts, Frau Diepenbrook, niemandem, bitte, daß ich hier war.

Clemens war fieberfrei.

Stichwort SCHLAGER

liebesehnsuchtferneheimatglückzurück
küssenmüssenträumeräumesternsofern
heimatliebesehnsuchtnächteblausolau
ferneheimataugentaugenniechérie
sehnsuchtliebeheimatfernenachterwacht

Stichwort DIE WIEVIELTE FRAU

1. Hilde, 18
2. Ina, 15
3. Wiltrud, 15
4. Käthe, 19
5. Anke, 22
6. Effi, 14
7. Nina, 19
8. Petra, 29
9. Hertha, 33
10. Magda, 16
11. Leni, 17
12. Angelika, 16
13. Barbara, 36
14. Fränzi, 19
15. Wilma, 17
16. Marga, 15
17. Cilli, 35
18. Inge, 34 (38?)
19. Katja, 17
20. Lucie, 19

21. Susanne, 16 (14?)
22. Resi, 18
23. Ulla, 37
24. Sigrid, 19
25. Petra, 18
26. Susanne, 21
27. Marion, 38
28. Bärbel, 15
29. Inge, 39 (?)
30. Petra, 16
31. Karin, 36
32. Monika, 18

Stichwort ICH STEHE SCHON MEINEN MANN

Mangelnde eheliche Pflichterfüllung der Männer ist nach den Erfahrungen der Eheberater und Psychologen eine der häufigsten Ursachen für Ehekrisen und Scheidungen. Auch bei Männern können sich Potenzstörungen einstellen. Sie leiden unter einer allgemeinen Unzufriedenheit und zeigen neurotische Symptome, die sich körperlich ausdrücken. Für viele Männer ist es eine entsetzliche Idee, daß Frauen mit der Pille nun auch furchtlos die Partner wechseln können. Es ist ein absolut biologisches Gesetz, daß sich kurz vor dem Orgasmus des Mannes sein Bewußtsein verengt. NEUE REVUE BERICHTET ES EXKLUSIV. Playboys sind schlechte Spielgefährten in der Liebe. Weil sie nicht mehr zu echter Befriedigung gelangen können, versuchen diese Neurotiker sich immer mehr zu steigern. Damit erreichen sie, daß man sie für sehr potent hält. Aber gerade dann, wenn sich ein Mann damit brüstet, wie oft er den Sexualakt durchführen kann, verrät er sich: Ein normaler Mensch hat keine Wünsche mehr, wenn er befriedigt ist. Die menschliche Frage. NEUE REVUE SPRICHT MIT JUNGEN BERLINER ARBEITERN. Von Radau-Studenten die Nase voll. Seelische Untreue kann gefährlicher sein als sexuelle. Neue Fälle grausamer Tierschindereien in der Landwirtschaft. DAS MUSS GESAGT WERDEN – NEUE REVUE SAGT ES. So lernen Männer lieben. Dies alles sind natürliche Vorgänge, deren Mechanismus man kennen muß. DIE LIEBESSPRECHSTUNDE MIT OSWALD

KOLLE. Jeden Tag das Opferlamm. Das große Geheimnis um den Mann, der ein Mädchen zur Frau macht. Vor mir war ein anderer da. 87 Prozent der Männer in Deutschland haben bereits vor der Ehe intime Beziehungen – 70 Prozent aller Mädchen heiraten nicht jungfräulich. Und dann bricht es aus ihm heraus: „Ja, ich war es. Eine magische Gewalt zog mich zu kleinen Jungen." Der Mann mit der gelbweißen Gesichtshaut und dem wuscheligen schwarzen Haar raucht in kurzen gierigen Zügen und gesteht eine Schandtat nach der anderen, eine immer grauenvoller als die andere. Zum Frühstück kühle Zärtlichkeit. DIE SEXUELLEN WÜNSCHE DES MANNES. Tausendfach: Ich liebe dich. Die sündigen Nächte der Vera B. Die größte Gefahr liegt in der Bedrohung der Gesundheit. FORTSETZUNG NÄCHSTE NEUE REVUE. Ein normaler Mensch hat keine Wünsche mehr, wenn er befriedigt ist.

Stichwort ESMUSSJADOCHWEITERGEHEN

Ich sagte nur – bitte, hör mir doch zu, wenn ich etwas sage! –, also die Versicherung hat dem Vergleich jetzt zugestimmt, immerhin 130 Mark. Man soll sich eben nichts vormachen lassen.

Ja. Aber hat sich das wirklich gelohnt?

Wieso? Sind 130 Mark gar nichts für dich?

Ich meine nur, die Aufregung, der ganze Ärger, das Briefeschreiben hin und her, Gutachter, Rechtsanwälte, alles das.

Gelohnt, gelohnt! Das ist mein Recht, verstehst du?! Natürlich hat es sich gelohnt, es hat sich buchstäblich ausgezahlt, hier hast du es schriftlich: 130 DM überweisen wir auf Ihr Konto, hochachtungsvoll. Und wenn ich einen besseren Rechtsanwalt gehabt hätte, dann wären es vielleicht sogar 200 Mark geworden. Das kann man schließlich nicht vorher wissen.

Ja. Vieles weiß man vorher nicht.

Wie meinst du das, bitte?

Nur so. Ganz allgemein.

Stichwortgruppen

glücklich war er wohl nicht
glaube ich
glücklich war er wohl
glaube ich nicht
glücklich war er
das glaube ich
glücklich
nicht

es hat keinen sinn mehr
im schlager
wenn es vorbei ist
im traum
noch nie du noch nie so
ewig
nein
keinerlei schuld

er soll ja
so etwas
diese Frau
trotz allem
unfaßbar
nichts hilft mehr
bestimmt nicht
was willst du
er soll ja
normalerweise
gewinn
esmußjadochweitergehen
bei den mehrheitsverhältnissen
augen aus allen fenstern

gerüchte
was man sich wünschen kann
einen augenblick nur
bei den mehrheitsverhältnissen
esmußjadochweitergehen
es ist schon zu spät

Nachtrag von Tatsachen

Meine Frau muß morgens um 8 Uhr im Büro sein. Seitdem sie nur noch die Honorare berechnet, macht ihr die Arbeit nicht mehr so viel Spaß. Aber sie bekommt das gleiche Gehalt wie vorher.

Ich stehe meistens gegen 10 Uhr auf, hole im Morgenmantel die Post aus dem Briefkasten, trinke meinen Tee, lese die Zeitung, manchmal fällt mir dabei etwas ein, das schreibe ich auf. Oft sitze ich nur so am Fenster und sehe auf die Straße hinunter. Dann sehe ich manchmal die blonde Frau aus dem zweiten Stock, die Karin Schmella sein könnte. Aber ich weiß natürlich, daß sie nicht Karin Schmella ist; wahrscheinlich ist sie ganz zufrieden. Meine Frau ist ein bißchen mit ihr befreundet.

Mittags gehe ich oft spazieren, nicht durch den Park, sondern durch die Wohnstraßen, die Geschäftsstraßen unserer Stadt. Ich bummele gern. Ich achte auf nichts Besonderes dabei, nur so, ich sehe die Straßen an, die Schaufenster, die Menschen. Manchmal fällt mir später etwas davon wieder ein.

Wenn meine Frau abends heimkommt, ist sie müde. Unterwegs hat sie noch eingekauft. Sie fragt mich, was ich gemacht habe, was die Post gebracht hat, ob jemand angerufen hat, was es abends im Fernsehen gibt. Zwischendurch räumt sie ein bißchen auf. Dabei bemängelt sie den ausgetretenen Dielenfußboden, fast jeden Tag. Im nächsten Jahr wollen wir uns einen Teppichboden in die Diele legen lassen. Meine Frau meint, eigentlich sei das Sache des Hausbesitzers. Aber der wohnt nicht in unserem Haus, nicht mal in der Stadt, der Hausmeister regelt alles, was es zu regeln gibt, und für Fußbodenbeläge ist er nicht zuständig.

Die Frau aus dem zweiten Stock war im Frühjahr ein paar Tage verreist, zu einer Studienfreundin in Coburg, die hat einen reichen Mann geheiratet, Schwimmbad im Haus, Gärtner, Mädchen, Chauffeur. Ich sah sie fortgehen, mit einem schwarzen Koffer in der Hand; am Bismarckplatz stieg sie in ein Taxi, einen schwarzen Mercedes-Diesel, die fahren am meisten bei uns. Dann war sie wieder da, sie sah nicht sehr erholt aus.

Die Wohnung im zweiten Stock kenne ich nicht; wahrscheinlich ist sie ähnlich geschnitten wie unsere im vierten Stock, nur größer, und wir haben keine Balkons. Mein Schreibtisch steht genau dort, wo ich mir den Schreibtisch des Mannes vorstelle, den ich Schmella genannt habe. Der Name klingt nicht besonders gut. Ich habe etwas gegen Verwaltungsbeamte, vielleicht ist ein bißchen Neid dabei.

Meine Frau kam neulich spät nach Hause, sie hatte nicht eingekauft, und ihr Mantelärmel war schmutzig; sie hat mir nicht gesagt, wo sie sich schmutzig gemacht hat, ich habe auch nicht gefragt.

Nachwort

Zweifellos mutet Kay Hoffs dritter Roman *Drei. Anatomie einer Liebesgeschichte* dem Leser einiges zu. Wiewohl 1970, also nur vier Jahre nach dem ersten und drei Jahre nach dem zweiten Roman, und zwar diesmal bei Goverts-Krüger-Stahlberg in Stuttgart, erschienen, zwingt er uns viel radikaler als die beiden Vorgänger dazu, unsere bisherigen Lesegewohnheiten abzulegen, unsere Leseerwartungen zu ändern und unsere Leserolle beständig zu variieren. Schon in *Bödelstedt* griff Hoff auf Elemente des Montageromans zurück, viel stärker dann in *Ein ehrlicher Mensch*, so daß man nicht völlig ungeübt ist, wenn man *Drei* zur Hand nimmt und auf ganz unterschiedlich gefaßte Erzählpassagen trifft, auf einen häufigen Wechsel der Schriftarten, auf die Kombination von Partien in Normalorthographie, in durchgängiger Kleinschreibung, in durchgängiger Großschreibung usf. Aber das Ausmaß der hier herrschenden Montagetechnik übertrifft bei weitem alles, was man in dieser Hinsicht in den anderen Werken Kay Hoffs findet. Weder vor noch nach *Drei* sind derartige Elemente noch einmal so nachdrücklich zur Wirkung gekommen.

Die Schwierigkeiten, die dergleichen für den Leser mit sich bringt, sind beträchtlich. Er sieht sich nämlich ständig mit wechselnden Figuren, wechselnden Sehweisen, wechselnden Textfeldern konfrontiert. Hier ein Beispiel:

> [...] er sei ganz sicher, daß die betreffende Dame tatsächlich um Viertel nach 5 [...] das Haus Beselerstraße 17 betreten habe, könne das allerdings nicht mit letzter Sicherheit behaupten, da er nicht mehr darauf geachtet habe und unmittelbar zum Taxistandplatz am Bahnhof zurückgefahren sei.
>
> Tatsache ist: Vom 7. März 1968, vormittags, bis zum 14. März 1968, früh, war Frau Schmella verreist, und Herr Schmella wußte nicht, wo sie sich befand.
>
> ALLE AUSGABEN SIND ZU BELEGEN. DIE BESTEN ZINSEN SIND DIE WIEDERANGELEGTEN ZINSEN. DIE HAUSHALTSMITTEL SIND WIRTSCHAFTLICH UND SPARSAM ZU VERWALTEN. DIE ZAHL DER GOLDENEN EIER WÄCHST.

> unsinn was soll das hier soll der unsinn modisch modern modernistisch (S. 17f.)

Zunächst spricht der Taxifahrer, der Frau Schmella zu ihrer Wohnung gefahren hat, und zwar redet er in Widersprüchen, sofern er einerseits „ganz sicher" ist, andererseits aber nichts „mit letzter Sicherheit behaupten" kann. Dann teilt der Erzähler die sogenannten Fakten mit, danach, in Großbuchstaben, findet sich die Collage zweier Textbereiche, nämlich die Dienstanweisung über den Umgang mit öffentlichen Geldern im Wechsel verknüpft mit der Werbeanzeige eines Kreditinstituts. Schließlich – abgesetzt und durchgängig in Kleinbuchstabenschrift – folgt die monologische Stellungnahme des Verlegers zur Erzähltechnik seines Autors, was der Leser freilich selbst erschließen muß. Die Wirkung einer solchen Darstellungsart unterscheidet sich von der einer traditionell und chronologisch erzählten Geschichte beträchtlich. Die Handlung, das Zusammenspiel von Personen, die Konfrontation von Geschehnissen steht nicht mehr im Mittelpunkt, sondern der Perspektivismus der unterschiedlichen Sehweisen, ja sogar der Blick auf die gesellschaftliche Gesamtsituation, die gar nicht besonders eng mit der eigentlichen Geschichte zusammenhängt.

Aber auch wenn es um die Kernhandlung geht, sind Abweichungen von der gewöhnlichen Darbietungweise durchaus an der Tagesordnung. An der folgenden Stelle erfahren wir – einmontiert in den Erzählerbericht – nur Rede- und Gedankenfetzen der unterschiedlichen Personen im blitzartigen Wechsel der Perspektiven:

> Er sagte Kalefeld Bescheid, zum Zahnarzt, wird schon nichts sein, brachte den Wagen zur Werkstatt, also vor Dienstag nicht, frühestens Dienstagabend, tut mir leid, wir haben augenblicklich, Kotflügel, Stoßstange, Spur vermessen, Lackieren, können wir leider nicht zwischenschieben. Dann ging er zur Beselerstraße. Die Haustür stand offen. Im Briefkasten lagen die neuen Haustürschlüssel, auch schon die Rechnung, auch das noch. Karin war nicht zu Hause. Clemens hatte Fieber. Mutti hat nichts gesagt. (S. 51)

Erst redet Schmella, dann der Mann in der Werkstatt, dann wieder – monologisierend und in erlebter Rede – Schmella, schließlich sein Sohn Clemens. Der Leser muß oftmals selbst entscheiden, wie er eine Passage verstehen will, da er selbst festzulegen hat, wer denn nun eigentlich spricht. An einigen Stellen des Romans finden sich sogar bloße Kolumnen, in denen Teilsätze, Namen, Begriffe zusammengestellt werden, die der Rezipient assoziierend mit Sinn verknüpfen muß:

> wenn es vorbei ist
> gewinn
> Verhältnis
> Unordnung ist ihm zuwider
> normalerweise
> hat was er braucht
> verzeihen (S. 194).

Offenbar soll der Leser auf höchst subjektive Weise und geradezu willkürlich ein Verständnis entwickeln. Der Roman verfolgt ersichtlich andere Ziele als das, eine in sich geschlossene Geschichte zu präsentieren.

Gewiß: Es gibt eine Fabel, ein Kerngeschehen, aber dieses reduziert sich weitgehend auf das, was der Erzähler am Anfang festlegt und was er, wie oben zitiert, gelegentlich wiederholt: „Am 7. März 1968, vormittags gegen 10, verließ Frau Karin Schmella ihre Wohnung; am 14. März 1968, zwischen 5 und 6 Uhr morgens, kam sie zurück." (S. 9). Das Wenige, das er sonst noch dazu anmerkt, scheint zudem erfunden, ausgedacht, zwar möglicherweise, aber nicht wirklich geschehen zu sein. So heißt es „Vielleicht war es wirklich nur Zufall" (S. 30), „Wahrscheinlich deckte der Unfall nur zu, was ihn in diesen Tagen bewegte" (S. 32), „Vielleicht war sie ein bißchen nervös" (S. 33), „Vielleicht ein Handelsvertreter. Vielleicht war er selbst verheiratet" (S. 34f.), „Oder ein Junggeselle", „Oder ein geschiedener Mann", „Vielleicht war sie ihm zu dieser Zeit schon etwas lästig geworden" (S. 35) usw. Und abgesehen von solchen Unwägbarkeiten, die dem Leser immer wieder ins Bewußtsein heben, daß er kaum unerschütterliche Fakten zur Kenntnis nehmen kann, hat der Autor der Geschichte auch schon gleich zu Beginn betont: „[...] meine Frau ist ein bißchen befreundet mit der Frau, die ich Karin Schmella genannt habe. Natürlich stimmt der Name nicht, überhaupt stimmt nur wenig von all dem, was ich zusammengetragen, zusammengeschrieben habe." (S. 12) So tritt die eigentliche Geschichte in den Hintergrund zugunsten eines Netzes von Möglichkeiten, von Denk-und Vorstellungspotentialen, in dem sich der Leser weitgehend frei bewegen muß. Varianten verdrängen Fakten wie in *Bödelstedt*, wenn auch erzähltechnisch auf gänzlich andere Weise.

Dafür sorgt vor allem der epische Ansatz, den Roman als Auftragsarbeit zu deklarieren, welche die Frau des Autors, Mitarbeiterin in einem Verlag, vermittelt hat. Denn damit ist der Weg frei, ganz unterschiedliche Romankonzepte miteinander zu konfrontieren. Der Autor bevorzugt nämlich jenen Montage- und Collagestil, der beschrieben wurde und der die Handlung weitgehend in den Hintergrund rücken läßt. An ihre Stelle treten gedankliche Abschweifungen, Zitate, Handlungsvarianten. Der Verleger hingegen möchte eine kohärente, zugleich gefühlsbetonte Erzählung lesen, die den Geschmack des Publikums, insonderheit den der Leserinnen bedient. Die Kontroverse hat Folgen. Zum einen verlagert sich auch durch diesen Streit die Aufmerksamkeit des Erzählers und damit die des Lesers, denn die eigentliche Fabel verliert ihr Gewicht zugunsten einer Diskussion über die angemessene Darbietungsart. Nicht, was mit Frau Schmella und ihrem Helmuth geschieht, steht fürderhin im Zentrum, sondern der erbitterte Meinungsaustausch zwischen Autor und Verleger darüber, wie man eine solche Liebesgeschichte schreiben sollte. Mehr und mehr wird aus einem Liebesroman ein literarischer Diskurs, und so haben wir weitgehend Literatur über Literatur, also sogenannte Literaturliteratur vor uns. Sie besitzt ihren ersten Höhepunkt darin, daß der Autor probeweise die Erwartungen seines Verlegers zu bedienen versucht, indem er haarsträubende Kitschvarianten zu seiner Version aufzeichnet. Die erste gilt Frau Schmella:

> Blicklos starrte sie vor sich hin, die zitternden Wellen der Erregung ebbten noch immer in ihr nach, eine leichte Röte auf ihre

> schönen Wangen zeichnend. Als wäre es eben erst gewesen, der goldene Flügelschlag eines unwiederbringlichen Glücks, fühlte sie seine dunklen Augen brennend auf sich geheftet. Eine Träne trübte ihren sanften Blick. (S. 85)

Nicht weniger herzzerreißend wirkt der gleich anschließende Abschnitt über den heimlich Geliebten:

> Unruhig durchmaß Helmuth von Rath zum wiederholten Male das supermodern möblierte Wohnzimmer seines eleganten Hochhausappartements. Für ein paar sehr nachdenkliche Sekunden schweifte sein dunkler Blick auf die im Abendsonnenschein golden leuchtenden Dächer und Schornsteine der geschäftigen Stadt zu seinen Füßen. Nervös sog er an seiner Filterzigarette. War es nicht doch mehr als ein Zufall gewesen, jenes leichte, drängende Lehnen ihres warmen Frauenkörpers gegen seine Rechte, die wie zufällig auf der Rücklehne ihres Sitzes gelegen hatte, als warte sie auf dieses erste zarte Zusammenkommen? (S. 86)

Wie man jetzt erkennen kann, bezeichnet der Untertitel des Romans *Anatomie einer Liebesgeschichte* keineswegs die Analyse der Handlung, die Untersuchung der Persönlichkeit der Liebenden, ihrer Gefühlswallungen, Irritationen und moralischen Anfechtungen, sondern zielt auf die Darstellungsvarianten, die unterschiedlichen künstlerischen Absichten und die Gründe für die Kontroversen hinsichtlich der Präsentation dieser Liebesgeschichte. Da die Angelegenheit juristische Dimensionen erreicht und zu mehreren Prozessen führt, ist gegen Ende des Romans so gut wie gar nicht mehr von Frau Schmella und Herrn von Rath, sondern von Fragen des Urheberrechts und Problemen mit Verlagsverträgen die Rede. Schließlich stirbt der Verleger, der die avantgardistische Schreibweise seines Autors nicht tolerieren kann und deshalb über Gerichtsurteile zu dessen Gunsten nicht zur Tagesordnung überzugehen vermag. Doch ist die Angelegenheit damit nicht ausgestanden. Denn der neue Verlagsleiter, Sohn des alten, vertritt eine ästhetische Position, die der seines Vaters diametral entgegengesetzt ist. Ihm kann es gar nicht modernistisch genug aussehen, was da erzählt wird, weshalb er den Autor nun dazu anhält, die von seinem Vater wegen ihres zu großen Avantgardismus gestrichenen Stellen zur Basis eines neuen Romans zu machen. Man sieht, daß sich die Anatomie dieser Liebesgeschichte zu einer Groteske auswächst, die die literarisch-gesellschaftlichen Diskussionen der 60er Jahre ad absurdum führt. Dadurch erhält der Roman mehr und mehr den Anstrich des Satirischen, und dies umso mehr, als am Ende deutlich wird, daß die ganze Geschichte nur die Ehesituation des Autors widerspiegelt. Die verräterische Verschmutzung am Ärmel von Frau Schmella stellt sich als romanhafte Übernahme der Realität heraus:

> Meine Frau kam neulich spät nach Hause, sie hatte nicht eingekauft, und ihr Mantelärmel war schmutzig; sie hat mir nicht gesagt, wo sie sich schmutzig gemacht hat, ich habe auch nicht gefragt. (S. 209)

So endet der Roman, und dem Leser schwant, daß *Drei* nur die erzählerische Umsetzung trüber Lebenserfahrungen darstellt. Denn jetzt erinnert er sich auch einer Passage zu Beginn des Buches, die damals gar nicht recht zu verstehen war:

> Das Gewohnte, Gelernte, der Alltag: Wir lieben uns wieder und immer noch, was man so Lieben nennt, eheliche Liebe, Verstehen, Verzeihen, allzumal Sünder, keiner ist ohne Schuld. Also. Mein Schwiegervater nahm sich ein Wochenende für ein Gespräch unter Männern, mein Junge, eigentlich habe ich gar keine Zeit, aber so ist das Leben nun mal, Schulterschlag, nimm's bloß nicht tragisch, du mußt sie ein bißchen stramm im Geschirr halten, ich kenne doch meine Tochter, mach dir nichts draus, wo er jetzt sowieso tot ist, das wird schon wieder, und er lachte gemütlich, zufrieden, stolz: Sie ist eben meine Tochter! (S. 9f.)

Zu Tode kommt in diesem Buch aber nur der Verleger, dessen rechte Hand die Frau des Erzählers ist. Und so begreifen wir am Ende, daß der Roman auch als ironische Dekuvrierung poetischer Usancen gelesen werden will: Die Autoren entblößen sich willentlich oder unwillentlich selbst, und auch in dieser Geschichte hat der Erzähler eigentlich den Seitensprung seiner Frau zum Gegenstand seines Werkes gemacht. „Die Anatomie einer Liebesgeschichte“ erweist sich in mehr als einer Hinsicht als groteske, ironisch-satirische Literaturliteratur.

Jürgen H. Petersen